U0930661

* 本书入选“十三五”国家重点图书出版规划增补项目

* 本书获 2020 年国家出版基金项目资助

* 本书获 2019 年贵州省出版传媒事业发展专项资金资助

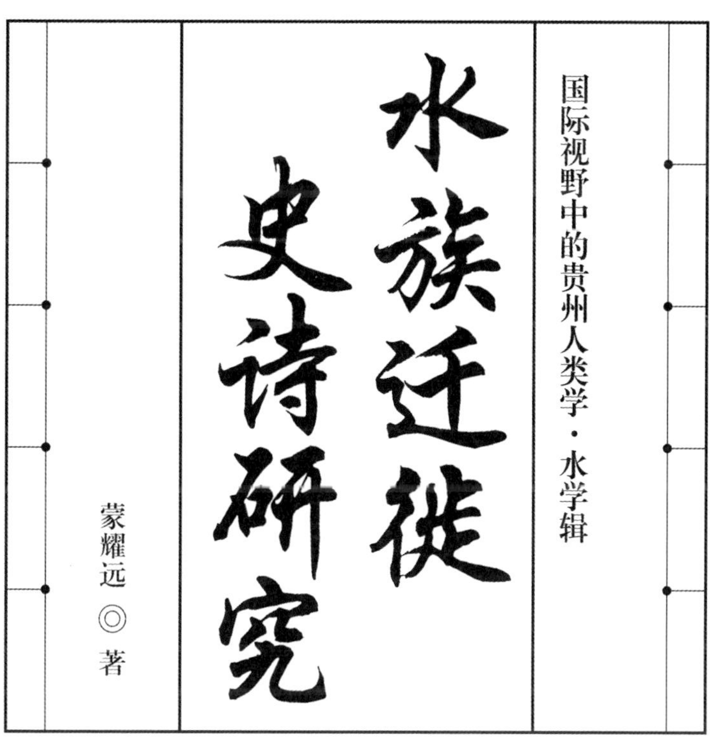

国际视野中的贵州人类学·水学辑

水族迁徙史诗研究

蒙耀远◎著

贵州大学出版社
Guizhou University Press

图书在版编目（CIP）数据

水族迁徙史诗研究：汉文、水文、国际音标 / 蒙耀远著. -- 贵阳：贵州大学出版社，2021.10
（国际视野中的贵州人类学. 水学辑）
ISBN 978-7-5691-0397-7

Ⅰ. ①水… Ⅱ. ①蒙… Ⅲ. ①水族—民族历史—研究—汉语、水语 Ⅳ. ① K286.9

中国版本图书馆 CIP 数据核字 (2021) 第 209357 号

水族迁徙史诗研究

SHUIZU QIANXI SHISHI YANJIU

著　　者：蒙耀远

出 版 人：闵　军
策划编辑：王印娟
责任编辑：李　奎　文桂芳
装帧设计：陈　艺　申　云

出版发行：贵州大学出版社有限责任公司
地址：贵阳市花溪区贵州大学北校区出版大楼
邮编：550025 电话：0851-88291180
印　　刷：深圳市和谐印刷有限公司
开　　本：710 毫米 ×1000 毫米　1/16
印　　张：22.75
字　　数：361 千字
版　　次：2021 年 10 月第 1 版
印　　次：2021 年 10 月第 1 次印刷

书　　号：ISBN 978-7-5691-0397-7
定　　价：108.00 元

版权所有　违权必究
本书若出现印装质量问题，请与出版社联系调换
电话：0851-85987328

作者简介

蒙耀远，水族，1975年生，贵州都匀人，硕士，黔南民族师范学院研究员，硕士生导师，贵州省少数民族语言文字学会副会长，贵州省水家学会副会长，长期致力于水族文化研究。个人专著有《水书阴阳五行卷》《水族民间禁忌解读》《水族地区碑刻文献探微》，合著有《水书婚嫁卷》《水族水书语音语料库系统研究》《水书正五卷》《水韵天书》《八宫取用卷译注》《水书字库》，参编《中国少数民族古籍总目提要·水族卷》《莫友芝全集》《水族文化大观》《湘黔桂边区傩书文献丛刊》等。发表论文50余篇。主持省部级以上课题4项。科研成果获贵州省哲学社会科学优秀成果奖一、二、三等奖各1次，获第八届贵州省文艺奖三等奖。

编者的话

中国的文化地理，可以进行多种解读。以秦岭－淮河线为界，北为北方旱地小麦文化，南为南方稻作文化；以瑷珲－腾冲线为界，东为农耕文化，西为游牧文化；以地方特色为名，又有齐鲁文化、巴蜀文化、岭南文化、吴越文化等。

上古时期，巫官文化与史官文化并立庙堂，而后独尊史官文化传统的儒家文化呈一统天下之势，“巫”的处境每况愈下，退出庙堂，而居于西南一隅，在世居民族中残存。如此看来，西南世居民族中保有的巫文化，恰是中华文明的渊源之一。

贵州现已建省600余年。昔以中原为中心的儒家文化依“五服制度”分野，贵州地处“要荒”，位列边缘。但若以“巫文化”视之，贵州却正是“巫文化圈”之中心，所谓“西南之奥区”。在中原未得到重视的巫文化体系，恰好在贵州得以保存。

从人类学的角度来看，贵州本土文化有100多年的历史。19世纪末，人类学的研究方法传入中国，贵州成为重要的研究对象。从早期的传教士、西方学者到中期的国内学者，再到近期的本土学者，文化人类学在贵州大致经历了三个重要阶段，并取得大量成果，成为研究贵州省情和地域文化特征的重要视角。

我们期望，《国际视野中的贵州人类学》丛书能成为研究贵州文化史和少数民族史不可或缺的重要文库，能推动地方文化史和贵州“原生”精神文明的研究，进而促成“贵州学”和“贵州学派”的诞生。

目　录

绪　论 001

第一章　水族迁徙史溯源 007

第一节　水族族源 007

第二节　水族自称 sui^{33} 音义考 012

第二章　水族迁徙史诗生态环境 028

第一节　贵州少数民族 029

第二节　贵州水族概况 031

第三节　都匀水族 033

第四节　调查点概况及传承谱系 040

第三章　水族迁徙史诗非遗价值 052

第一节　水族迁徙史诗的地理环境与文化环境 052

第二节　水族迁徙史诗的基本情况 055

第三节　水族迁徙史诗的危险性评估 056

第四节　水族迁徙史诗的非遗特征 064

第四章　水族迁徙史诗结构与韵律 …… 067

第一节　结构重章复沓 …… 067
第二节　修辞手法 …… 071
第三节　韵律 …… 082

第五章　水族迁徙史诗名物文化 …… 090

第一节　人名 …… 090
第二节　地名 …… 092
第三节　物名 …… 097

第六章　水族迁徙史诗整理 …… 099

第一节　启鼓开控 …… 100
第二节　恒登祭祖 …… 190
第三节　砍告驱邪 …… 191
第四节　砍伐牛桩 …… 205
第五节　砍伐寿枋 …… 213
第六节　请师制棺 …… 220
第七节　请棺入宅 …… 232
第八节　亲属祭灵 …… 236
第九节　制作埋万 …… 246
第十节　亲属立万 …… 257
第十一节　开簖寻宗 …… 286
第十二节　驱逐降棒 …… 293
第十三节　清除灾祸 …… 315

第十四节　告别招魂……322
第十五节　控堂割耳……326
第十六节　砍碗诀别……337
第十七节　合蔀送祖……341
第十八节　放裸收控……341
第十九节　当华阻隔……342

参考文献……345

后　　记……349

绪　论

都匀水族是水族的一支，居住地俗称套头，又称内外两套，水语称恒套，地处都柳江上游的阳和河、基场河两个小支流一带，宋代属陈蒙州地，语言属潘洞土语区。传说这支水族是水族大家庭的老大哥，主要聚居在今都匀市归兰水族乡。归兰水族乡于2014年由阳和水族乡、基场水族乡、奉合水族乡合并而成，以阳和社区为中心区，操潘洞土语的水族人，此外还散居于都匀市匀东镇、平浪镇、毛尖镇，与都匀市接壤的三都水族自治县的丰乐镇北部、普安镇西部，与都匀市毗连的独山县影山镇东部原甲定水族乡和翁台水族乡等，人口约7万人。当地居住环境相对封闭，周边分布有布依族、苗族及汉族，形成水族文化孤岛。都匀水族特有的在丧葬习俗中用水语传唱的水族迁徙史诗被长期尘封，至今不为外人所知。本书就是对这部史诗进行搜集、整理与研究而成。本书是2017年度贵州省哲学社会科学规划一般课题的最终成果。

一、研究的目的和意义

关于水族史诗的调查研究，20世纪40年代，著名语言学家李方桂曾深入贵州水族地区调查水语，著有《水话词汇》和《莫话记略·水话研究》两书，其中《水话词汇》采集了荔波水族地区部分古歌。1963年，燕宝深入贵州省三都水族自治县，用音标记录著名歌师潘静流的水歌，并编印《水语双歌集》。20世纪80年代，三都水族自治县组织编纂的《中国民间歌谣集成·三都县卷》搜集整理了部分水族古歌，是转写固化后的汉文版，没有记录水语语音。近20年来，有很多专家学者研究水语，如南开大学曾晓渝、云南师范大学冯英、台湾赖静如等。但是，在水家学研究前期成果中都没有关注水族史诗。近20年来，水族的文献古籍抢救保护工作如火如荼地展开，取得了重要实效，也引起了学术界的关注，但是对史诗等口碑古籍的抢救保护工作远远不够。中国知网数据库显示，目前尚未有学者发表关于水族史诗方面的文章，这与少数民族口头传统搜集整理工作难度大有一定的关系，因为民族语言的特殊性，记录水族史诗首先要有国际音标基础，而这方面的人才相对缺乏，所以至今还没有人对水族史诗做过系统地调查、记音、归类和整理，也还没有人对水族史诗进行过专项研究。和其他少数民族语言一样，水语也日趋汉化，一些优秀的口头传统在传承上面临濒危。本书融搜集记录与研究于一体，一方面为水族保存重要的口述史语料，另一方面为下一步系统搜集整理水族史诗奠定重要的基础，属重要的基础研究。

都匀水族传承的迁徙史诗是一部长篇叙事诗，记载了水族的沧桑历史，与一般的迁徙古歌有较大差别。该史诗流传于过第一个端节的水族群体，传承生态良好，至今在举行丧葬仪式时仍然演唱。该迁徙史诗属水族的口头传统，使用水语连续演唱需要3个小时的时间，是在司仪人员主持开控[①]仪式之际，按照仪式流程逐一演唱，司仪队伍一般由6至12人组成，演唱场景庄重肃穆，具有很强的感染力和震撼力。歌词分为19部分，对祖先迁徙路线、途经地地形地貌、发生的重要事件等进行了讲述，并描述了入黔始祖后裔的分布情况。口头部分结束以后才唱读有文本的家谱。当地谱牒至今世系脉络清楚地记载了20至25代人的历史。因此，该迁徙史诗是水族地区最具有代表性的史诗经典，至今没有固化为文本，是在特定的文化场所里被不断地重复演唱而得以流传下来的，然而在日常生活中却讳莫如深，是水族的一项重要的口头无形文化遗产，对研究当地水族历史有重要的参考价值。这部迁徙史诗只传男不传女，传内不传外，加之系口传，不易掌握记忆，学习难度非常大，在传承上有一定的局限性，所以这部史诗只由为数极少的传承人掌握，

① 开控：水语音译，指水族的整个葬礼过程。

且传承人有老龄化趋势。迁徙史诗里有很多的古老词汇在现在的语音里找不到对应的词汇，能理解其语音语义的人越来越少，年轻人学习热情不高，所以面临失传。特别是随着社会习俗的巨大变革，传统丧葬习俗中的繁文缛节日益简化，迁徙史诗传唱的文化空间逐渐变窄，如不及时采取相应的抢救保护措施，濒危程度会越来越大。

水族迁徙史诗传承人的汉文化水平相对较低，用汉语表述所掌握的水族历史文化的能力相对薄弱，而迁徙史诗又是在丧葬习俗中传唱的，故尚未引起重视，汉译难度大，非本民族人士难以深入了解和把握。另外，其至今没有被申报为非物质文化遗产项目，传承人尚未被命名为非物质文化遗产传承人。

本书通过全面采集整套水族迁徙史诗的原始语料，并固化成既保留水语语音面貌又有相关民俗文化注解的文本，向世人公布第一手资料。

二、主要内容

本书主要分为六章，第一章是关于水族族源族称的最新研究成果，第一节罗列当前关于水族族源的各种观点，认为这些观点可能只是认识到水族迁徙发展过程的某一个历史阶段。第二节从语言文化学的角度深入，结合史诗进行探讨，发现 sui^{33} 在水族自称和水书中仍为旧读，而融入南方百越族系之后读作 nam^{33}，符合“文白异读”的语言现象。这一发现为水族迁徙史找到了一个历史转折点，认为水族原生活在夏商文化圈，其时就已经创制了水书，南迁融入百越民族的时候就已经把水书一同携带过来了，这里既证明了水族的迁徙历史，也初步考证了水书的源流问题。第二章首先简要介绍贵州少数民族总体情况，其次总体描述贵州水族的基本概况，再次对都匀水族这一群体的生态和人文环境进行介绍，最后对四个调查点的村寨情况以及史诗传承谱系做陈述。第三章主要对这部史诗的濒危程度进行评估，指出它的非遗特征，希望引起有关职能部门和学术界的重视。第四章首先谈本史诗在结构上的重要特点是重章复沓，其次修辞手法有比喻、夸张、顶真、排比、反复、设问、反问、对偶等，再次对本史诗的韵律进行归类。第五章名物文化部分重点讨论史诗中出现的重要人名、地名、物名的文化内涵。第六章是水族迁徙史诗的整体呈现，按水族丧葬习俗仪式的先后顺序分为启鼓开控、恒登祭祖等 19 个小节，其中第一节为本史诗的主干部分。

在南方众多的少数民族中，水族有自己的长篇口头传统，有自己的迁徙史诗，它不是简单的仪式史诗，其中充分体现了水族迁徙的沧桑历史，通过在丧葬仪式上的不断演唱，对本族群后裔濡化，逐步凝练成为水族的重要历史文化。水族迁徙史诗比较详细地叙述了水族 600 余年的迁徙历史，可与正史及兄弟民族的口头传统作比较研究，探讨南方民族的历史源流问题。因此，它是中华优秀传统民族文化的重要组成部分之一，共同构成中华民族绚丽多彩的文化。

三、特色之处

项目研究结束，我们深感欣慰，因为我们首次全面地搜集整理、记音翻译公布水族长篇迁徙史诗，具有开创性和唯一性。我们首次对水族史诗进行了宏观关照，第一次综合地研究水族史诗本体。译介使用了音标、直译、意译三对照，严格做到音义的准确，而不是简单地转写，更没有进行二次创作，还对与民俗有关的词汇进行了文化解释，使整部史诗的译介全面化、准确化、立体化、规范化，保持了本史诗的语言文化原貌，没有偏离本真，让读者更能准确地理解和欣赏到水族的这一优秀文化，而不是片面地认为他们还处在“原始社会”。本书不是简单的“民间文学”“历史材料”的堆砌，而是具有很强的学术性。本书的作用还在于为水族文化的抢救保护做出了贡献，使水族史诗得以以文字的形式记载下来，为下一步的传承与学习提供了看得见、摸得着的文本，一方面降低了水族史诗传承濒危的危险系数，减轻了传承与学习负担；另一方面让族群内部更为深刻地理解文化与生活的深层意义，提高文化自信，激发文化自觉。本书将为下一步进行影像作品、研究、传承提供最为宝贵的第一手资料。

四、研究价值

都匀水族迁徙史诗在语言学、民间文艺学、文化人类学、历史文献学等学科中都能找到研究的切入点，是水族人思想观念、风俗习惯、生活方式、情感样式的集中表达。

我们深知随着口语交流的日趋汉化，以及文化场域的逐步改变，当地水族丧葬习俗也随之简化，在特定场域传唱的迁徙史诗有逐渐消亡的趋势。对该迁徙史诗的搜集整理，就是对一部重要的水族文献的抢救与保护。如前所说，这部史诗的学术价值是多方面的，既能为多学科多领域研究水族语言文化提供鲜活的题材与实证范例，又能拓展传统民族文化研究路径，还能挖掘、保护水族迁徙史诗，增强水族的文化自信，促进优秀传统文化的传承自觉，同时探索少数民族“弱势”文化在竞争中的传承路径。

相对北方比较成熟的史诗研究，本书显得微不足道。毕竟是开创性的工作，第一次公诸于世，对于一个人口仅有40余万的南方少数民族来说，已经难能可贵了。本书将成为一种重要的地方教材，为水族迁徙史诗的传承者和学习者提供文本依据，便于传承和学习。其既可在村寨自然传承中发挥作用，也可作为水族地区各级学校的校本教材，作为史诗和民族文化教学之用。同时，作为一种重要的基础资料，它的公布会引起学术界的关注，也将为下一步进行研究、影像视频摄录制作提供基础文本，为水族语音语料库建设提供重要语料。这部史诗尚未引起非物质文化遗产管理部门的重视，本书的公开出版，将会起到推动作用，为本史诗申报各级非遗项目和遴选代表性传承人提供基础材料支撑。从这些方面看，它在多个方面具有不可替代的作用。

在本书的写作过程中，我们克服了各种困难。比如田野调查，水族迁徙史诗需要在丧葬仪式上才能演唱，而丧葬仪式可遇不可求，同时须要运用多种设备才能比较全面地搜集到研究需要的材料，所以每次的田野调查不是一两个人就能完成任务的。又因为篇幅太长，现场记音难度很大，也不可能都在现场完成，只能先采集语音语料，后面在翻译的时候，再不断地反复听录音，熟悉语音语调、辨识语义，因此，做到逐字逐句对照翻译极其不易。我们就是为了避免只是简单转写，甚至还有可能进行第二次创作造成的失真，才下定决心自始至终坚持做到音标、直译、意译对照，为此，工作难度远远超乎当初的估计。我们还多次聘请史诗传承人一起校音释义。当然，语言障碍，传承人诵唱时的语流音变，因为参与人多，录音环境比较吵闹，等等，都得逐一克服，以致前期工作占去了大量的时间，后期的研究工作只能从比较宏观的角度去探讨，实在无法做到精细。这个遗憾只能留待将来弥补。

第一章　水族迁徙史溯源

第一节　水族族源

关于水族的族源，因相关的文献记载及相关文物十分匮乏，故而长期以来众说纷纭难以形成定论，总的来说，众家之见可以归纳为以下两大类。

一、“土著民族”说

首先提出此观点的是胡羽高先生（撰有《三合县志略》，1929年石印本）和万大章先生（撰有《史地丛考》）。《宋史·南蛮传》记载：“至道元年（995年），其王龙汉尧遣其使龙光进率西南牂牁诸蛮来贡方物。太守召见其使，询以地理、风俗。译对曰：‘地去宜州陆行四十五日，土宜五谷，多种粳稻，……上因令作本国歌舞……数十辈连袂婉转而舞，以足顿地为节。询其曲，则名为《水曲》。”因此，胡羽高认为汉王龙汉尧遂借“水曲”之名以名其族，并举水族地名水龙附近曾有宋代夷王城堡“老营盘”为佐证，以说明水族即世居于此的西南番龙氏之后裔。

其后，王品魁、莫俊卿两位先生撰有《水族来源初探》[1]一文："'土著民族'说，此为笔者的主要立论。"他们认为"水族的'十六水'之名、'干栏'式石棺墓及文献记载，一致说明了水族自宋代以来就定居于龙江两岸，并且成为这一带势力强大的一个民族，因此，可以初步认定水族是黔桂的土著民族之一"。

1983年3月，三都水族自治县编写组编纂的《黔南水族简介》(内部资料)收有张英志先生的《水非瓯骆说——关于水族族源问题》一文。张先生不同意之前诸多论家的"瓯骆—俚僚说"(即"水壮同源"说或"壮侗语族所属民族——水、布依、侗、毛南、仫佬同源"说)，而力主"'夜郎僚人'说"(又称"土著"说——水布侗贵州高原或贵州高原毗邻地带土著说)；张先生认为"水族是贵州高原和黔桂毗邻地带的土著民族，缘于其先民是夜郎僚人的一支，而夜郎僚和濮均是贵州高原和贵州高原毗邻地带的土著民族之故"。

"东谢蛮后裔"说。持此说者为邝福光先生。邝先生在《水族族源初探》[2]一文中列举了《赤雅》《史记》《新唐书》《宋史》《元史》《明史》《清实录》等文献中的记载，主要依据为《新唐书》关于牂牁国的记载："有东谢蛮，居黔州三百里，南距导官僚，西连夷子，地方千里。宜五谷，为畲田，岁一易之……赏有功者以牛马、铜鼓……婚姻以牛、酒为聘。女归夫家，夫惭涩避之，旬日乃出。会众，击铜鼓、吹角……贞观三年(629年)，其酋谢元琛入朝……"并从水族的语言、水字构造、主要节日、丧葬习俗等方面进行考证，认为所记"东谢蛮"的生活习俗、地理方位及酋长姓氏和今天水族的现实何其相似。从而得出以下结论："今天三都地区水族的先民就是唐代的东谢蛮。他们的远祖在这片土地上繁衍生息，应当早在2000年前秦统一中国前后。""水族的远祖应是来自中原的古汉族，广西或广东只是他们迁徙过程中曾经停留的地方而已。"

---

① 王品魁、莫俊卿：《水族来源初探》，《贵州民族研究》1981年第3期。

② 邝福光：《水族族源初探》，《贵州师范大学学报(社会科学版)》1984年第1期。

二、“外来迁徙”说

持此说的主要有以下几家。

①“殷人后裔说”。此说源起于岑家梧、张为纲二位学者，分别见于岑先生的《水书与水家来源》和张先生的《水家来源试探》[①]，两位先生分别从“水家姓氏”“水家文字”“水家迷信”“水家‘歌书’”等方面进行论证，提出了“就上述事实合而观之，水家似为古代殷人之一支”“今之水家，盖即殷之遗民”之论点。

②“广西广东迁来说”。持此论者较多。最早提出这一论断的潘一志先生认为：“水族有很多村寨的寨名或若干村寨的总地名，相传就是当时领导开荒立寨的人的名字或最初来到那个地区居住的祖先的名字。这就说明水族是由外地迁入的。水族聚居的地方一部分原属荔波，在明代以前，就属于广西，可见水族在很早以前，由广西内地或广东迁到现在的黔桂边地，是符合实际情况的。”[②]潘先生从史料记载、水族民间用语、水族民间歌谣的描述等方面论证了这一观点。此后有不少论家沿袭了潘一志先生的论说。

③“江西迁来说”。此说在贵州民间流传甚广，如在潘姓、蒙姓、石姓、吴姓、杨姓等姓氏的水族家谱中，均有其先祖来自九江府、镇江府或江西、湖南、湖北等地的说法，因来自民间口传，所以支撑资料比较有限，或语焉不详。

④“睢人后裔说”。持此论者以石国义先生为代表。石国义先生认为：“水族自称‘睢’（sui^{33} 虽）……‘睢’字的读音与水族的自称从古至今没有丝毫变调，‘睢’字的民族母语读音在每个水族人的血管里流淌，在民族内部对‘睢’字的读音也没有丝毫的方言土语之别……睢水流域地处豫、皖、苏三省交界处……河南旧《睢州志》多处有‘睢民’‘睢人’的记载。水族自称‘睢’也就是水族先民当初生息繁衍在睢水流域而留下来的永恒的记忆……睢水之

---

① 二文现已收入潘朝霖、唐建荣主编的《水书文化研究》一书，贵州民族出版社，2009。

② 潘一志：《水族社会历史资料稿》，载贵州民族学院、贵州水书文化研究院编《水族学者潘一志文集》，巴蜀书社，2009。

地的水族先民以‘睢’为族名，是顺理成章之事……在殷商亡国之后，水族先民群体南迁之后，仍然保留‘睢’的自称。”[①]

考究上述诸家之说，虽各持己见，或依相关历史文献进行论述，或从水族文字、习俗等方面进行考察，或从水族族名之自称进行探究，然亦不无一定依据，可谓仁者见仁，智者见智，可供最终界定水族族源参考。

广西河池、环江等地至今仍有水族聚居，并一直使用着其民族语言及保持着其生活习俗。贵州是水族聚居地，贵州水族特征尤为突出和鲜明。依据《史记》《汉书》《唐书》《宋史》等相关历史文献的记载，并结合水族社会特有的语言、文字、民族习俗等进行综合性考察研究，笔者认为：在中华民族的大家庭中，至迟在唐代便已形成了“水族”这一单一民族，并在现今的三都、荔波及其毗邻的广西河池、环江等地形成了水族社会组织。

另一方面，依据历史文献，如《史记》《汉书》有载，秦始皇曾派将军常頞攻占夜郎及滇等地区，并置郡吏管辖。西汉中叶亦置“牂牁郡”，东晋常璩所撰《华阳国志·蜀志》中有关于“僚”之记载，“僚”即是包括水族先民在内的“夜郎僚人”，即《赤雅》中所云“休亦僚类”，其所居之地域，毗连牂牁夜郎地区。可见，早在西汉之前，水族先民便已居此繁衍生息。

另据《唐书·南蛮传》记载，唐代贞观三年（629 年），东谢蛮首领谢元琛入朝，唐以其地置应州，授谢元琛为刺史。应州下设都尚、婆览、应江、陀隆、罗荣等五县（除陀隆外，今均是水族聚居地区），唐玄宗开元年间（713—741 年），又置莪州、劳州、抚水州等羁縻州，抚水州下设京水、抚水、多逢、古劳四县，即今贵州荔波、三都和广西环江一带，居住于此的蒙、潘、吴等姓，均为水族。考“抚水州”之州名可知，此乃为安抚该地区的水族人民而命名，因此水族亦不可能是此时方才迁入该地区的，否则不会引起朝廷重视，有如此大的影响。水族文化研究专家潘朝霖指出：“抚水州，从其名称可知，这是以安抚水族先民为主体的行政建制，是水族社会、经济、文化的发展引起中央王朝密切关注的体现，也是水族自称‘睢’被‘水’取代的根本原因。

---

① 石国义：《水书“活化石”的千古之谜》，载潘朝霖、唐建荣主编《水书文化研究》，贵州民族出版社，2009。

学术界认为这是水族在唐代作为单一民族出现后，随着经济的发展，水族社会地位的提高，逐渐为中央王朝所重视的结果。”①

因此，我们认为，水族先民自唐代以前就世世代代居住、繁衍在如今的三都水族自治县、荔波县及毗邻的黔桂地区，当认定水族为贵州世居土著民族之一。诚然，江南等地历代因戍边屯兵、移民垦荒等而进入该地区的湖广、江西等地的移民，亦有不少融入了水族社会之中，这当是水族民众中尚有其先祖来自江西、湖广之说的原因之所在了。②

水族自称“睢”（sui[33]），民间有“饮睢水，成睢人”的歌谣，故水族人自云，发祥于睢水流域而得名。据《百越源流史》载，大约在殷商亡国之后，水家先民从中原往南迁徙，逐步融入百越族群之中，形成了以中原文化、百越文化为主流的南北民族融合的二元结构形式。岭南地区以及东南沿海一带，古代居住着许多部落，如“瓯越”“骆越”等，史学界将其统称为“百越”。水族先民南迁之后可能融入“骆越”的支系中，之后逐步发展成为单一民族。

殷商亡国之后，部分殷人南迁融入百越族群，这是水族先民的第一次大迁徙。公元前221年，秦王朝统一中国，不久发兵征剿岭南，导致水族先民举族第二次迁徙，从百越母体中分离出来，由百越之地溯江进入龙江、都柳江上游地带生息，大致形成后世族群聚居繁衍的格局，并逐步向单一民族发展。《旧唐书》记载：“天宝元年，改黔州为黔中郡，依旧都督施、夷、播、思、费、珍、溱、商九州，又领充、明、劳、羲、福、犍、邦、琰、清、庄、峨、蛮……抚水、矩、思、源……五十州。”

《新唐书》记载：“黔州都督府隶诸蛮五十一，……抚水州（辖）县四：抚水、古劳、多蓬、京永。”抚水州即今广西宜州、环江地区。南宋马端临的《文献通考》记载：“抚水蛮，在宜州南，有县四：曰抚水、曰京永、曰多蓬、曰古劳。唐隶黔南，其酋皆蒙姓出。有上、中、下三房；民则有区、廖、潘、吴四姓。”

水族迁徙古歌说：“古父老，住在西噶，发洪水，四处跑散。在广东做不

---

① 潘朝霖：《宋代“贵州水族‘大钱’考略”》，载《水书文化研究》，第266—267页。

②《三都水族自治县概况》编写组编：《三都水族自治县概况》，民族出版社，2007。

成吃，在广西积不起钱。哥溯红水上去，弟随清水下来。我们的祖公渡过河岸，来到贵州，养育后代。”水族迁徙古歌与汉族史籍所记基本吻合，证明水族先民在唐代时就迁徙聚居繁衍在广西宜州、环江一带，并形成单一独立的民族，唐王朝正式为单一独立的水族建立抚水州。这是中央王朝对自称“睢”族群民的正式确认，标志着水族以单一独立民族身份跻身于中华民族之林，水族族名从此以“水”代“睢”。在漫长的历史发展过程中，水族既有自己的一部分融入相邻民族之中，也有相邻民族的一部分融入水族之中，形成你中有我，我中有你的现象。水族离不开汉族，汉族离不开水族，水族离不开周边各少数民族，周边各少数民族也同样离不开水族，水族与各兄弟民族和谐相处，共同繁荣发展。在中华民族的大家庭中，像水族与各兄弟民族这样融合、团结发展、共同繁荣兴旺的现象是十分自然和普遍的，各民族共同构筑了中华民族团结发展的牢固基础。

以上各种观点可能只是关于水族历史发展中的某一个历史阶段，并不能说是整个水族的源流发展，第二节将通过水族自称进行探讨，由此入手去寻找能够把以上诸说连缀起来的线索。

第二节　水族自称 sui^{33} 音义考

语言是一个民族的显著特征，也是文化的象征和历史的注解，它在民族的诸特征中变化比较缓慢，是一种较为稳固的文化现象。作为一个民族的标志，族称的音义具有稳定性和传承性，可以说族称是族群最为显著的标志和象征，不管身处何地，共同的族称最能够引起一个民族的认同感，没有共同的族称即被视为“非我族类”，所以说它所传递的是一个民族的文化心理，表达着丰富的文化内涵。“历史上存在过的各种文化现象，都要在语言中留下投影。”① 主要聚居在贵州省南部的水族，其语言属汉藏语系壮侗语族侗水语支，他们自称 sui^{33}、zən^{13} sui^{33}、ai^{33} sui^{33}，由此可知，他们自称 sui^{33} 是亘古不变的，族群内部对 sui^{33} 这一族称的认知是一致的，三洞、阳安、潘洞三个土语区的语音始终保留着 sui^{33} 的稳固性，既没有发生变异，也没有出现地域差异，这是维系民族认同的重要因素。为此，笔者从族称 sui^{33} 在日常口语中和水书文化环境里的使用情况试做一些简浅的探讨。

一、水语里的 sui^{33}

（一）自称

sui^{33} 作为水族的族称，在水族社会中是一个常用的核心词，自然保留在水族人的语言里，这个核心词在与兄弟民族划分界线、古地名、古歌、谚语等中都有很好的运用。

1．族称

水族自称 sui^{33}（水族）、zən^{13} sui^{33}（水族人）、ai^{33} sui^{33}（水族人），表示一大群水族人的时候说 xuo^{55} sui^{33}，sup^{32} ljok^{32} sui^{33}（十六水）。韩荣培、唐显良两位先生对 sup^{32} ljok^{32} sui^{33}（十六水）有详细的论述。② 说水族语言称 fan^{31} sui^{33}（说水语）。此外，这些词汇都带族称 sui^{33}，如 laːk^{42} sui^{33}、nu^{53} sui^{33}（水族小孩）、ni^{53} sui^{33}（水族妇女）、loŋ^{31} sui^{33}（水族大伯）、ja^{53} sui^{33}（水族老婆婆）、pu^{53} sui^{33}（水族男人）、qoŋ^{35} sui^{33}（水族老爷爷），水族人居住的地方称 xən^{31} sui^{33}，水族寨子称 mbaːn^{33} sui^{33} 或 ɣaːn^{31} sui^{33}（水家），居住在下方的水家称 sui^{33} te^{33}，等等。

2．古地名

在水族的古歌或传说中保留有一些带 sui^{33} 的古地名。如 nja^{13} sui^{33}（睢河、睢溪），迁徙歌中唱到“qaːu^{35} qoŋ^{35} ndaːu^{13} ȵaːu^{35} nja^{13} sui^{33}”（我们祖先住

---

① 张公瑾：《语言的文化价值》，《民族语文》1989 年第 5 期。

② 韩荣培、唐显良：《水族历史研究中之“抚水州”、“十六水”释义》，载《水书文化研究》第七辑，光明日报出版社，2016，第 275—289 页。

在睢河）；sui^{33} ɣa^{55}（睢雅，一作 ɕi^{33} ka^{33}，西嘎），qaːu^{35}qoŋ^{35} pu^{53}som^{33} n̥aːu^{55} sui^{33} ɣa^{55}（我们祖先当初住在睢雅）。sui^{33} wau^{13} 是贵州省都匀市归兰水族乡的迁徙古歌中的一个古地名，古歌原句是"naŋ^{13} lau^{33} qoŋ^{35} sə^{33} sa^{35} miu^{13} kui^{33}, ja^{53} sə^{33} sa^{35} sui^{33} wau^{13}"（只有祖公才爬上苗溪，只有太祖母爬上滩山）。

传说古代水族由三个部落组成，这三个部落分别称睢柳（sui^{33} liu^{33}）、睢米（sui^{33} mi^{55}）、睢干（sui^{33} kam^{13}）。① 这三个部落名就是三个古老的地名。

李方桂先生于 1943 年到过水族地区进行水话和莫话的调查研究，著有《莫话记略•水话研究》《水话词汇》等书。② 如今水族地区也有带sui^{33} 的地名，在今周覃镇廷牌社区有一个以莫姓为主的行政村叫 jin^{35} sui^{33}（引虽）。在阳安一带有一山洞叫 qaːm^{13} sui^{33}（水族人的洞），在三都水族自治县中和镇板闷村板闷寨前面有一座比较低矮的山丘叫 qom^{53} ku^{33} sui^{33}（姑水山），等等。

3．民族区分

在多民族杂居的地方，语言自然形成民族边界，如在水族、苗族、汉族、布依族四者的关系中，水族通常和苗族合在一起称 miu^{13} sui^{33}（苗族水族），而把汉族和布依族划到一起称 ka^{53} ʔjaːi^{33}（汉族布依族）。对特定的节日也有自己的界线，如端节通常称 tsje^{33} twa^{33}，但是在解释说明的时候通常称 tsje^{33} tsjeŋ^{13} sui^{33}（水家春节）。对一些具有鲜明的水族特色的物品用具，也会用 sui^{33} 来界定，如 nduk^{55} sui^{33}（水家衣服）、jie^{13} sui^{33}（水家布匹）、hip^{32} sui^{33}（水歌）、haːu^{33} sui^{33}（水族的酒）、ha^{31} sui^{33}（水药）、to^{31} sui^{33}（水历）等，例句："wan^{13} nai^{55} to^{31} sui^{33} tɕi^{33} koŋ^{31}？"（今天水历是什么时候？）。

4．谚语、俗语

水族的谚语、俗语非常丰富，也很有特色，其中用到族称 sui^{33} 的不在少数。

---

① 潘朝霖、韦宗林主编《中国水族文化研究》，贵州人民出版社，2004，第 19 页。

② 李方桂先生调查的地方为荔波县的水利（今玉屏街道）等，今三都水族自治县的南片区，如中和、三洞、塘州、廷牌、恒丰、周覃、九阡、扬拱等地在建立三都水族自治县之前归荔波管辖，是 1957 年建立三都水族自治县的时候才划归三都的。而说莫话的群体以荔波县的莫姓为主体。

（1）客好水不好

音标：ka53 nda:i13 sui33 me31 nda:i13.

直译：汉人 好 水族人 不 好

意译：客好水不好。汉族的人好而水族的人反而不好，泛指远香近臭，很多好事反而被周边知情的人搅黄。

（2）客话掺水语

音标：sui33 pja:u13 ka53.

直译：水语 掺 汉语

意译：客话掺水语。这句话有两层意思，一层是指有的人不太会说汉语，所以在使用汉语表述的时候，不时掺杂有水语；另一层指的是有的人在与本民族人交流的时候，为了表现出自己与汉族接触多、有能力，故意在说水语时夹带部分汉语词汇。

（3）喝睢水成睢人

音标：tsje13 nam33 sui33 ɕən13 zən13 sui33.

直译：吃 水 睢 成 人 睢

意译：喝睢水成睢人。喝了睢河里的水而成了睢人。

（4）水族与水族成亲

音标：sui33 ʔnam35 sui33 he53 kwa:i13.

直译：水族 与 水族 做 亲家

意译：水族与水族成亲。水族人与水族人结亲家的族内通婚主张，言下之意就是为避免文化差异引起的冲突，尽量不与外族人通婚。

（5）水家过端节，汉族过春节

音标：sui^{33} laːu^{53} twa^{33}, ka^{53} laːu^{53} tsjeŋ^{13}.
直译：水族 大 端节，汉族 大 春节
意译：水家过端节，汉族过春节。水族节日以端节为重，汉族节日以春节为重。

（6）汉族过年杀头大肥猪，水家过端杀个青南瓜

音标：ka^{53} he^{53} tsjeŋ^{13} ha^{33} mu^{35} ŋwa^{33} ŋwa^{33}, sui^{33} tsje^{33} twa^{33} ha^{33} lam^{13} pu^{31} ɕu^{13}.
直译：汉族 办 春节 杀 猪 哇哇叫，水族 过 端 杀 个 南瓜 青
意译：汉族过年杀头大肥猪，水家过端杀个青南瓜。汉族过春节杀大肥猪，水族人过端节只吃还没长熟的南瓜，表达了水族人对汉族人生活的羡慕。

（7）水苗布感情源远流长

音标：sui^{33} miu^{13} ʔjaːi^{33} pai^{55} paːi^{13} ɣaːi^{33} ɣaːŋ^{13}.
直译：水族 苗族 布依族 聊天 去 很长
意译：水苗布感情源远流长。水族、苗族和布依族合得来，情感好。

从上面的例子可以看出，水族的自称 sui^{33} 在水语里由古到今一直都在使用，并且范围广泛。

（二）他称

李润桃研究认为古汉语民族族称的命名方式以居住地、生产生活方式、风俗习惯、图腾崇拜、朝代、部落首领等为主。① 在古代，以居住地来命族称名的方式非常普遍，水族的自称 sui^{33} 就是以居住地来命名的，水族即生活在

① 李润桃：《古汉语民族族称的命名理据及其文化蕴涵》，《中州学刊》2009 年第 2 期。

sui^{33} 一带的人们共同体。即使到了唐代，他称的抚水蛮也是以居住地来命名的，即居住在 sui^{33}（抚水州）的人们共同体。关于“抚水”一词的历史文化正如学术界所称的一样，抚水州就是为了安抚“sui^{33}”（水）族所设置的行政建制。苗族是一个历史悠久、民族文化鲜明和分布广泛的南方民族，历史上曾以苗族来统称南方的少数民族，水族也曾被归入苗族一类，称为水家苗，但是并没有以服饰特色如白苗、黑苗、青苗、花苗、长裙苗、短裙苗等为标准来命名水族。同样，水族也曾被归入夷族一类，被称为水家夷。不管是水家苗还是水家夷，都仍然保持有 sui^{33}（水族）的自称。所以在历史上，不管是水族内部的族群认同，还是外部的兄弟民族共识，水族都是一个原居住在 sui^{33} 一带的人们共同体的历史事实是清晰明朗的！汉文献史籍对水族的记载非常少，且语焉不详，甚或错讹，我们在汉文献史籍里寻找水族的历史非常困难，往往只能根据一些记载来与今日的水族文化习俗加以比对，如《史记·货殖列传》的“饭稻羹鱼”、《华阳国志·南中志》的“畲山为田”、《魏书·蛮僚传》的“干栏式”建筑、《北户录》的“杀鸡择骨卜”、《旧唐书》的“抚水蛮”、《宋史》和《文献通考》的“其酋皆蒙姓出……民则有区、廖、潘、吴四姓”等，这些记载在南方民族中具有一定的共性，也确确实实与水族的口传古歌、文化习俗相吻合。笔者认为，推测 sui^{33}（水族）起源于诸如带 sui^{33}（濉、睢、虽）等字的历史地名不无道理，是可信的。从历史语言学的角度来看，百越族系没有卷舌音，sui^{33}（水族）曾经融入百越族系的历史印迹也是明显的。

二、水书中的 sui^{33}

（一）sui^{33} 在水书中的运用

“水书”水语称 le^{13} sui^{33}，即水族人的书之意。当然“水书”这个词语的外延相当宽广，要视不同情况而定。当作水族人的书时，指的是水书的整套知识体系，而有的情况下则指用水字编写而成的水书典籍，有时又指单个的水字。汉语中的“水”字在水书中有广泛运用，其读音以 sui^{33} 为准，它的字义或指五行中的“水”，或指水族族称。

1．水书条目

在水书中带有“水”的词汇或短语主要是水书条目名称。

①水书条目名称：thu^{33} sui^{33}（土水）、sui^{33} sjaːŋ^{13}（水伤）、sup^{32} ȵi^{55} mbe^{13} sok^{32} sui^{33}（十二年属水）。

②带水的二十八星宿：sam^{35} sui^{33} jon^{31}（参水猿）、tɕu^{33} sui^{33} peu^{35}（箕水豹）、kən^{35} sui^{33} jən^{52}（轸水蚓）。

③专用短语：tai^{55} sui^{33} thaːm^{13} laːŋ^{35}（大水贪狼）、xjeu^{33} sui^{33} ljem^{31} tsiŋ^{35}（小水廉贞）。

2．水书正文句子

水书先生诵读水书的时候，带 sui^{33} 音或 sui^{33} 字之处不少。为便于查阅检索，现以《水书　正七卷　壬辰卷》[①] 为例，例举带“水”字或 sui^{33} 音的水书句子如下。

（1）专有名词“土水”

水字：（第 63 页）

音标：thu^{33} sui^{33} hu^{33} thu^{35} ljoŋ^{31}.

直译：土　水（年）虎　兔　龙

意译：五行属土、水的年份，忌用寅、卯、辰三日。

水字：（第 78 页）

音标：haːm^{13} ljok^{32} tɕu^{33} sup^{32} ȵi^{55},

直译：三　六　九　十　二

水字：

音标：fa^{33} ʔnem^{13} tsu^{31} ȵu^{31} sui^{33},

直译：火　靠　猪　牛　水

① 王品魁译注《水书　正七卷　壬辰卷》，贵州民族出版社，1994。

水字：

音标：thu^{33} sui^{33} tjam^{55} ti^{55} tsi^{55} ju^{53} qoŋ^{13} tɕi^{13}.

直译：土　水　顿　地　忌　酉　公　鸡

意译：三、六、九、十二月，五行属火的年份忌亥日，五行属土、水的年份忌酉日。

水字：（第 118 页）

音标：thu^{33} sui^{33} tjam^{55} ti^{55} tsi^{55} ju^{53} qoŋ^{13} tɕi^{13}.

直译：土　水　顿　地　忌　酉　公　鸡

意译：五行属土、水的年份忌酉日。

水字：（第 295 页）

音标：fa^{33} ȵu^{31} miŋ^{55} tɕət^{55} thu^{33} sui^{33} hət^{55} hu^{33} tɕəm^{13} jaːŋ^{31}.

直译：火　牛　命　吉　土　水　戌　虎　金　羊

意译：（庚辛壬癸年）用丑、戌、未时。

（2）表示族称

水字：（第 142 页）

音标：tjeŋ^{13} ȵim^{31} ɕən^{13} ʁaːi^{33} ʔau^{55} sui^{33} li^{31}.

直译：丁　壬（年）辛　亥　要　水　离

意译：丁壬年的辛亥日，择日时要避开不用。

水字：（第 168 页）

音标：ʔjət^{55} qeŋ^{13} sui^{33} ho^{53} ljoŋ^{31}.

直译：乙　庚　水　放　龙

意译：天干为乙、庚的日子，要择用辰时。

（3）表示雨或水

水字：（第 148 页）

音标：tɕaːp^{42} tɕi^{13} san^{13} ju^{53} ŋo^{31} mi^{55} faːŋ^{13},

直译：甲　己　申　酉　午　未　方

水字：

音标：tɕəm^{13} sup^{32} ɕət^{55} sek^{55} sui^{33} naːm^{31} taːŋ^{13}.

直译：金　十　七　杀　水　南　来

意译：甲己年的申、酉日忌午方和未方，祸患如洪水般涌来。

水字：（第 313 页）

音标：tjeŋ^{13} ȵim^{31} ŋo^{31} si^{31} sui^{33}.

直译：丁　壬　午　时　水

意译：这是“开霞”条目中的一句，水族敬霞节就是敬水神，目的是祈雨。此句说的意思是在天干为丁、壬的日子，选择午时开坛祭祀，天才会下雨。

（4）表示五行中的水

水字：（第 291 页）

音标：ɕi^{33} ŋo^{31} maːu^{53} ju^{53} tɕum^{13} joŋ^{55} sui^{33}.

直译：子　午　卯　酉　金　用　水

意译：子、午、卯、酉年五行属金的年份，选择五行属水的吉日，按纳音五行金生水，吉。

（5）二十八星宿名

水字：（第 205 页）
音标：mu^{55} tɕui^{35} tɕa:p^{35} ji^{31} fa:ŋ^{13},
直译：戊　癸　甲　寅　方

水字：
音标：fa:ŋ^{13} tɕa:p^{35} ji^{31} fa:ŋ^{13} sa:m^{13} sui^{33} jon^{31}.
直译：方　甲　寅　方　参　水　猿
意译：戊癸年忌甲寅日，特别是又是二十八星宿中参水猿的甲寅日。

（6）作诵读配音用的 sui^{33} 音

水字：（第 172 页）
音标：tsjeŋ^{13} ljok^{32} ɕa^{31} taŋ^{13} sui^{33} ho^{55} li^{31}.
直译：正　六　蛇　来　水　火　力
意译：正月、六月忌用巳日。

水字：（第 265 页）
音标：tɕa:p^{35} tɕi^{13} sui^{33} toŋ^{13} tɕi^{13} mən^{31} ma:u^{53}.
直译：甲　己　水　冬　鸡　天　卯
意译：甲己年的冬季择卯日，吉。

水字：（第 266 页）
音标：pjeŋ^{13} ɕən^{13} ɕu^{13} sui^{33} fa^{33} ju^{53} ȵət^{32} .
直译：丙　辛　秋　水　火　酉　日
意译：丙辛年的秋季择酉日。

同时，查阅张振江、姚福祥的《水书与水族社会——以〈陆道根源〉为研究中心》(2009 年)一书，其中水书正文为 sui^{33} 字或带 sui^{33} 音的有十余处。所以说，在水书中 sui^{33} 的使用频率较高且有多种义项。

(二) 族称 sui^{33} 与载录水书的汉文献

水族自称与他称由古至今具有一致性，这与水族的重要文化载体“水书”是有一定关系的。下面是清末至民国时期关于水书研究的基本观点。

1860 年，莫友芝在《红崖古刻歌》夹注中，对水族古文字的评述是：“吾独山土著有水家一种。其师师相传，有医、历二书，云自三代。舍弟祥芝曾录得其六十纳音一篇。……且云其初本皆从竹简过录，其声读迥与今异，而多含古音，核其字画，疑斯籀前最简古文也。”①

苏忠廷修，李肇同、董成烈纂的光绪元年(1875 年)《荔波县志》稿本，是目前见到的最早对水书进行载录的方志，该书卷十一杂记中描述了水族黑巫术——放鬼。其中提到“相传其书名为《陆压钉头七箭书》，皆怪诞不经之词，然余尝见其书赤文绿字，类于鸟迹，未易测识，或亦不尽诬云”②，说的正是水族的水书，“类于鸟迹”讲的是水书的字形，尽管接触水书的人“未易测识”，但是该书著者李肇同做出了“亦不尽诬”的根本判断。

民国十四年(1925 年)窦全曾修、陈矩纂的《都匀县志稿》卷五：“夷族无文字，惟水族诹吉占病有专书，至今传习其文，谓之水书，一称反书，大氐古篆之遗，第相沿日久，渐多讹失耳。”并收录水字两页，有“辅”“武”“破”“弼”“贪”“巨”“禄”“文”“廉”“干”“震”“离”“阴”“祖”等 96 个水字。

民国二十一年(1932 年)郭辅相、蒋惠溥、王定一等修，王世鑫、张明星编纂《八寨县志稿》卷二十一载“水家”条，除述及水族民俗外，还谈到水书，“所用之书，形类蝌蚪篆文，读之甚不可解，谓之反书。据云，彼用以推择作祟亦甚验”。

民国二十九年(1940 年)《三合县志略》(卷四十四)，该书由三合人(今

---

① 莫友芝:《莫友芝诗文集》，张剑、陶文鹏、梁光华编辑校点，人民文学出版社，2009，第 385—386 页。

② 苏忠廷修，李肇同、董成烈纂《光绪荔波县志稿》(稿本)。

三都水族自治县）胡翯修纂。卷四十一民族略对水书水字做了较为全面的阐述，胡氏说：“现今此族人民每值庆吊，吹笙跳舞，及以兽尾为饰，顿足为节，与《宋史》所记历历如绘，更以文字为证，今日贵州全省除大定有夷文外，土著中则惟水家有文字，其余苗、瑶、仡佬之属则无之，而水家文字中除天干地支及象形文字外，居然有文、武、辅、弼、廉、贪等字，假使当日无文化思想政治组织焉有此等深切会意形容之文字，准此以谈，则水家在吾黔南为先进之民族，故文化水准亦较他族为优，后世不察，视为异类，失之过矣。”其中共收录了 165 个水族文字及“水文六十甲子”表。在表后又说：“右列文字，系三合东乡水族所用，为医巫之秘籍，俗谓之反书，又谓之水家文。在三合与荔波接壤之十六水多用之。……其文似古籀、小篆。”在此提出水族文字有象形文字，似古籀、小篆，叫作水家文，除有“文”“武”“辅”“弼”“廉”“贪”等汉字外，也有会意、形意之字，有医、巫两种秘籍等观点。

1942 年，汉族学者张为纲先生到荔波水族地区进行社会调查，之后在当时的《社会调查》第三十六期上发表《水家来源试探》一文，他从水家的姓氏、文字、迷信、歌书四方面证明“今之水家，盖即殷之遗民”。关于水族文字，他在文中说，“水家文字，俗称‘反书’”，“所以谓之‘反书’以其字体多倒书”，“细考其形，竟有与武丁时期之甲骨文字极为近似者”，首次提出了水族文字与武丁时期甲骨文极为相似的观点。

1943 年，汉族学者岑家梧到荔波水族地区进行社会调查，搜集到水书抄本 45 种，后来在《西南民族文化论丛》上发表《水书与水家起源》一文，在该文中提出以下两个观点。其一是“水书字迹与刀刻的甲骨文及金文，颇多类似”。其二是“至少水书与古代殷人甲骨文之间，当有若干姻缘关系，亦可断言也”。

我们可从李方桂给潘一志的信函中了解他们当年的调查研究情况，他们在民国三十二年（1943 年）十月十四日的信中说：“水家、莫家及榕江等处之洞（侗）家皆必出一系，弟自语言上称为‘洞（侗）水语系’。此系与荔波之‘本地’、独山之‘蛮’亦有关系。本地等属，弟所谓‘台语系’。此两系关系甚深，而与汉语之关系亦甚明显，盖皆出同源，历时久而差异遂增。荔波之瑶人，实属苗语系统。与‘洞（侗）水语’及‘台语’皆异。但其与汉语亦有关系。故现所谓瑶、苗、水、侗等无不与汉族同出一源，此弟所以敢言者也。”①

凌纯声在《中国边疆文化》一文的第三部分“西南文化”中说道：“诸僚之中，现仅水家有文字，其文亦以古汉字损益而成，而又杂以自创的少数象形文字，然与汉字同系无疑。”②

显然凌先生仅仅从字形看，水字给他的第一印象是由汉字损益而成，这是还停留在比较初始的认识上，他没有从自创水字再回过头去探讨，不过这也没有影响到他对水字的基本判断——“与汉字同系无疑”。

从以上的文献研究可看出，在清末到民国时期，学界对水书研究的基本观点可以归纳为三点：一是水书字形与甲骨文类似，二是水书读音保留着古音，三是水语与汉语同源。结合水族族称历史，可以推测水书的历史是相当古老的，并且与汉字的历史有亲缘关系是无疑的。

三、水语 sui³³ 与 nam³³

关于水族的族称，一些著述因没有注意到水语自身的特点，仅从汉语用字“水”去发挥想象，出现了望文生义的失误。如《中国大百科全书·民族》中对“水族”的解释为“自称‘海水’，意为水人”③。又如，有人把水族说成是像水一样的民族，“四分地球三分水，天上人间唯一族”，这是某作家嵌“水族”一词而作的题词。还出现过被偷换概念的情况，如石国义、潘朝霖等先生认为水语 sui³³ 与汉字“睢（濉）”的语音具有一致性，推测两者具有同源关系。有人从音韵学的角度，将今水族族称通行用字“水”与“睢”进行音义比较，由这两字在古汉语里的声韵调不同来加以反驳。殊不知，石、潘两先生用的是水族自称的水语读音“sui³³”与汉字的“睢”做的语音比较，而反驳者则用汉字“水”与“睢”的古音做比较。“水”字在当地汉语方言中读 ʂui⁵⁵，是

① 潘一志：《荔波县志稿（稿本）》，卷二民族志，1984 年荔波县史志办重刻。

② 凌纯声：《凌纯声先生文集（上册）》，台湾联经出版事业公司，1979，第 39 页。

③ 中国大百科全书总编辑委员会《民族》编辑委员会：《中国大百科全书·民族》，中国大百科全书出版社，1986，第 405 页。

调值为 55 的高平调，而水族自称 sui³³，是调值为 33 的中平调，这是两个截然不同的语音。在少数民族族称研究的著述中，这种望文生义的失误并不少见，韦达先生在讨论壮族族称音义的时候说道："因为古籍中的原作者，尤其是研究壮族的作者，他们对壮族的民俗民情、民族心理了解很少，他们又不懂壮族语言，对名称词的实际含义是不清楚的，理解不透的。"① 显然，这是对民族语言缺乏必要的调查了解所致。

谈到少数民族自称的时候，有的民族名称因时空问题出现了多种多样的说法，然而很多时候只能统一使用一种说法而不能广罗异说，"鉴于'自称'是一种变量极大的不稳定因素，我们就只好取近似值而不能求精确量亦即追求严密对应了"②。水族自称 sui³³ 是相对统一的，但是水族自称 sui³³、水字"水"的读音与水语名词"水"三者之间有着密切关系，需要费一番周折才能厘清他们的内在关系。汉文献曾用"㺖""�""㳊"等字来记载，中华人民共和国成立后统一用"水"字。汉语名词泉水的"水"（下文称名词"水"），水语今说 nam³³。笔者注意到，水族自称在自己的文字里有体现，水族文字里的"水"字是用族称的音节来表达的，使得这个水字出现了多音多义，水书"水"字读 sui³³，有指五行中的"水"、族称、雨水等义项，设若只是五行中的"水"借族称之音，可谓假借，然而语言事实却不是这样。在日常口语里的名词"水"又是另有读法 nam³³，这只能说明这是语音保持，社会发展到了某个阶段后，文字上还保留了古时候的语音，这一点有族称读音做佐证，名词"水"的读音可能受到外界语言的影响而发生变化，读作今音 nam³³。这正是水书滞后于水语、不能满足日常应用的原因，也就是说在名词"水"读作"nam³³"之后，水书就再也得不到发展，如今一直保持着它原来的面貌。水语属汉藏语系壮侗语族（一说侗台语族）侗水语支，《壮侗语族语言词汇集》一书中同语族对"水"③ 的读音如下表所示：

① 韦达：《壮族族称音义探考》，《中央民族大学学报》1995 年第 4 期。

② 罗漫：《布依族族名、族源与文化丛论》，《中央民族大学学报》1998 年第 3 期。

③ 中央民族学院少数民族语言研究第五研究室编《壮侗语族语言词汇集》，中央民族学院出版社，1985。引用词语依原著使用调类。

壮　语：am^{53}	布依语：zam^{53}	临高语：nam^{53}	傣西语：năm^{4}
傣德语：lam^{53}	侗　语：nam^{53}	仫佬语：nəm^{53}，sui^{33}	水　语：nam^{33}
毛南语：nam^{33}	黎　语：nom^{33}，nam^{33}		

经查，在这一语族中，“水”的读音具有一致性，若按吴安其的判断，“我们推测原始侗台语应是两三千年前一个势力强大的民族共同体（或部落联盟）的语言。可能就是春秋时代分布在长江下游的古吴越语”①。那么水书“水”字读“sui^{33}”至少在三千年前就已经形成，这也印证了罗常培对语言与文化两者间关系的相关表述：“从原来的本义转变成现在的意义，而把本义整个遗失，这其间一定经过一段很长的时候。”② 按先有语言然后有文字的客观规律，自称“sui^{33}”的人们共同体至少在三千年前就已经形成，显然，在那时候自称“sui^{33}”的人们共同体就已经形成了单一的民族。有可能是在水族南迁融入南方民族后，名词“水”就出现了文白异读的情况，在水书文献里读sui^{33}，在日常口语中说nam^{33}。

四、余论

从语音上看，虽然族称sui^{33}、水书“水”（sui^{33}）和名词“水”（nam^{33}）三者间的关系比较复杂，但是它们之间是可以互证的。从历史发展阶段来看，在古代，水语sui^{33}有三个义项：一是水族自称，二是水书“水”字，三是名词“水”。到了水族南迁融入南方百越民族之初，水族自称和水书“水”仍然保持着sui^{33}的读音。因为融入百越民族的关系，名词“水”就出现了文白异读的情况，在水书文献里读sui^{33}，在日常口语中说nam^{33}，并且这种状况一直保持到现在。如今除了水书“水”字读sui^{33}外，作雨水这一义项的时候也读sui^{33}，这正好说明，名词“水”古音读sui^{33}，今音读nam^{33}。水族自称在水书里的语音保持，说明了水族这一族群历史之久远。“语言的本身固然可以映射出历史的文化色彩，但遇到和外来文化接触时，它也可以吸收新的成分和

① 吴安其：《汉藏语同源研究》，中央民族大学出版社，2002，第71页。

② 罗常培：《中国人与中国文　语言与文化》，新星出版社，2015，第92页、第103页。

旧有的糅合在一块儿。”① 所以可以推测，水语名词“水”nam33 在转化前也读 sui33。由此可知，水语 sui33 是在水族这一族群形成之初就有的词汇，是水语里最为古老的语音之一，并且在族称和水书中一直保持至今，sui33 这个词的历史足以印证水族的历史。

不难看出，水语 sui33 忠实反映了水族的历史文化，也充分体现了水族人的社会文化心理。名词“水”由原来的 sui33 变成现在的 nam33，反映了社会原因引起语言变异的规律，当融入一个新的社会环境后，语言也随之发生演变；而 sui33 的族称和水字的读音之所以没有发生改变，是由心理原因所决定，笔者由此可以探寻水族语言现象的心理根源。不管社会如何变革，自己固有的族称称谓、自己祖传的文化是不能轻易改变的，正是这种文化心理和文脉精神构筑了水族人的精神世界。这正是水书能在历朝历代的动荡变革中始终传承至今的原因所在，已然是一个民族的信仰所在。

现在用“水”字作族称已经形成共识，此字又为常用字，易记易写，便于运用。但须要明辨的是此水并非彼水，音义各殊，不能混为一谈。

① 罗常培：《中国人与中国文 语言与文化》，新星出版社，2015，第 103 页。

第二章　水族迁徙史诗生态环境

贵州简称“黔”或“贵”，位于东经 103°36′～ 109°35′，北纬 24°37′～ 29°13′，东西距离 595 千米，南北距离 509 千米，全省总面积 17.62 万平方千米，占全国面积的 1.8%，居全国第 16 位，2010 年全省常住人口 3474.65 万人。

贵州省共有 9 个市（州）、88 个县（市、区、特区），省会为贵阳市。贵州东与湖南省交界，北与四川省和重庆市相连，西与云南省接壤，南与广西壮族自治区毗邻。贵州地貌属于中国西部高原山地，通称贵州高原，境内地势西高东低，自中部向北、东、南三面倾斜，平均海拔为 1100 米。贵州高原地貌可概括为高原山地、丘陵和盆地三种基本类型，其中 92.5% 的面积为山地和丘陵，素有“八山一水一分田”之说，是世界喀斯特地貌发育最典型的地区之一。境内山峦起伏、地貌类型复杂、气候类型多样、自然资源丰富、区域差异明显。

第一节　贵州少数民族

历史上贵州省的少数民族主要居住在乌蒙山（苗、彝、回、白等民族）、雷公山（苗、侗、水等民族）、月亮山（苗、侗、瑶、壮、水等民族）、麻山（苗、布依、瑶等民族）、武陵山（苗、土家、仡佬等民族）、扁担山（布依族）、大娄山（苗、仡佬等民族）等山区，少部分居住在惠水涟江大坝（布依族）、天柱大坝（侗族）、天柱蓝田大坝（侗族）、黄平旧州大坝（苗族）、榕江车江大坝（侗族、苗族）等山间坝区。

贵州少数民族种类多，呈小聚居、大杂居状分布。至2010年，全省有54个民族，少数民族数量仅次于云南，居全国第二位。世居少数民族有苗族、布依族、侗族、土家族、彝族、仡佬族、水族、回族、白族、瑶族、壮族、毛南族、仫佬族、满族、畲族、蒙古族、羌族等17个。各民族分布空间大多交错，苗族主要集中在黔东南苗族侗族自治州、黔南布依族苗族自治州、黔西南布依族苗族自治州、毕节市、铜仁市、六盘水市、贵阳市郊区等；布依族主要分布在黔南布依族苗族自治州、黔西南布依族苗族自治州、安顺市、贵阳市郊区和六盘水市；侗族主要分布在黔东南苗族侗族自治州东部、东南部和玉屏等地；土家族主要分布在沿河、印江、思南、德江等县；彝族主要分布在毕节市、六盘水市；仡佬族主要分布在务川、道真、平坝、普定、黔西等地；水族主要分布在三都、荔波、都匀、独山、榕江、丹寨等地；回族主要分布在威宁、兴仁、平坝、普安等地；白族主要分布在大方、威宁、织金等县；壮族主要分布在从江、黎平、荔波等地；瑶族主要分布在荔波、从江、榕江、望谟等地；毛南族主要分布在平塘、惠水等县；满族主要分布在黔西、大方、金沙等地；蒙古族主要分布在大方、黔西、金沙、石阡等地；仫佬族主要分布在凯里、麻江、黄平等地；畲族主要分布在福泉、麻江等地；羌族主要分布在石阡、江口等县。虽然以上每个县（市、区）都有世居少数民族，但比例达到90%的仅有台江县。

贵州省少数民族人口多，占全省比重大，族际间人口数量差异大。1982年，贵州省人口为2855.29万人，少数民族人口为742.34万人，占全省总人口的26%。1990年，贵州省人口为3239.10万人，少数民族人口为1123.65万人，占全省人口总数的34.7%。2000年，全省少数民族为1333万人，占全省总人口的37.84%。2010年，贵州省常住人口中，少数民族人口为1355.93万人，占全省总人口的36.11%。全国56个民族中除塔吉族和乌孜别克族外，有54个民族分布在贵州省，各少数民族常住人口中数量排前5位的依次为苗族、布依族、土家族、侗族、彝族，这5个民族占少数民族人口总量的82.09%。其中，苗族397万人、布依族233万人、土家族144万人、侗族143万人、彝族84万人，人口最少的羌族仅1605人。贵州少数民族人口总量在全国各省（区、市）排第四位，比重排第五位，占全国少数民族人口的11.03%。其中，苗族人口约占全国苗族人口的50%，布依族占全国的97%以上，侗族占全国的55%以上，水族人口占全国的93%以上。

贵州少数民族区域自治地方数量多、国土面积占比大。至2010年，全省有黔东南苗族侗族自治州、黔南布依族苗族自治州、黔西南布依族苗族自治州3个自治州；威宁彝族回族苗族自治县、松桃苗族自治县、三都水族自治县、关岭布依族苗族自治县、镇宁布依族苗族自治县、玉屏侗族自治县、紫云苗族布依族自治县、印江土家族苗族自治县、道真仡佬族苗族自治县、务川仡佬族苗族自治县、沿河土家族自治县等11个自治县，还有253个民族乡。自治州行政区划单位占全省的30%，自治区行政区划（含州辖县）单位46个，占全省的52.3%；少数民族自治地方国土面积为9.78万平方千米，占全省面积的55.5%。

1949年，中华人民共和国成立后，在国家民族方针政策的指引、民族区域自治等一系列民族政策的贯彻执行下，贵州省少数民族地区经济社会发生了巨大变化。但由于历史的种种原因，贵州省少数民族地区经济社会发展相对滞后，不同民族之间的经济发展水平差异也较大。2010年，在全省50个国家扶贫开发重点县中，有36个属于民族自治地方；100个一类贫困乡中，有79个属于民族自治地方或民族乡；在13900多个贫困村中，有11000多个在民族地区；民族地区贫困人口占全省贫困人口的65.6%；有75%的深度贫困人口在民族地区。

第二节　贵州水族概况

水族是贵州世居民族之一，关于水族的来源，主要有两种观点。一种认为水族是由古代南方“百越”族群“骆越”一支发展而来的单一的民族。这种观点主要见于《水族简史》(1985年)。一种认为“水族来源于中原地区睢水流域”，这种观点见于《中国少数民族》(修订本，2009年)。1952年12月18日，都匀县王司水族苗族自治区成立。这是在国家行政机构名称中，第一次正式使用“水族”作为族称。1956年3月，国务院批准设置三都水家族自治县，将民族明确为“水家族”。其后筹建自治县，水族群众提议将“水家族”更名为“水族”。1956年12月21日，国务院下文批准将“三都水家族自治县”更名为“三都水族自治县”，“水族”作为族称被国家正式确认。1956年12月28日，三都水族自治县第一届人民代表大会第一次会议召开，正式宣告三都水族自治县成立。三都水族自治县是全国唯一的水族自治县。2010年，贵州省有17个水族乡，即：黔南布依族苗族自治州所辖的都匀市有基场、阳和、奉合3个水族乡，荔波县有水利、水尧和永康3个水族乡，独山县有本寨、甲定、翁台3个水族乡；黔东南苗族侗族自治州所辖的榕江县有三江、仁里、定威、兴华、水尾及塔石瑶族水族乡6个水族乡，雷山县有达地1个水族乡，黎平县有雷洞瑶族水族乡。此外，曾以“水族乡”命名建立的还有荔波县的瑶庆水族乡、水维水族乡，从江县的摆亥水族乡，丹寨县的合心水族乡，六盘水市猛者彝族水族乡。除贵州之外，云南、广西也有水族人口分布，在云南省富源县建有古敢水族乡。

1982年，第三次全国人口普查时，水族人口为27.5680万人，比1964年第二次全国人口普查的15.3090万人增加了12.1590万人。1994年，第四次全国人口普查时，水族人口为32.2562万人。2000年，第五次全国人口普查时，水族人口为36.9723万人，人口逐年上升。2010年，第六次全国人口普查时，水族人口为34.8746万人，人口略有减少，约占贵州总人口的1%，但是占全国水族人口的93%以上。水族人口主要分布于贵州省黔南布依族苗族自治州、黔东南苗族侗族自治州及六盘水市、毕节市和贵阳市。其中，黔南布依族苗族自治州水族人口为26.9865万人，黔东南苗族侗族自治州水族人口为5.5357万人，毕节市水族人口为5460人，六盘水市水族人口为1.1064万人，黔西南布依族苗自治州水族人口为1147人，贵阳市水族人口为4768人，遵义市水族人口为469人，安顺市水族人口为365人，铜仁市水族人口为251人。

水族有自己的语言和文字。水语内部差别较小，各地水族群众一般都可以直接用水语通话。水语没有方言差异，内分三洞、阳安和潘洞三个土语区。三洞土语区以三都水族自治县原三洞乡板南村水语为代表，范围包括该自治县的中和、都江、周覃、九阡等地，榕江县的水尾以及荔波县的佳荣等地；阳安土语区以三都水族自治县原阳安乡甲乃村水语为代表，范围包括该自治县的阳安、羊洛、林桥以及独山县的董渺等地；潘洞土语区以都匀市原阳和水族乡潘洞村的水语为代表，范围包括都匀市的潘洞、基场、奉合和独山县的翁台等地。

水族文字是一种历史悠久又独具特色的文字符号，在水语里称为“勒睢”或“泐睢”($le^{13}sui^{33}$)，意为水书或水族文字。2021年出版的《水书字库》收录水字890个单字，尚有大量水字符号等待释读。民间相传，水书由六夺公（陆铎公）创制。从用途上说，水族文字主要用于宗教祭祀占卜，由历代水书先生掌握使用，一般水族群众基本不认识水字。由于水字主要用在宗教祭祀占卜活动中，主要记录宗教祭祀占卜词语，还不能记录水族人民口中所说的水语的全部词汇，所以水族文字属于祭祀占卜文字。从文字类型上说，水族文字是借鉴汉字六书造字原理而创制的少数民族文字，属于表意体系文字，可以分为图画水字、形意水字和假借水字等类型，尚未在民国以前的水书文献中发现有运用形声造字法创制的水字，这是水族文字还停留在较原始层面和总字数较少的一个重要原因。

第三节　都匀水族

都匀水族主要聚居于归兰水族乡，该乡位于都匀市、独山县、三都水族自治县和丹寨县接壤处的一个边远山区，属于都柳江上游，是水语三大土语区之一的潘硐土语区。乡人民政府驻地在奉合村翁朝，距都匀市区 38 千米。东面与丹寨县龙泉镇、三都水族自治县大河镇和普安镇接壤，南邻独山县影山镇，西邻都匀市墨冲镇，北邻都匀市匀东镇。归兰水族乡各片区水族村寨名与姓氏如表 2-1 至表 2-3 所示。

归兰水族乡居住着水族、苗族、布依族、汉族等民族，据 2019 年《归兰水族乡近五年脱贫攻坚工作情况报告》，少数民族占全乡人口的 97%，其中水族人口占全乡人口的 61.57%。全乡总面积为 149.69 平方千米，耕地面积为 18952 亩（1 亩≈666.7 平方米），人均耕地为 0.58 亩。全乡经济收入以种养殖业和劳务输出为主。辖区地处山区峡谷地带，最高海拔为 1650 米，最低海拔为 430 米，境内有 6 条小河流。全年气候温和，年均气温 15.5 摄氏度，年降水量 1300 毫米，森林覆盖率为 45.4%。

表 2-1　基场片区水族村寨名与姓氏

村名	组名	寨名	姓氏	备注
翁降村	一组	翁降大寨	韦	
	一组	翁降新寨	韦	新增
	一组	翁降小寨	韦	新增
	二组	铜皮寨	胡	
	三组	上后朝	韦	
	三组	下后朝	韦、胡	
	四组	弄若大寨	韦	
	四组	弄若小寨	胡	
	五组	大田上寨	韩	

续表

村名	组名	寨名	姓氏	备注
翁降村	五组	大田下寨	韩	
	六组	丫布	陈、韦	
	七组	麻登	韦、陈	
	七组	麻榜	韦、陈、吴	
基场村	一组	平寨	陈	
	一组	麻拱寨	蒙、吴	
	二组	麻江	吴、韦、陈	
	二组	民生石头寨	陈、蒙、韦	
	三组	翁了寨	吴、陈、曾、蒙	
	三组	狗头寨	蒙	
	四组	老鸡场	蒙	
	四组	鸡场脚	韦	
	四组	堂江	蒙	乌芭寨消失
	四组	麻整	蒙	
	五组	甲章	蒙	
	五组	麻冲	胡	
	六组	木克下寨	吴	
	六组	木克上寨	蒙、何	
	六组	银石	蒙、吴、韦	
	十组	麻荣	韦	
	十组	板凳田	胡	
	十一组	乌约大寨	韦	
	十一组	乌约石头寨	韦	
	十一组	乌约里头寨	韦	
阳立村	一组	罗家寨	罗、胡	
	五组	牛路	韦	
	六组	毛栗大寨	吴	
	六组	毛栗小寨	吴、韦	
	六组	新寨	吴	
	七组	翁照	吴	
	八组	中坝	吴	

续表

村名	组名	寨名	姓氏	备注
阳立村	八组	岩脚寨	吴	
	八组	大树脚	吴	
	九组	永立石头寨	吴	
	十组	尧西上寨	韦	
	十组	尧西下寨	吴	
翁奇村	二组	白水	吴	
	三组	排鸟	吴	
	四组	排港	吴	
	五组	翁布	吴	

表 2-2　阳和片区水族村寨名

村名	寨名	姓氏	备注
潘硐村	办扛	韦、蒙	
	格朝	蒙	
	乌卡	蒙	
	毫店	蒙	
	潘硐	蒙	原名办蒙消失，新增乡政府寨
	年谷	蒙、韦	
	毫蛮	蒙	
	毫银	蒙	
	交烟下寨	蒙、韦	
	交烟上寨	蒙	
	毫烟	吴	
	洒朗下寨	蒙	
	洒朗上寨	石	
	格业	蒙	2000 年移民搬迁现址
	柿花寨	蒙	
	格薅寨	蒙	
富裕村	竹细毫六	潘、蒙	
	竹细大寨	蒙、潘、韦	

续表

村名	寨名	姓氏	备注
富裕村	大坪	蒙、杨	
	杨户老	蒙、吴	
	干河上寨	蒙	
	半坡	蒙	
	熬寨湾	蒙、李	
	记外	蒙	
	空梨	韦	
	格鸟	韦	
	格怕	韦	交棍
	共才	韦	新增
	埋勇	韦	新增
	排哨	蒙、韦	
	郎汤	蒙	
	翁凯	潘、蒙、韦	
	岩寨	韦 蒙	
	的才	韦	
翁高村	兔场	韦、蒙、谢、刘、吴	
	毫院	韦、蒙	
	乌他	韦	
	黄土下寨	韦	
	黄土上寨	韦	
	翁高大寨	蒙、杨、韦	
	翁高小寨	蒙	
	洒洋下寨	蒙	
	洒洋上寨	蒙	
	交乱	吴	
	埋薅	吴、蒙	
	登蛮	吴、蒙	
	剪告	蒙	又名翁条下寨
	翁条中寨	蒙	
	翁条大寨	蒙	又名翁条上寨

续表

村名	寨名	姓氏	备注
翁高村	年坐	蒙	现名碧泉
	翁条毫六	蒙	
	翁勇	蒙、韦	育也寨消失
	交扒	蒙、吴	
	的埋	蒙	
	交牛	吴、韦	
福庄村	康寨	韦、蒙	
	母夫	韦	新增
	吉姑	韦	
	银石	蒙	新增
	毫整	蒙	
	交入	蒙	
	拉仝	蒙	
	石头	蒙	
	牛田	蒙	
	归腰	韦	
	桃田	陈	
	北南	蒙、韦、白、陈	
	弯登	韦	
	弯朝	韦	
	送友	韦	
	大院	韦	
	大坪	韦、白、刘	
	白泥	韦	
	鸭塘	杨	
	麻落	韦、吴	
	登硐	蒙	
	拉罗	蒙	
	六辽	吴、韦、田	

表 2-3　奉合片区水族村寨名

村名	寨名	姓氏	备注
奉合村	干沟矿山	蒙	
	纳猫	蒙、张	
	冲化	蒙、韦、张	
	金竹壕	蒙	
	坡垴	蒙、韦	
	亚罗　田坝	韦	原排邦寨搬迁
	榔木寨	韦、田、王、蒙	又名蛤蟆井
	山口寨	蒙	
	毫九	韦	又名白岩脚
	营脚	韦	
	广冲	韦	
	翁朝	韦、杨、蒙	
	猪头	蒙	
	杉木林	韦、蒙、吴	
	杉木寨	吴	
	老寨	蒙、吴	
	交井	韦、蒙	
	苦竹寨	韦、蒙、杨、袁	
	新寨	吴	
	丁木树	吴、韦	
	倒马坎	吴	
合心村	老鸦寨	蒙、熊、张	
	楼梯田	彭、韦	
	档高	蒙	
	马坡	韦、蒙	
	洋登	韦、蒙	
联盟村	老猫石	蒙	
	十二盘	韦	
	水碓冲	韦	
	施栗寨	韦	

续表

村名	寨名	姓氏	备注
联盟村	王家寨	蒙	
	观音山	蒙、韦	

宋朝的时候朝廷曾经在这里建立陈蒙州，陈蒙坡上的遗址至今依稀可寻。民国《都匀县志稿》(1925年)称为“河外东区外套保”“河外东区内套保”，1941年称阳和乡、鸡场乡，1949年称阳和乡、基场乡。1952年属于王司水族苗族自治区的核心区。1984年建立奉合水族乡、阳和水族乡、基场水族乡。1991年都匀市建镇并乡撤区调整行政区划，保留奉合水族乡、阳和水族乡、基场水族乡原建制。2014年都匀市行政区划进行调整，将原基场水族乡、阳和水族乡和奉合水族乡合并组建成归兰水族乡。

奉合水族乡解放初期属王司乡，1953年分出单独建奉合乡，1956年建奉合、大定乡，1958年建跃进公社，1959年建奉合管理区，1962年复奉合乡之名，1984年8月建奉合水族乡，辖奉合、杉木、和平、合心、联盟、大定等6个村，共有67个村民小组，55个自然寨，1176户。全国第三次人口普查全乡人口总数为5545人，其中水族人口占全乡人口总数的33.8%。奉合水族乡历任乡长：韦启碧、蒙有和、蒙国颖、韦万豪、潘国萍、韦育海。

阳和水族乡沿用1949年以前阳和乡建制，1950年建阳和乡政府，1953年建南庄、潘硐、富河3个乡，1956年南庄乡并入潘硐乡，1957年划归三都县，1958年建阳和人民公社，1959年建丰乐公社阳和、富河两个管理区，后建阳和、富河两个公社。1961年复归都匀，1966年将富河公社并入阳和公社，1984年8月属王司区阳和水族乡，辖潘硐、洒洋、翁高、安全、富裕、光荣、翁条、翁勇、福庄、新民10个村，共有79个村民小组，78个自然寨，全国第三次人口普查水族人口占全乡总人口的80%。阳和水族乡历任乡长：韦时钊、韦德耀、蒙国颖、蒙光锐、蒙永旺、潘文波。

基场水族乡沿用1949年以前基场乡建制，1953年原基场乡建基场、翁降、合群3个乡，1956年3乡合并为基场乡，1957年划归三都县大河区，1958年建基场人民公社，1959年建丰乐公社基场管理区，1961年8月复归都匀，1962 年为基场公社，1984 年 8 月属王司区基场水族乡，辖基场、合群、翁降、阳光、新华、永立、民生、翁奇等 8 个村，共有 74 个村民小组，68 个自然寨，全国第三次人口普查水族人口占全乡总人口的 48.7%。基场水族乡历任乡长：胡顺珍、韦荣欢、韦万豪、蒙家栋、蒙艳云、张建军、蒙胜利。

归兰水族乡辖 12 个行政村，分别是奉合片区的奉合村、合心村、联盟村、大定村，阳和片区的潘硐村、富裕村、翁高村、福庄村，基场片区的基场村、翁降村、阳立村、翁奇村；共有 114 个村民小组，190 个自然寨。2019 年，全乡共有 8332 户 33134 人。归兰水族乡历任乡长：潘文波、蒙崇莲、韦明芳。

归兰水族乡是水族主要分布点，也是水族文化活态传承较好的地区之一。在该乡征集的水书经典卷本《六十龙备要》，2008 年入选第一批国家珍贵古籍名录，2012 年被纳入国家重点文化工程“中华再造善本工程”进行再造，原件于 2014 年由国家图书馆出版社影印出版，是为数不多的进入此工程的珍贵的少数民族文献，该书译注本于 2017 年由贵州民族出版社出版。

都匀水族地区百余个村寨于道光二十五年（1845 年）公立的《乡禁碑》是民族自治的文化标识，是中央王朝对水族地区管理鞭长莫及而衍生的族群自我管理的民俗习惯法，至今仍然对维系内部团结、推动水族社会发展进步产生着非常积极的影响。

第四节　调查点概况及传承谱系

一、调查点之一：翁高村

都匀市归兰水族乡翁高村距都匀市区 46 千米，2022 年有农户 943 户，3722 人，其中中共党员 60 人；建档立卡户 364 户，1353 人；移民搬迁 19 户，95 人；民政低保户 110 户，272 人；五保户 9 户，9 人；残疾人 68 人；空巢老人 225 人；留守儿童 67 人；2017 年危改 58 户，232 人。2017 年新增建档立卡户 14 户，57 人。全村共有耕地面积 2097.73 亩，林地面积 1472 亩，辖 13 个村民组，17 个自然寨。翁高村辖区面积 14.3 平方千米，地处山地浅薄沙土地质，平均坡度 40 度，保水差，地块零碎，不利于农作物生产、耕作，农业生产投入高，收成低，祖辈以传统种养殖为主，97% 的村民为水族。属少数民族聚居地，村民文化相对落后，思想比较保守，贫困发生率达 39.6%，属于典型的深度贫困村。为使全体村民分享改革开放成果，帮扶部门、帮扶干部共同努力，通过转移就业、劳动力输出等就业手段，有效缓解了因全村人多耕地少、资源不足所导致的贫困问题。当地积极发展民族教育事业，小学、初中实行双语制教育，认真落实国家针对贫困学生教育的支持政策，确保了贫困学生帮扶资助全覆盖。

发展产业，提振经济，让贫困户受益，是脱贫攻坚工作的出发点和落脚点，通过帮扶部门的共同努力，翁高村广泛征求意见，深入调研，利用政府扶贫开发资金特惠贷发展产业，现已种植枇杷 7972 株，占地 800 亩，种植花卉 30 亩，同时发展生态养鸡、生猪养殖等，实现了贫困户有 1 ～ 2 项产业覆盖。道路交通建设成效显著，全村 13 个村民组公路全覆盖。

翁高村是水族迁徙史诗的重要传承地之一，其中以翁条上寨、翁条中寨、翁条毫六寨为主要传承场域。

该宗支的水族迁徙史诗传承谱系如下。

据传承人之一的蒙光照先生讲述回忆，他能追溯到林（ɣuŋ^{33}）恩公，林恩公生活在民国时期，按“占应朝廷贵，光昌祖德新，昭明华鼎镇，开毓汉文屏”的字辈谱系，他属“廷”字辈，具体学名也不清楚，林恩公系今归兰水族乡翁高村五组洒洋下寨人。由林恩公传给蒙顺斋、蒙学魁（字仲伦）、蒙学琼、蒙光云（字宇周）、蒙绍珍，还有毫蛮寨的一位老人，名字不详，涉及的自然寨有洒洋下寨、翁条上寨、剪告寨、毫蛮寨。其中主要的传承人是蒙顺斋、蒙仲伦。

蒙顺斋，名和贵，都匀市归兰水族乡翁高村洒洋下寨人。于清光绪十六庚寅年（1890 年）生，1961 年 11 月殁。他是套头地区一位颇有威望的文人，学问高深，聪明过人，终生不仕，有谋略，好诉讼。蒙顺斋的史诗传承弟子有蒙光亮、蒙光先和蒙光熙，该史诗今已失传。

蒙学魁，字仲伦，大约生于 1901 年，殁于 1988 年。其书法代表作就是他们家的族谱，还有一些墓碑。他是地方上的一位文化老人，生前传抄了 8 部本宗支的家谱，分别是翁条上寨本、交烟下寨本（藏于蒙占昌家）、洒洋下寨本（藏于蒙继昌家）、格业寨本（藏于蒙光恩家）、交扒寨本（藏于蒙家荣家）、翁勇寨本（藏于蒙世华家）、那猫寨本（藏于蒙学良家）、坡埫寨本（藏于蒙光贤家）。据说还有翁条中寨本（藏于蒙光礼家），但因疏于管理，不知所终。另外，2019 年春节，笔者到交烟下寨蒙祖林家写碑，听说他们家也有一本，也是蒙仲伦公所写，传说是其祖父蒙光文、蒙光明花三块银圆请仲伦公抄写。

翁条蒙仲伦公的史诗传承弟子有蒙光发、蒙光仁、蒙光培、蒙光晬、蒙光辽、蒙光照、蒙光礼、蒙祖明、蒙维福等人，成员以翁条上寨为主，其中蒙光培、蒙光发是其子，蒙维福系另一分支，为蒙启先的父亲、蒙富繁的祖父、蒙祥明的曾祖父。

现在的传承团队有 20 余人，由蒙光发传授，主要成员有蒙言昌、蒙吉昌、蒙光豪（2019 年 7 月去世）、蒙敏昌、蒙仲昌、蒙俊昌、蒙德周、蒙柔昌。其中蒙德周系蒙祖明之子，蒙柔昌为蒙学琼之孙，成员以毫六寨为主。蒙祖平后来根据刻录的光碟自学，现也加入该团队。传承人的选定没有严格的标准，也没有按照分支选人，主要以兴趣爱好为主。这一团队曾到三都水族自治县原丰乐镇和平村熬寨，原奉合水族乡坡埫寨、纳猫寨，原阳和水族乡格业寨、翁勇寨、交扒寨等村寨主持丧葬，进行演述。

因为之前没有人专门搜集，蒙仲伦公也是在晚年身体欠佳的情况下传给下一代，因此学习者未能厘清更上一层的传承人情况，所以只能追溯到民国时期。其传承谱系见图 2-1。

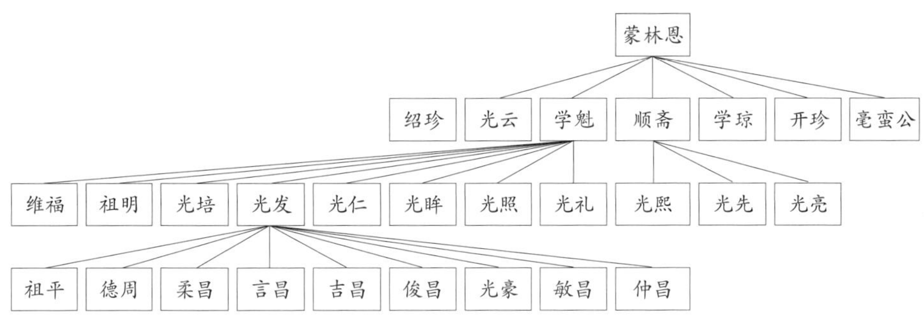

图 2-1　蒙仲伦史诗传承谱系

二、调查点之二：翁降大寨

翁降大寨位于都匀市东部，隶属都匀市归兰水族乡，距乡政府驻地 23 千米。村寨环境优美，文化底蕴丰厚。据《都匀县志稿》记载，翁降水族祖先于明洪武年间由三都拉佑一代迁入现址，至今已有 650 余年。翁降大寨 2019 年有民居 140 栋，其中传统的水族吊脚楼有 103 栋，全寨共有人口 189 户 829 人，均为水族，皆姓韦，为同一宗族，族内不通婚。寨中人们的衣着穿戴仍以水族服饰为主，水书依然活态传承于这个古老的水族村寨，丧葬、婚嫁、起造、祭祀等重要民事活动，均依据水书内容趋吉避凶。

翁降大寨保存完好的铜鼓共 6 面，传承水书卷本有 100 余卷，主要包括正五卷、正七卷、丧葬卷、贪巨卷等经典书目。

翁降大寨中有两口水塘，形成“公、母保寨鱼塘”的格局，塘水四季清澈，塘中鱼儿成群，因塘水用于解救寨上火患、塘鱼曾救过寨中小孩，所以水塘被寨人尊为寨保，并世代崇拜。

翁降大寨原有东西南北四座寨门，后来发生火灾，烧毁了东门和西门，现在仅存的南门、北门保存完好。寨门是见证过去翁降大寨水族祖先抵抗兵匪，见证今天翁降大寨繁荣发展的重要历史印迹。现新辟石门于村口，为村民出入、车辆通行必经之地，别具风格。

翁降大寨历来注重人文教育，古时便立有寨规，教化村民崇德向善，寨风淳朴厚道，村民热情好客，知事懂礼，至今未出现过群体性事件。村民注重环境卫生，自觉维护村容村貌，保持房前屋后整洁，建有垃圾焚烧炉，定期组织开展大扫除，有效处理各类生活垃圾。特别是近年来，上级的村庄治理、人居环境治理、危房改造等项目在翁降大寨落地推进后，村寨面貌焕然一新，整洁有序。

传统习俗中，翁降大寨至今保留着最完整的丧葬传统文化，有古代贵族遗风，程序包括报亥、净身、刀恨、入殓、择吉、开控、颂歌、酿拎、放伞、迎客、熬和埋、立书杆、砍利、出殡、安葬、三朝、除服、立碑等 30 多项内容，举行葬礼时诵唱水族迁徙史诗。

翁降水族迁徙史诗传承谱系，据说是名叫党尧、忙尧两兄弟到三都水族分布地区学习得来。两人潜心于这套史诗的学习，学成归来时年龄偏大，没有成家，因此，凡是在丧葬仪式上开箭追宗的时候，该支系的史诗传承人有规定，在念到这两位先人的名字的时候，不能使用“埋断花”的绝嗣唱法，以此来追念这两位先人的文化传承之功，感戴他俩为族群文化传承做出的贡献。

笔者在采访韦荣伟、韦荣玖等传承人时得知，同样是因为没有人专门搜集整理和记载，传承谱系不够清晰，只能据目前所知进行逆推。在采访过程中，传承人韦荣池之子韦旺华据其父口传，经过追溯，时间可推到清朝，传承基本脉络如下：

> 党尧、忙尧—富保、幺鸟—韦保正（学荣）—韦开元（永老爷）、韦龙轩—林公—韦华邦（根）、韦国恩—韦荣池、韦国柱—韦荣伟、韦荣玖、韦国文、韦春华、韦吉华。

第三代传承人韦开元，当过保正，相当于乡长，据其墓碑载，生于同治十二年（1873 年），殁于光绪三十三年（1907 年）。

第六代传承人韦华邦，小名根，据墓碑载，生于光绪七年（1881 年），岁次辛巳，殁于 1968 年，岁次戊申，享年 88 岁。

现以传承人韦吉华为例逆推，吉华—荣周（父亲）—桥（祖父）—五公（曾祖父），与韦开元、韦龙轩为亲兄弟—韦保正（学荣，高祖父）—成公（天祖父）—天公（烈祖父）—包（太祖父，与党尧、忙尧为堂兄弟）。所以从党尧、忙尧到吉华共 8 代人之久，若按一代人以 25 年计，8 代人共 200 年。韦吉华今有子有孙，相当于这部迁徙史诗的传承有 230 余年的历史。

依翁降韦氏宗支簖载，迁徙史诗第一代传承人党尧公、忙尧公的祖宗世系，党尧公、忙尧公—遥公—寅公—癸公—党公—盛公—养公—农公—寅公—用公—叶公—腊公—足公—耀公—朵公—道公—始祖，可往上追溯有 17 代人，加上之后的 8 代人，共 25 代人。若依此计算年代，约计 625 年的历史。始祖之前的历史为口传，不易理清楚。

翁降寨韦氏族谱宗根[①]如下：

公梅行埃闹，银底除行牛底安，牛底安行嫜底七，行七必三过，行底我腊蜜，行路项（“项”荣池本作上为“和”下为“心”，疑为“憨”字），行天项，女腊用拜权（“权”荣池本作“亚”），女腊歹拜勇（“勇”荣池本作“工”），公埃对七拜革江，省呼欢七拜苗基，同富飞拜宜苗告，那夺公不拜苗高，拜尧表，闷拜顶家（“家”荣池本作“革”）斗，闷拜幺家任，丙那良行寸底吕，拜的菊务薄，闷梅行埃闹，行孟等，行闷菊，那孟等不拜卡弄送打，拜办麻哈吨，拜底共闷，那闷菊不拜风忙行念，那女腊留拜定同文（“文”疑为水书“辛”），那女腊留拜姑同韦，公初了十女天落，了十女夺扛，了十女龙高，了十女斗银，了十女文主，了十女牛曰，了埃女腊留道汉，达埃女腊留道反，闷梅行埃闷，闷行办达田，闷行全丙十，乃那办达田不拜风忙行念，全丙十公道，闷梅行埃闹，闷行份栽作（“份栽作”荣池本作“粪栽种”），闷行天达对（“天达对”荣池本作“天同对”），乃那份栽作不拜冷而了努，天达对公道，闷梅行埃闷，早行养，晚行傲，乃那养不拜卡弄送打，拜办麻哈吨，拜底弄共闷。

---

① 此宗根为汉字记录水语语音，由两种版本参校而成：一是韦荣池《祖传万世》本，今藏都匀市档案馆；二是韦春华新抄本。

三、调查点之三：老鸡场寨

老鸡场寨，蒙姓，地处内套与外套交界处，公路开通之前，位于当地交通要道路口，是1949年前套头地区的政治、经济、教育中心。1922年在此创建的两套国民中心学校，是都匀水族聚居区成立的第一所公立学校。1949年前曾在此建立地方政府，建立赶集交易市场。由此分支发脉的村寨有老鸡场寨、唐江寨、麻整寨、甲章寨、狗头寨、木克上寨、碧泉寨、干河上寨、杨户老寨、半坡寨、记外寨、郎汤寨、排哨寨等。

在当地搜集到的族谱显示，其所载与民国《荔波县志稿》关于蒙氏土司蒙敦[①]露相符，老鸡场寨蒙氏族谱宗根有“有老补皆娘当行登二、行伦三、行溾美、行令二、行寮”的记载。按荔波、三都一带汉语方言语音，“登二”与“敦露”的语音近似。以此推断，若能成立，因荔波蒙氏土司蒙敦露与独山蒙氏土司蒙敦霖为两兄弟，故都匀该宗支蒙氏与荔波蒙氏、独山蒙氏有血缘关系。

据蒙堂恩介绍，老基场支系史诗可追溯的传承谱系如下：

清公（乌岂寨人，其子保公、祥公）—蒙廷柳、蒙介奎、蒙维佑（廷字辈）—蒙介芝、蒙森恩、蒙国恩—蒙堂恩（1959年生）、蒙斌恩、蒙绍恩、蒙云恩、蒙财恩（荣仲父）、蒙荣朝、蒙耀培、蒙耀仲。其中蒙廷柳是蒙介芝的父亲，蒙介芝是蒙堂恩、蒙斌恩的父亲。

目前可追溯的最早传承人为蒙清，根据该寨宗支谱系往上追溯：清公—保公—毛公—三公—井公—计公—菊公—连公—马公—明公—寅公—雄公（奋当雄）—叶公—飞云公。至此有14代人，按鸡场寨宗支谱“应永登廷介，恩荣耀祖先，文章开国瑞，盛世庆光天”的谱韵，蒙清公为“廷”字辈，现该支系人丁已发展到“文”字辈，即蒙清公之后已有7代人的历史，加上蒙清公往上追溯的14代人，计有21代人，按每代人25年的时间计算，至少有525年的历史。

据《蒙氏族谱》载：“闻公三子飞云，妣王氏、陆氏，明世宗嘉靖三十二年

①“敦”一作“登”。

丁亥岁，分居都匀，复迁内套，万历二年，苗夷复叛，公同征息，受封有略将军。”[1] 又据独山县蒙锡模主编的《蒙氏族谱》(2014 年）载，蒙闻，即蒙敦霖，又名蒙再安，至此，本宗支与荔波、独山蒙氏的亲缘关系日渐明朗。

按家谱记载存在一个不可回避的问题，就是当地蒙姓祖上不是土著民族，而是在明洪武年间随军南征因有功留下，随后发展成为当地土司，变成统治水族的官僚。当然在历史发展的过程中，对于民族成分的认同也是在不断发展变化的，比如水族地区著名的土司为张氏土司，其后裔中夷化为布依族、水族、苗族，同一宗支为不同民族的情况，在南方少数民族中比较普遍。由此看出，在进行民族历史研究的时候，在材料的处理上“以族带姓”和“以姓带族”是一对难以回避的矛盾。

老鸡场寨蒙氏族谱宗根[2]

告公我，梅鸟闹，鸟恒昂，鸟塘告，有梅行，生省当忙，生忙木，（绍恩本多“行龙腊”）生莱鲁，生父受，生父见，生水当欲，别四五子男，路初拜采幺齐钱，幺初拜采三齐钱，赖初拜五记齐钱，公乙乙并困钱，公也也别路钱（培、盛本为“卖路钱”）。

——有老补皆娘当行登二，行伦二，行滗美，行令二，行寮。

① 该谱原注：“公元一九六九年己酉岁季春月上浣重录维寨，此书原系于民国三十八年抄于独山祠堂，至日本扰乱，已烧去了，所以是此失了我蒙氏族谱，在公元一九六三年三月二十八日集起我族中老幼在维寨扫墓给亚南公，不幸我族不有失（族）谱，是此书巴开耀魁在祠堂抄录遗留的，还盖得有祠堂公印（上本有印在留于后）。”笔者得复印本后又注：“2004 年年底，由剪告寨蒙启林主持的本乡蒙氏族谱修谱会议，笔者作为编委应邀与会，在会上得见潘洞寨蒙相仁公手上有一份《蒙氏族谱》复印件，征得他老人家同意，次日带到王司复印（即此本）。先后于 2006 年春节、2007 年春节录入电脑。因系手抄本，异体字殊多，不易录入，加之时间关系，于 2007 年 3 月 12 日录毕于阳和中心校。”

② 本宗根系使用汉字记录水语语音，由三种手抄本参校而成：一是1998年笔者与干河耀文在狗头寨荣伦公家中依培恩公传抄本过录；二是 1999 年与甲章寨盛恩公复印其 1993 年传抄本；三是 2019 年 7 月 27 日韦忠荣表弟借阅堂江绍恩公水泥纸抄本。

——有老公昭寮（绍恩本作“交寮”）梅拜闹，拜苗尧，拜豪表，共骨登骨赖，我家有下。

——有老公份当业[1]公我，有梅行岜全小，行爱当柳，行并堂中，行老银中巴，拜地朱，拜姑硚，拜恒粮，拜丙化，共骨登骨赖，我家有下。

——有公介林冉公我到，拜抵五计齐钱，生老公条（培恩本作“修”）了闭闷拜下。

——有老公生条梅行公血、公月。

——有公血梅行公欲、公界，有公界拜摆茶拜麻刀，拜皆羊、拜羊夜，拜大街恒二买，共骨登骨赖，我家有下。

——有公界欲有梅行公乔、公廖在苗立机照，骨成官、身成初发财，洪共骨登骨赖，我家有下。

——有老公乔廖有梅行公汪、公洗，有公汪恨拜捉牛恒闷拜如应加、拜□（“□”上为“如”下为“手”）应卖捉牛伐宾衣了卖闷拜下。

——有老银中洗有梅行公岜、公约、公亚，有老公界岜梅行公愿公胖，有公胖埋断花，有公愿有梅行公癸、公内、公天，有公癸、公内二人埋断花，有公天有梅行公连、公斓、公办、公包、公夺，有公斓、公包二人埋在断花。

——有老公先连有梅行公砼、公林、公曾，有老公界曾有梅行公界（盛恩本作“乔”）、公丙，有公丙闷眼深金敢咏，闷八达麻二算圣二宜拜外恒的、拜平州、拜六硐，共骨登骨赖，我家有下。

四、调查点之四：榔木寨

都匀市归兰水族乡奉合村榔木寨地处都匀市城区东南部，位于奉合村东北部，距乡政府所在地 2 千米，距都匀城区 40 千米。都三公路穿境而过，交

① 翁条本作“份当穴”，又有的作“奋当雄”或“唤当雄”。

通便利。2020 年全寨有 84 户，392 人，水族人口占该村总人口的 98%，是典型的水族聚居村寨。全寨有劳动力 170 人，外出打工者约 100 人。全寨现有耕地 182.44 亩，其中田 145.32 亩，旱地 37.12 亩，人均占有耕地面积 0.47 亩。由于历史和自然的原因，榔木寨农民收入来源主要以传统种植业、养殖业和自发劳务输出为主。

榔木寨是一个水族世居的村寨，自然环境优美，民族习俗古朴，文化底蕴丰厚，2002 年开始被打造为水族旅游村寨，吸引了来自世界各地的游客。"吊脚楼"上挂满金黄的玉米、火红的辣椒，让人感受到了深厚浓郁的少数民族农家气息，迎宾、祭祀、水书、剪纸、刺绣、歌舞、水族婚俗等让人体验到原汁原味的民俗文化。

榔木寨从 2002 年第一届都匀国际摄影博览会开放至今，已接待国内外游客朋友不计其数。中央领导吴官正、刘延东等也曾到榔木寨慰问少数民族同胞。在党和国家民族政策的照耀下，榔木寨老百姓的收入有了大幅度提高，生活条件有了改善。

现在榔木水寨仍保留着传统的生活方式、风俗习惯及民族节日，附近有梭水岩瀑布、阳和大峡谷和溶洞等自然景观。先后建成 1000 平方米的榔木寨标准活动表演场、斗牛场、风雨廊桥、旅游公厕等基础设施。2002 年，榔木寨被都匀市开发为"少数民族旅游村寨"，先后被定为"都匀市摄影家、作家的创作基地"。2017 年 2 月，榔木寨被黔南布依族苗族自治州人民政府、贵州省质量技术监督局授予"黔南十大最美村寨"。同年 3 月，榔木寨被国家民委命名为第二批"中国少数民族特色村寨"。该寨逐渐被打造成黔南特色水族旅游村寨品牌。

据了解，榔木寨以韦氏为主，与之为同一宗支的村寨有基场村乌约大寨、乌约下寨、乌约里头寨、排邦寨、的采寨、岩寨等。

乌约、榔木等寨韦氏宗根[1]

告公要，十廉钱，同老册，十底某，同老约，总令毫，总高玉，做十二亢辰，做十二同铃。□成别，列成宜（媳妇成婆）。

告公要，有梅行害闷，行老喂见，喂见未有梅行害闹，行老未见亚，未见亚有梅害闹，行老虎见土，有老虎见土，有梅行害闹，行老金嘴屡、行老本硬良、行老扛用应、行老显月的，金拜定坝瓜，良拜面坝苗，造□怒嫩朝，朝菩了。扛拜◎赶黑，显拜◎赶兮，造家怒嫩朝，朝菩了。

告公要，有梅行害闹，◎诺□、行老菩代夜，拜东冲，拜洋戴，行菩歹、行忙溶，菩歹成腊弄，忙溶成庸，造家怒嫩朝，朝菩了。

告公要，有梅行害闹，行老八花钱，行老千花硚，拜外问，拜◎的，造家，怒嫩朝，朝菩了。

有公闹，有梅行害闹，行老公当董闹，有梅行害闹，行省乎、行宵红、公闹，行梅行害闹。行公朗、劳，拜姑管，◎翁降，代下应，定下◎，造家。有宵红公闹，有梅行害闹，行乎算，拜簸箕，拜与妙吹斗，拜毫尧挡□，行养报、行跳拟、行里劳，靠家，有老虎等，拜归厘把要，拜敢道本冷，告家。有老公问主，有梅行害闹，行老八花钱，行老项同千，八花钱，断□大，怕□贡，要宜伦，要任新，要匪衣。告公闹，有梅行害怒，行公伦，行公怕、行公教，造家怒嫩朝，朝菩了。有公伦拜姑厘拱气，造家，有公怕拜赶凸造家。

有公教，拜坝扛，靠家。有老项同签公闹，有梅行害怒，行老公皆壬公闷，有梅行公怒，行公硚、行牙挠，公硚挠，上皆奶姑华（又疑为单），面皆奶姑嫂。道拜要牙虾害闷，代项捧成架，代项打成家，成架兮，成宜才，做毫烹，凤妈浪，行腊成。有梅害闹，行公屡，

① 本宗根系使用汉字记录水语语音，文中“□”表示此字磨损不辨，或系水族文字无法录入。“◎”表示间隔。

行公览、行公打、行公乎，行公丢，行公辽靠家。

小字：

第陆□其

我乌家，散菜，业乌埋听乌事。我乌事，业斋命，鸦毫家个闹，闹□□□，第一，有老班公倒，有老班公造，闹踩胸公我，闷付业公我，杀我得我若，杀我朗□白，杀我请□白，该都杀，怕该得枯华，海都杀，该得嫂，翁都杀，代辽二公我，枯看我有朝骂象我，有朝。枯枚吊□（“□”左为“木”右为“养”）枚纳枚纳尧枚乙闷，分公要刀和粉，牙要付业抵辛事乃拜年未，计事乃拜年申，勤我巳议我并。枯年我有朝朝菩了，第二，有老班党洋，有老班王纳，闷来抢腊愿我，要巳宜梨巳白闷踩胸、闷付业公我。第三，有老公堂，要乌定起，闷偷仓库公我，闷偷和公我，杀我买，得我空。

班公利，班老杨，杀乔岩七，羊保，班老柳几假河（鸡贯河柳天成），杀班音朋，金福，音贵，翁其杨，石家杀老名，老井，宋统领，及朱管戴，北京人杀，有班老弟吴府杀。

列此字辈二十代复回转美。

应永廷恩毓，忠良继国邦。荣华吕[①]万世，庆启福厚祥。

---

① 此“吕”字有的作“兴”。

第三章　水族迁徙史诗非遗价值

随着口语交流的日趋汉化与文化场域的逐步改变，贵州省都匀市归兰水族乡的丧葬习俗也随之简化。在这里传承的水族迁徙史诗，因需要在特定场域传唱，随着文化环境的变迁，正面临消亡的趋势。

第一节　水族迁徙史诗的地理环境与文化环境

水族迁徙史诗主要流传于以都匀市归兰水族乡为中心的“恒套”地区，该地区地处云贵高原，位于贵州省南部的都匀市、独山县、三都水族自治县和丹寨县接壤处的一个边远山区，系都柳江上游支流源头之一，属于都匀市东南部，辖区地处山区峡谷地带。此地水族文化独特，文化个性鲜明，如2012年被纳入国家重点文化工程“中华再造善本”的水书经典卷本《六十龙备要》最具代表性。又如立于道光二十五年（1845年）的乡禁碑，堪称当地文化古迹的标识。该碑高133厘米，宽68厘米，厚12厘米。碑顶呈半圆形，碑额刻“乡禁碑”3字。20世纪90年代，该碑移都匀市文物管理所。碑文凡20行计887字。

乡禁碑

夫乡禁之设，乃各方之乡规也。然我两套人，俱系良善，务农为本，勤俭为生。先皇乾隆、嘉庆年间，吾等地方，三年皇册一，伙盗家磕索者少，地方富户者多，是以地方清静。至道光一三年以来，皇册连年苛派，于年即三四者也。今地方之穷者多富户少，苛派之频难出，甚有本乡之滥棍，勾串外为匪徒，若有一毫小事波成包天大祸，或磕银几十或几两方休，不然非刑而民不安；再者外来面生歹人，日间三五吃食为名，夜间偷窃为事，偷鸡盗狗，磕害良人；又有本乡地棍勾串本官革后，伙串外来匪徒，差来至我乡苗寨内，无牌无票，锁磕良人，遭者甚众。我等两套之人尽属良善，是时不省，过后方知被害者，银钱已去。思明时毁家破产也，乞食之人或死于路旁，或死寨边，或死于田地垦。我等，人在路毙，各出白米一升或一碗，埋其死尸，安葬后反被磕索，是以人人皆切齿。为此，地方不服，传齐两套公议，设此乡规。自今以后，上行一切公件仍照先皇之派，地方敢不遵命，如若照今之行，地方诚有不安，百端尽遭恶毒。今乃地方寒苦，俱系首盘磕，实万不得已，传齐两套，议此乡规，以靖地方，以安良善者也。

计将公议各条乡规开列于左：

一议各寨有大小事件总由公论。无许本乡滥人勾串外人入乡和盗人并确磕索，实由各甲自出钱相帮，将来磕之人捆解送官究治，无许一人推诿，如有推诿罚银五两入公。

一议各家无许窝藏匪类。若有窝藏者，经人查出指实谢银一两二钱，若不报者罚银二两四钱，各寨自拿获贼者，众人亦出钱相助解官究治，如不报者，以同罪官治后，无许入乡。

一议各寨老人包禁各寨生无许作贼。如有哪寨之人犯贼案者，众出公票解官究治后，逐贼出境，不准入乡，罚寨老出银五两入公。

一议如贼入寨偷窃，闻听鸣角为号，各寨人众自往要道截拿。如有一家不到者罚银五两入公。

一议偷牛盗马，众寨每家出人一名，各代白米随牛脚至哪寨搜寻哪寨，如不送搜者，与贼同情，即向寨老赔赃。

一议偷盗田禾五谷，若见指实者谢银一两二钱，若见不说者罚银二两四钱。拿获贼犯交与贼族赔赃后，逐贼出境不准入乡。

一议我等地方不准毁田找地，如有强敷重伤者，传齐人众相帮出钱上控，无许私和贳磕之人。如私和者，罚银二两四钱入公。

一议我乡苗礼，老人死后外家来讲鬼头钱，并簪派首饰铜鼓器等项，如哪家出银私和者，罚银三两六钱入公。

一议外甥钱只准一两二钱为定，无许多出，并女出嫁只准送亲十二人，如多去者，罚银二两四钱入公。

一议偷山盗渔园内瓜菜，拿获者罚银一两四钱交公。

道光二十五年春三月吉旦公立

从碑文内容可以看出，水族习惯法的功能非常明显。“少数民族习惯法正是少数民族人民根据传统习惯和社会经验自发采取的一种有效的社会控制手段，具有维护社会秩序和保护公共利益等作用。”①

当地居住环境相对封闭，周边分布有布依族、苗族及汉族，形成了水族文化孤岛。当地水族同胞日常使用水语交流，丧葬习俗传唱的水族迁徙史诗和挽歌自然用水语完成，有意思的是，当地水族日常所唱的山歌，使用的是布依族的山歌调子，也是四言八句的当地汉语方言，这充分体现了当地语言的和谐性。可能是场域决定，水族迁徙史诗被长期尘封，至今不为外人所知。

① 吴大华、潘志成、王飞：《中国少数民族习惯法通论》，知识产权出版社，2014，第65页。

第二节　水族迁徙史诗的基本情况

水族迁徙史诗水族称 pju[13] kom[13]，与汉字“布控”谐音相近，为避免产生歧义，2018 年，国家社科基金特别委托项目“中国史诗百部工程”子项目“水族史诗‘调布箜’”立项的时候，根据专家意见，将“控”改为“箜”，命为“调布箜”，本书所称的水族迁徙史诗指的就是这一部长篇叙事诗。这部长篇叙事诗，歌词分为 19 部分，对祖先迁徙路线、途经地的地形地貌、发生的重要事件等历史过程进行讲述，并描述了入黔始祖后裔的分布情况。传唱姓氏主要有翁条蒙氏、老鸡场蒙氏和翁降韦氏等 3 个支系，唱词大同小异。

根据遗产的形态和性质，可分为文化遗产、自然遗产、文化和自然双重遗产、记忆遗产、口头与非物质遗产、文化景观遗产，水族迁徙史诗属于口头与非物质遗产。

《中华人民共和国非物质文化遗产法》的第一章第二条规定：本法所称非物质文化遗产，是指各族人民世代相传并视为其文化遗产组成部分的各种传统文化表现形式，以及与传统文化表现形式相关的实物和场所。包括：

（一）传统口头文学以及作为其载体的语言；

（二）传统美术、书法、音乐、舞蹈、戏剧、曲艺和杂技；

（三）传统技艺、医药和历法；

（四）传统礼仪、节庆等民俗；

（五）传统体育和游艺；

（六）其他非物质文化遗产。

水族迁徙史诗属于“传统口头文学以及作为其载体的语言”的非物质文化遗产。

第三节 水族迁徙史诗的危险性评估

水族迁徙史诗传承濒危，主要原因有两个方面：一是篇幅宏大，不易记忆；二是场域特定在丧葬仪式上，所以非一般人能学好。也曾有人尝试用汉字记录水语语音来记录这部史诗，情形如下：

翁条寨蒙氏族谱宗根[①]

有老公初合恒奥，牙初合塘告，有没生哪个，生老笋当麻、生老皆赖护、生公署，生公见，生老见当叶，变四五腊问。留初拜采高做钱，高初拜采伞做钱，伞初拜采利做钱，利初拜五赖做钱，赖初拜挖问拜恒的、初做钱，困依依的困钱，困颁颁八困钱。

有老公皆腊公到，有每生哪个，生虐堂、生美柳、生俩辽、生公条、生老公倒要，生老公倒钉，生老份当穴，生老见当中、生老应中包，生老害当杇，生老信贺小。有虐堂拜挖问拜恒的；有美柳拜独山拜几交，埃怀拜做丑，埃奴拜做官，进个印抢个钉；有俩辽拜摆茶拜埋刀；有公条拜苗尧拜毫表；有老公倒要、公倒钉拜花鸭、拜花扛；老见当中拜总汙拜留的；有老应中包拜巴开拜埃韦；有老害当杇拜抵刁拜姑桥，有老信贺小拜恒粮拜併化。[②]

关于翻译问题，因语言差异而很难达到信、达、雅，而简单转写又难寻语言面貌。如以上两段汉字记音文字，通过国际音标、直译、意译三对照翻译

① 本宗根系使用汉字记录水语语音。版本源自翁条上寨蒙仲伦抄本。
② 参见蒙言昌藏《本族蒙氏门中历代宗枝》棉纸手抄本，第 1 页。

如下：

qoŋ^{35} sə^{33} ndau^{33} hən^{31} ŋam^{31},
公　才　走　地方　昂
祖公走过水昂这地方来到这里，

ja^{53} sə^{33} ndau^{33} ndam^{13} kau^{35}.
奶　才　走　塘　靠
祖母经过了水各这地方来到这里。

naŋ^{13} mei^{53} haːŋ^{53} ai^{33} nau^{53}?
有　没　生下　个　谁
他们生下谁呢？

haːŋ^{53} lau^{33} tɕhəŋ^{55} taːŋ^{33} maːŋ^{53},
生下　一　省　当　忙（祖先名）
生下省当忙，

haːŋ^{53} lau^{33} qai^{53} lai^{13} lu^{55},
生下　一　介　赖　鲁（祖先名）
生下介赖鲁，

haːŋ^{53} qoŋ^{35} ɕu^{55},　haːŋ^{53} qoŋ^{35} kjen^{13},
生下　公　书（祖先名）生下　公　健（祖先名）
生下了书公，下生了健公，

haːŋ^{53} lau^{33} kjen^{35} taːŋ^{33} je^{31},
生下　一　件　当　叶（祖先名）
生下了件当叶，

pjek^{33} ɦi^{31} ŋo^{53} laːk^{42} mbaːn^{13}.

分　为 五 儿子　男

分为五个儿子。

liu^{13} sə^{33} pai^{13} sai^{33} qau^{33} he^{53} hjen^{13}?

柳　才 去　问　高　做　钱

“柳”去问“高”如何去找钱？

qau^{33} sə^{33} pai^{13} sai^{33} san^{33} he^{53} hjen^{13}?

高　才　去　问　三　做　钱

“高”去问“三”如何去找钱？

san^{33} sə^{33} pai^{13} sai^{33} li^{13} he^{53} hjen^{13}?

三　才　去　问　利　做　钱

“三”去问“利”如何去找钱？

li^{13} sə^{33} pai^{13} ŋo^{53} lai^{13} he^{53} hjen^{13}.

利 才　去　俄　赖　做　钱

“利”到“俄赖”这个地方去找钱，去当家。

lai^{13} sə^{33} pai^{13} wa^{35} wen^{31} pai^{13} hən^{31} te^{33}, sə^{33} he^{53} hjen^{13}.

赖　才　去　万　问　去　地方 下面 才　做　钱

“赖”去“万问”这个地方，又移到“恒的”这个地方，才安定下来。

huən^{35} ɣe^{31} ɣe^{31}, te^{33} hun^{31} hjen^{13},

想　数 数　一　堆　钱

细细想来，钱是一堆一堆的，

huən^{35} ŋeŋ^{33} ŋeŋ^{33}, pet^{35} hun^{31} hjen^{13}.
想 慢 慢 八 堆 钱
慢慢想着，八堆钱集在一起。

naŋ^{13} lau^{13} qoŋ^{35} qai^{33} la:k^{42} qoŋ^{35} ndau^{13},
有 一 公 没 孩子 公 我们
其中有一个祖公是我们的祖公，

naŋ^{13} mei^{53} ha:ŋ^{53} ai^{33} nau^{53}?
有 没 生下 个 谁
他生下谁呢？

ha:ŋ^{53} njuət^{32} ta:ŋ^{31}, ha:ŋ^{53} mei^{55} lqui^{55},
生下 虐 堂 生下 美 吕
生下“虐堂”、生下“美吕”，

ha:ŋ^{53} ljan^{55} ljau^{53}, ha:ŋ^{53} qoŋ^{35} tjau^{53},
生下 两 辽 生下 公 调
生下“两辽”、生下“调”公，

ha:ŋ^{53} lau^{13} qoŋ^{35} tau^{33} jau^{33}, ha:ŋ^{53} lau^{13} qoŋ^{35} tau^{33} tjeŋ^{13},
生下 一 公 道 鸟 生下 一 公 道 佃
生下“道鸟”、生下“道佃”，

ha:ŋ^{53} lau^{13} ɦjon^{35} taŋ^{31} njuət^{32}, ha:ŋ^{53} lau^{13} kjen^{33} taŋ^{31} tɕoŋ^{33},
生下 一 粉 当 雄 生下 一 件 当 炯
生下“粉当雄”、生下“件当炯”，

haːŋ^{53} lau^{13} jiŋ^{35} tɕoŋ^{33} pau^{33}, haːŋ^{53} lau^{13} ai^{35} taŋ^{31} hjeu^{31},
生下 一 迎 仲 保 生下 一 艾 当 秀
生下"迎仲保"、生下"艾当秀",

haːŋ^{53} lau^{13} ɕin^{13} ho^{13} ɕjeu^{31}.
生下 一 信 合 小
生下"信合小"。

ljeu^{53} pi^{31} lau^{53} pai^{13} ɕa^{33}? tɕa^{31} pu^{33} ljeu^{53}!
全部 批 大 去 哪里 则 也 结束
这大批的祖公去哪里了呢？先讲到这里吧！

naŋ^{13} njuət^{32} taːŋ^{31}, pai^{13} wa^{35} wen^{31}, pai^{13} hən^{31} te^{33}.
有 虐 堂 去 万 问 去 恒 底
"虐堂"公去"万问"、去下面的地方去了。

ljeu^{53} pi^{31} lau^{53} pai^{13} ɕa^{33}? tɕa^{31} pu^{33} ljeu^{53}!
全部 批 大 去 哪里 则 也 结束
这大批的祖公去哪里了呢？先讲到这里吧！

naŋ^{13} mei^{55} lqu^{55}, pai^{13} miu^{13} li^{31}, pai^{13} tɕi^{55} tɕaːu^{33}.
有 美 吕 去 独山 去 计 交
"美吕"公去独山、去计交去了。

ai^{33} fai^{53} pai^{13} he^{53} su^{53}, ai^{33} nu^{53} pai^{13} he^{53} kwun^{13}.
位 哥 去 当 官 位 弟 去 当 官
哥哥去当官了，弟弟也去吃皇粮去了。

tsjeŋ^{13} lam^{13} jan^{35}, ndjan^{35} lam^{13} tiŋ^{33}.

抢 个 印 拽 个 翎顶

为了当官，抢了我们的大印，从此要去了我们的翎顶①。

ljeu^{53} pi^{31} lau^{53} pai^{13} ɕa^{33}? tɕa^{31} pu^{33} ljeu^{53}!

全部 批 大 去 哪里 则 也 结束

这大批的祖公去哪里了呢？先讲到这里吧！

naŋ^{13} ljan^{55} ljau^{53}, pai^{13} pai^{55} tɕha^{53}, pai^{13} mai^{53} tau^{33}.

有 两 辽 去 摆 茶 去 么 桃

“两辽”公去摆茶、去么桃。

ljeu^{53} pi^{31} lau^{53} pai^{13} ɕa^{33}? tɕa^{31} pu^{33} ljeu^{53}!

全部 批 大 去 哪里 则 也 结束

这大批的祖公去哪里了呢？先讲到这里吧！

naŋ^{13} qoŋ^{35} tjau^{53}, pai^{13} miu^{13} jaːu^{53}, pai^{13} au^{53} pjo^{55}.

有 公 调 去 苗族 夭② 去 棉 朵

“调”公去了丹寨、去了棉朵。

---

① 传说蒙氏的大印是由都匀的族人掌管，后来独山蒙姓家族来走访的时候，带上一个聪明的小孩子，在临走之际，哭闹不止，什么东西都不愿要，唯独喜欢那个代表权力和地位的铜印，老人也觉察到这是计谋，为了避免同室操戈，只好把那枚铜印给他。从此，那边的族人文脉极盛，人才辈出。按：这是一个母题故事，民间这一类传说很多。2009 年夏，笔者在都匀市王司镇摆领寨，也采集到当地吴姓类似的故事。

② miu^{13} jaːu^{53}：即“夭苗”，方志中对这一支苗族多有记载，现在水语里还有这一名称的语音保留。

ljeu^{53} pi^{31} lau^{53} pai^{13} ɕa^{33}? tɕa^{31} pu^{33} ljeu^{53}!

全部 批 大 去 哪里 则 也 结束

这大批的祖公去哪里了呢？先讲到这里吧！

naŋ^{13} lau^{13} qoŋ^{35} tau^{33} jau^{33}, naŋ^{13} lau^{13} qoŋ^{35} tau^{33} tjeŋ^{13} , pai^{13} hua^{33} ȵia^{33}, pai^{13} hua^{33} kaːŋ^{13}.

有 一 公 道 乌 有 一 公 道 佃 去 花 拉 去 花 扛

“道乌”“道佃”两公去了花拉和花扛①。

ljeu^{53} pi^{31} lau^{53} pai^{13} ɕa^{33}? tɕa^{31} pu^{33} ljeu^{53}!

全部 批 大 去 哪里 则 也 结束

这大批的祖公去哪里了呢？先讲到这里吧！

naŋ^{13}lau^{33} kjen^{33} taŋ^{31} tɕoŋ^{33}, pai^{13} tɕum^{55} u^{33}, pai^{13} lju^{31} te^{33}.

有 一 件 当 炯 去 地方 上面 去 留 下面

“件当炯”公去“仲务”②“留底”。

ljeu^{53} pi^{31} lau^{53} pai^{13} ɕa^{33}? tɕa^{31} pu^{33} ljeu^{53}!

全部 批 大 去 哪里 则 也 结束

这大批的祖公去哪里了呢？先讲到这里吧！

naŋ^{13} lau^{33} jiŋ^{35} tɕoŋ^{33} pau^{33}, pai^{13} paːk^{35} hai^{33} , pai^{13} jai^{33} ŋui^{31}.

有 一 迎 仲 保 去 巴 开 去 埃 伟

“迎仲保”公去巴开、去埃伟。

---

① 据说此地名在今麻江县宣威镇一带，待详考。

② tɕum^{55} u^{33}：水语地名，音译为赶“酉”的集市，即今荔波县城一带。

ljeu^{53} pi^{31} lau^{53} pai^{13} ɕa^{33}? tɕa^{31} pu^{33} ljeu^{53}!

全部 批 大 去 哪里 则 也 结束

这大批的祖公去哪里了呢？先讲到这里吧！

naŋ^{13} lau^{13} ai^{35} taŋ^{31} hjeu^{31}, pai^{13} ti^{55} tɕu^{33}, pai^{13} ku^{33} tɕjeu^{31}.

有 一 艾 当 秀 去 地 九 去 头 桥

“艾当秀”去了抵九、去了桥头。

ljeu^{53} pi^{31} lau^{53} pai^{13} ɕa^{33}? tɕa^{31} pu^{33} ljeu^{53}!

全部 批 大 去 哪里 则 也 结束

这大批的祖公去哪里了呢？先讲到这里吧！

naŋ^{13} lau^{13} ɕin^{13} ho^{13} ɕjeu^{31}, pai^{13} hən^{31} ljem^{31}, pai^{13} pjeŋ^{55} hok^{35}.

有 一 信 合 小 去 地方 连 去 丙 华

“信合小”公去简粮①、去丙华。

ljeu^{53} pi^{31} lau^{53} pai^{13} ɕa^{33}? tɕa^{31} pu^{33} ljeu^{53}!

全部 批 大 去 哪里 则 也 结束

这大批的祖公去哪里了呢？先讲到这里吧！

水族聚居区为历史上地理环境比较封闭的地区，近年来随着国家脱贫攻坚工作的开展，当地的开发力度逐渐加强，水族地区与外界的交通变得越来越通畅。现代文明涌入，现代生活的日益同质化，特别是城镇化建设之后没有特定的文化场域，以致当地年轻人对水语的记忆运用能力在快速减弱。

水族迁徙史诗在人生礼仪中是为了满足自己的精神生活需要而具有凝固性的行为，被水族视为文化传统的表现形式，要对这部重要史诗进行传承保护至少面临以下三个问题。

① 简粮：水语地名，亦作“姐粮”，据说在今三都水族自治县大河镇烂土一带。

第一，传承人老龄化，出现断层。非物质文化遗产的最大特点是不脱离民族特殊的生活生产方式，是民族个性、民族审美习惯“活”的显现。它依托于人本身而存在，以声音、形象和技艺为表现手段，并以口耳相传作为文化链而得以延续，是“活”的文化及其传统中最脆弱的部分。因此，在非物质文化遗产传承的过程中，人就显得尤为重要。

第二，水族迁徙史诗是一种非物质文化遗产，较之有形的遗产而言，不论在内容还是在形式上，都具有自己的独特性。需要运用多种措施进行抢救，如录音、录像、文字记载等。这项工作工作量大，时间紧迫，亟待完成。

第三，黔南布依族苗族自治州曾经为国家扶持的贫困地区，抢救保护经费压力很大，这严重影响了迁徙史诗的抢救保护工作。

第四节　水族迁徙史诗的非遗特征

水族迁徙史诗具有以下三种特征。

第一，真实性。这部史诗至今仍在丧葬仪式中传唱，其内容真实存在，真实记录了传承区域水族同胞的历史，是水族民众共同社会心理的独特记忆，为水族民众所熟知、认同、尊重、共享。这部史诗的传承地区是贵州省都匀市归兰水族乡，它赖以产生、发展、运用、保存、传承的地理环境空间没有发生根本性的变化，具有地理环境上的真实性。它的传承主要靠口耳相传，形成传承团队和传承脉络，曾有人尝试使用汉字记录它的读音，也有人曾经借助录音磁带保存，充分利用各种计算机存储设备等现代科技介质材料，真实地记录水族族群的社会记忆，可保存、可复制和可广泛传播。水族迁徙史诗作为记忆遗产具有记录载体和传承方式的真实性。结合丧葬习俗，它在仪式过程中已经程式化，具有日常生活记录的真实性。

第二，完整性。水族迁徙史诗是由水族人创造、拥有、记忆和传承的口头文献，对水族这一族群有重大的影响，是水族人民族身份认同、民族特征和民族记忆的一种标志，从某种角度来说，它起到精神纽带的作用。水族村落聚族而居的形态和水族的丧葬习俗支撑了史诗的完整性。目前有两支蒙姓家族和一支韦姓家族在传承，因为是口耳相传的记忆方式，三个支系的记忆共同使史诗记忆表达具有完整性。

第三，唯一性。开控史诗的诵唱形式独特，它的唱腔、衬腔、节奏、韵律别具一格，具有诵唱形式上的唯一性。

诵唱时，每则开头的衬腔如下：

jum^{35} hən^{31} ljeu^{53}, thaːu^{33} taːu^{31} laŋ^{31}.
涌　地方　啦　　找　哪里　逃走
洪水涌上来了，寻找逃走的路。

jum^{35} hən^{31} ljeu^{53}, ɦjaŋ^{35} taːu^{31} paːi^{13}?
涌　地方　啦　不知道　哪里　去
洪水漫上来了，该往哪里去呢？

qoŋ^{35} sə^{33} ka^{33} qaːi^{35} tɕan^{31},
公　才　等　鸡　打鸣
祖公盼呀盼鸡叫，

ja^{54} sə^{33} ka^{33} wan^{13} ndaːŋ^{13}.
奶　才　等　天　亮
太祖母等啊等拂晓。

thjep^{35} njə^{13} sa^{35}, ta^{55} njə^{33} ɦa^{13}.
沿　河　爬上　过　河　来
沿河而上，溯流而走。

ɦa^{13} la^{55} hən^{31}, ɦa^{13} la^{55} wan^{13}.
来　找　地方　来　找　天
去找安家的地方，来寻属于自己的天地。[①]

水族迁徙史诗的生存空间是在特定的水族村寨，这一独特的演唱方式和唱辞是周边其他兄弟民族所没有的，所以在族际运用上具有不可替代性。这部史诗历代传承不衰，它的教化功能尤为凸显。它教育族人铭记历史，缅怀先人，激励后代，更重要的是教育人们重人伦、行孝道。它保留了水族重要的口传历史资料，同时也是一部重要的水族民间口头文学作品。它在语言学、民间文艺学、文化人类学、历史文献学、民俗学、伦理学等方面都具有重要的学术研究价值，显而易见，水族迁徙史诗的遗产价值同样具有唯一性。

综上所述，水族迁徙史诗是水族人思想观念、风俗习惯、生活方式、情感样式的集中表达，将水族迁徙史诗纳入非物质文化遗产进行抢救保护，加快对它的搜集整理，就是对一部重要的水族文献的抢救与保护。从学术研究的角度看，它为多学科研究水族语言文化提供了鲜活的题材与实证范例，能够为我们拓展传统民族文化研究路径。就水族同胞而言，挖掘、保护这部史诗，可增强水族人民的文化自信，促进优秀传统文化的传承自觉。同时会为我们探索少数民族“弱势”文化在竞争中的传承路径提供经验借鉴。

---

① 从第二则起，均以这八句开头，“洪水来了，找路逃走；洪水来了，不知跑去何方”此二句有洪水滔天的印记，但从“沿河而上，溯流而走”一句来考察，则不单讲洪水滔天之事，而可能是祖先原先生活在海边，大海涨潮，海水漫上，不得不溯河而上。此印证了祖先生活在海边，从两广北迁的阶段性记忆。

第四章　水族迁徙史诗结构与韵律

水族迁徙史诗在丧葬中诵唱，按流程创建它的结构，内容应时应景，篇幅相对整齐，有的首尾句式一致，展现了它的结构之美。本书研究水族的迁徙史诗，未发现其在整个水族地区传播。它的流传范围主要在潘硐土语区，故而它的韵律具有明显的地域特色。

都匀水族丧葬习俗仪式程序主要包括启鼓开控、恒登、砍告、熬调、熬埋劳、割寿枋、要埋来家、熬和埋、要埋万、定万、亮簿、降、清伤、擢贯、堂控割耳、砍碗、别簿、放裸、当华、做保福、三朝喊魂等环节，流程相对较多，需要专人司仪。司仪人员借此机会，向族人讲述历史，传播文化，故仪式与文化传承得到有机结合。

第一节　结构重章复沓

作为口传叙事史诗，水族迁徙史诗结构重章复沓非常明显。如果把整部史诗结构分为章、则、段、句，在章、则、段、句上都会出现重章复沓的情况。

一、重章

重章主要表现在两两相对的两个环节上，如启鼓开控与放裸宣布结束，又如打开本宗支簿到快结束时的合上宗支簿。

因为篇幅较长，参见第六章相关章节。

二、复则

水族迁徙史诗关于丧礼缘起的共有三则，在启鼓开控、恒登、砍告、亮簿、堂控割耳、砍碗、别簿、放裸等环节都要诵唱。

重复内容见第六章第一节的第一则《前言》。

三、复段

水族迁徙史诗中重复的段落主要有“纸钱”和“吉日颂”，并且两者连接在一起。

重复内容见第六章第十四节的《纸钱》和《吉日颂》两部分。

四、叠句

叠句主要出现在“砍告”这个环节。qaːu^{13}，水语音译为告，意译为猫头鹰；te^{35} qaːu^{13}，音译“的告”，意译砍猫头鹰。在这个环节里猫头鹰是各种凶神恶煞的替身，此仪式的目的是为亡人清除污秽的东西，赶走各种凶神恶煞。仪式中会用到斧头、长矛、绳索、大豆、芝麻、冬瓜籽、黄瓜籽、口哨筒、干鱼、枇杷叶、篱笆、长号、唢呐、铜鼓、木鼓、衣物、小锅、犁耙、芒筒、芦笙、牛桩、红伞、白纸伞、铁炮、爆竹、花伞、酒坛、竹竿等物品，每数到一种事物的时候，都会在前面加上一句“我们准备给你撑起天地啊”作为开头。

ndeu^{13} xai^{33} tjen^{13} wən^{13} tjen^{13} ti^{55} xaːi^{13} n̥iə^{31}!
我们 准备 立起[①] 天 立起 地 给 你
我们准备给你撑起天地啊！

五、衬词衬腔

葬礼上水族迁徙史诗的诵唱庄重肃穆，加上衬词衬腔对气氛的渲染，给参与者带来了很强烈的心灵震撼。仪式主持人和诵唱者“哀而不伤，怨而不怒”的情感表达，给在场人一种心灵的洗礼。

诵唱水族迁徙史诗时的衬腔为呼号，即准备举行某个环节的时候，领唱者首先呼号，若死者为男性则喊“ə^{55}——qoŋ^{35}——qoŋ^{35}”，若死者为女性则喊“ə^{55}——ja^{53}——ja^{53}”。

在开簿和别簿两个环节中，要念诵到祖先的名字。翁条宗支簿记载有四种类型的先人情况，每一种情况的尾歌唱法不一样。

第一种是有后人，按后人名字念唱，唱词为问答式。

naːŋ^{13} qoŋ^{35} ×× mei^{53} xaːŋ^{53} ai^{33} nau^{13}?
有 公 某某 没 生 个 哪
某某公生了哪个呢？

xaːŋ^{53} qoŋ^{35} ×× xaːŋ^{53} qoŋ^{35} ××.
生 公 某某 生 公 某某
生某某公、生某某公。

第二种是失踪，对于失踪人员，谱上用“去苗”或“拜苗”两字记载，此两字的音义为 paːi^{13} miu^{13}，是到苗族地区去的意思。对这种情况唱词如下：

---

① tjen^{13}：水语本义是“立起”，在本史诗中这个词随所指的不同事物发生词义变化。

men^{13} pa:i^{13} miu^{13} phja:m^{13} na^{33}.
他 去 苗族 找不到 脸
这个人已经到苗族地区去了，我们已经没有人认清他的脸目了。

men^{13} pa:i^{13} ka^{53} phja:m^{13} nda:n^{13}.
他 汉 族 找不到 名字
这个人到汉族地区去了，我们已经记不起他的名字。

ljeu^{53} pi^{31} lau^{53} pai^{13} ɕa^{33}? tɕa^{31} pu^{33} ljeu^{53}!
全部 批 大 去 哪里 则 也 结束
这位祖公去哪里了呢？先讲到这里吧！

第三种情况是有个男孩子，但是孩子夭折没有长大成人，族谱上在其名之后注明“生小”字样。

ha:ŋ^{53} nu^{53} ti^{33},
生 孥 小
他也是生有小孩子，

ha:ŋ^{53} ȵi^{55} ȵot^{31}.
生 知了
只是他的小孩子如同树林里的知了，只听到声音看不到人了。

ljeu^{53} pi^{31} lau^{53} pai^{13} ɕa^{33}? tɕa^{31} pu^{33} ljeu^{53}!
全部 批 大 去 哪里 则 也 结束
这位祖公去哪里了呢？先讲到这里吧！

第四种情况是没有生男孩子，或者没有结婚没有孩子，直接在名字之后画上“○”，表示终止。

naːŋ^{13} qoŋ^{35} ×× maːi^{53} tun^{53} ħua^{33},

有　　公　某某　木　结束 价值

有某某祖公的这棵树没有枝杈了，

ħua^{33} tun^{53} lim^{53}.

价值 结束 楔

树干也朽坏，做不了楔子。

ljeu^{53} pi^{31} lau^{53} pai^{13} ɕa^{13}? tɕa^{31} pu^{31} ljeu^{53}!

全部 批　大　去　哪里　则　也　结束

这位祖先去哪里了呢？先讲到这里吧！

但不管是哪种类型的祖先，最后都有“ljeu^{53} pi^{31} lau^{53} pai^{13} ɕa^{33}, tɕa^{31} pu^{33} ljeu^{53} ”（这位祖公去哪里了呢？先讲到这里吧！）这一句，这也可视为一种衬腔。

第二节　修辞手法

水族迁徙史诗的修辞手法多种多样，以下是不同修辞手法的例句。

一、比喻

（一）

liu^{55} jiŋ^{53} tɕat^{55}, ljat^{31} jiŋ^{53} ɕiŋ^{13}.

鳝　如　小腿　鳅　如　手臂

这里的鱼鳝如小腿肚那么大，这里的泥鳅如手臂那么粗。

（二）

xak^{35} au^{53} jiŋ^{53} tam^{55} tuk^{55}.
舂　米　如　爆米花
舂碓声如爆米花一样。

taːn^{33} ȵan^{31} jiŋ^{53} nok^{32} khiu^{33}.
穿　银　如　花　球
穿金戴银如白花。

二、夸张

（一）

xe^{53} mom^{55} laːu^{53} xe^{53} haːu^{33} qau^{35}.
做　鱼　大　做　酒　旧
喂养了大鱼，酿制多年的好酒。

mom^{55} haːm^{13} huot^{35} haːu^{33} pet^{35} mbe^{13}.
鱼　三　水　酒　八　年
大鱼啊，已经喂了三年；美酒啊，八年前就烤好了。

uŋ^{55} haːu^{33} ɣen^{55} a^{33} mom^{55} wjan^{13} ɕu^{13}.
坛　酒　斟　啊　鱼　齿　绿
斟上美酒啊，鱼的牙齿都绿了。①

① 鱼的牙齿都长青苔变绿了，说明鱼已经很大了。

uŋ^{55} haːu^{33} thu^{33} mom^{55} tɕu^{33} n̥ot^{32}.
坛 酒 垛 鱼 九 月
堆垛在一起的酒瓮，喂养了九年的鱼。

ɣam^{13} pu^{33} jiŋ^{53} mom^{55} fu^{13}.
深 也 如 鱼 虎
桌上的鱼啊，它在幽深的水里。

ɕu^{13} pu^{33} jiŋ^{53} n̥au^{55} nam^{33}.
绿 也 如 在 水
烹饪好的鱼啊，还像是在水里一样鲜活。

（二）

pja^{55} tɕu^{13} liu^{13}, pja^{55} tɕu^{13} qai^{33}.
富 九（语助），富 九（语助）
富甲一方，人人称美。

pja^{55} toŋ^{33} noŋ^{33}, pja^{53} toŋ^{31} njen^{31}.
富 一大长串 富 同 月亮
钱财富足，饮誉一方。

laːk^{35} ɦen^{13} jan^{13}, sjeŋ^{13} ɦen^{13} hu^{31}.
骨 成 人 牲 成 富
人丁发达，六畜兴旺。

tɕa^{31} pu^{33} ljeu^{53}.
则 也 完
这一则到此结束。

（三）

wan^{13} nai^{55} xən^{31} ħjai^{13} le^{13} tik^{55} ta^{35}.

日　今　地方　开　书　满　野外

今天是吉日，书可以公开于内外。

wan^{13} nai^{55} xən^{31} ja^{53} le^{13} tik^{55} tɕan^{31}.

日　今　地方　晒　书　满　坡头

今天是吉日，书可以公开于上下。

三、顶真

（一）

ndai^{55} naːŋ^{13} ȵiə^{31}, ȵiə^{31} tɕok^{32} qhun^{13}.

现　有　你　你　跪　路

现在的你啊，你朝大路上跪着。

ndai^{55} qhun^{13} tiu^{35}, ȵiə^{31} tɕok^{32} lu^{31}.

现　路　断　你　跪　灶

现在路断了，你跑到灶上跪。

ndai^{55} lu^{31} paːŋ^{13}, ȵiə^{31} tɕok^{32} pja^{13}.

现　灶　垮　你　跪　石

现在灶垮了，你跑到石板上跪。

ndai^{55} pja^{13} tjak^{55}, ȵiə^{31} tɕok^{32} hak^{32}.

现　石　断　你　跪　基础

现在石板断了，你跑到宅基里跪。

ndai^{55} hak^{32} wuŋ^{13}, ȵiə^{31} tɕok^{32} fən^{13} tai^{13} ȵai^{33}.
现 基础 松垮 你 跪 竹 死 枝
宅基地也松垮了，你跑到枯死的竹枝上跪。

ȵiə^{31} tɕok^{32} mai^{53} tai^{13} pje^{13}.
你 跪 树 死 梢
你还跑到枯萎的树梢上去跪。

（二）

liu^{13} sə^{33} pai^{13} sai^{33} qau^{33} he^{53} hjen^{13}?
柳 才 去 问 高 做 钱
“柳”去问“高”如何去找钱？

qau^{33} sə^{33} pai^{13} sai^{33} san^{33} he^{53} hjen^{13}?
高 才 去 问 三 做 钱
“高”去问“三”如何去找钱？

san^{33} sə^{33} pai^{13} sai^{33} li^{13} he^{53} hjen^{13}?
三 才 去 问 利 做 钱
“三”去问“利”如何去找钱？

li^{13} sə^{33} pai^{13} ŋo^{53} lai^{13} he^{53} hjen^{13}.
利 才 去 俄 赖 做 钱
“利”到“俄赖”这个地方去找钱，去当家。

lai^{13} sə^{33} pai^{13} wa^{35} wen^{31} pai^{13} hən^{31} te^{33}, sə^{33} he^{53} hjen^{13}.
赖 才 去 万 问 去 地方下面 才 做 钱
“赖”去“万问”这个地方，又移到“恒的”这个地方，才安定下来。

四、排比

（一）

au^{53} ɣa:n^{31} ȵiə^{31}, hin^{13} jum^{35} jəŋ^{33}.
米　家　你　成　奇怪的色泽
你家的大米啊，出现了奇怪的色泽。

au^{53} ɣa:n^{31} ȵiə^{31}, hin^{13} ȵiŋ^{55} wa:ŋ^{33}.
米　家　你　成　奇怪的纹路
你家的大米啊，出现了不同的纹路。

au^{53} ɣa:n^{31} ȵiə^{31}, hin^{13} ɕum^{33} ɕe^{33}.
米　家　你　成　东倒西歪
你家的大米啊，在不停地抖动。①

au^{53} ɣa:n^{31} ȵiə^{31}, hin^{13} ȵie^{33} tai^{13}.
米　家　你　成　哭　死
你家的大米啊，它已经在哭泣；因为啊，它知道家里将要有人去世。

（二）

ɣa^{31} tu^{33} ta^{53}, pai^{13} ljaŋ^{31} le^{13}?
咱 一起 比赛 去　量　书
和对方约定比赛驯鸡和蜜蜂，看看谁能驯服？

① 民间认为，簸箕里的大米无故抖动，是一种不祥的预兆。

ɣa^{31} tu^{33} ta^{53}, pai^{13} ljaŋ^{31} si^{31}.
咱 一起 比赛 去 量 赛
和对方约定比赛。

ɣa^{31} tu^{33} ta^{53}, pai^{13} ju^{35} mon^{55} phje^{13} pja^{13}, pai^{13} ju^{35} ka^{13} au^{53} nam^{33}?
咱 一起 比赛 去 请 猴子 前沿 石头 去 请 龙 里面 水
和对方约定比赛，看看谁能找到让猴子轻松攀缘的枯藤？

ɣa^{31} tu^{33} ta^{53}, pai^{13} niŋ^{35}qai^{35} lət^{32} miu^{31}, pai^{13} niŋ^{35} lu^{13} lət^{32} qaːn^{55}.
咱 一起 比赛 去 看 鸡 沿 纹路 去 看 蜜蜂 沿 竿
咱俩一起比赛，看看谁能让鸡跟着纹路走，看看谁能让蜜蜂①飞到竹竿上。

ɣa^{31} tu^{33} ta^{53}, pai^{13} niŋ^{35} mjau^{31} hai^{35} ndju^{33}, pai^{13} niŋ^{35} mjau^{31} tu^{33} phən^{13}.
咱 一起 比赛 去 看 鸡矢藤 幽 去 看 藤 一起 缠绕
咱俩一起比赛，看看谁能让鸡矢藤②条互相缠绕在一起成为绳索。

ɣa^{31} tu^{33} ta^{53}, pai^{13} niŋ^{35} mjau^{31} hai^{35} pjət^{32}, pai^{13} niŋ^{35} mjau^{31} mon^{55} sa^{35}.
咱 一起 比赛 去 看 鸡矢藤 参差 去 看 伸筋草③ 爬
咱俩一起比赛，看看谁能让伸筋草往上生长。

① lu^{13}：大马蜂，但是此处指的是蜜蜂，为何用lu^{13}（大马蜂）指luk^{32}（蜜蜂），疑是诵唱音韵的需要，或其时水语对大马蜂和蜜蜂未加区分，或其时当地还不会养蜂。

② mjau^{31} hai^{35}：臭鸡矢藤。

③ mjau^{31} mon^{55}：伸筋草，又称地蜈蚣，石松科植物。水族地区多用于覆盖茅草棚。

（三）

tɕhok^{35} jan^{13} qau^{35} jan^{13} ɦuai^{35},
利 人 旧 人 新
利于新人旧人，

tɕhok^{35} qui^{31} xai^{35} qui^{31} ta:k^{42},
利 水牛 雌 水牛 雄
对雌雄水牛都有利，

tɕhok^{35} leu^{53} ɦu^{35} kap^{55} kha^{13},
利 完 猪 连 耳
利于圈里的猪，

tɕhok^{35} leu^{53} ɦua^{13} kap^{55} ɕiu^{33},
利 完 狗 连 爪
利于梯下的狗，

tɕhok^{35} ɕiu^{33} ɦua^{13} tɕhok^{35} wa^{35} qa:i^{35}.
利 爪 狗 利 翅 鸡
利于鸡犬。

（四）

ndeu^{13} xai^{33} qat^{55} pa:k^{35}, tau^{35} pa:k^{35} tɕiə^{13} ka:ŋ^{13}.
我们 准备 割 嘴 留 嘴 吃 草
我们想割它的嘴做标记，要让它的嘴吃草。

ndeu^{13} xai^{33} qat^{55} naːŋ^{13}, tau^{35} naːŋ^{13} koŋ^{33}.

我们 准备 割 鼻 留 鼻 牵

我们想割它的鼻做标记，要有鼻子才能牵它。

ndeu^{13} xai^{33} qat^{55} paːu^{13}, tau^{35} paːu^{13} taːu^{33} xum^{35}.

我们 准备 割 角 留 角 撬 土

我们想割它的角做标记，要让它的角去撬土。

ndeu^{13} xai^{33} qat^{55} tin^{13} , tau^{35} tin^{13} sam^{33}.

我们 准备 割 脚 留 脚 走

我们想割它的脚做标记，要让它的脚走路。

ndeu^{13} xai^{33} qat^{55} xət^{32} , tau^{35} xət^{32} lau^{53} ljan^{33}.

我们 准备 割 尾巴 留 尾巴 赶 蚊

我们准备割它的尾巴做标记，要让它的尾巴赶蚊虫。

五、反复

历数迁徙途经地的时候，每数到一个地方或重要历史故事时，都要先诵唱下面这一段，形成周期较长的反复句。

jum^{35} hən^{42} ljeu^{53}, thaːu^{33} taːu^{31} laŋ^{55},

涌 地方 啦 找 哪里 逃走

洪水涌上来了，寻找逃走的路，

jum^{35} hən^{42} ljeu^{53}, ɦjaŋ^{35} taːu^{42} paːi^{13}?

涌 地方 啦 不知道 哪里 去

洪水漫上来了，该往哪里去呢？

qoŋ^{35} sə^{33} ka^{33} qaːi^{35} tɕan^{31},
公 才 等 鸡 打鸣
祖公盼呀盼鸡叫，

ja^{53} sə^{33} ka^{33} wan^{13} ndaːŋ^{13}.
奶 才 等 天 亮
太祖母等啊等拂晓。

thjep^{35} njə^{13} sa^{35}, ta^{55} njə^{13} ɦa^{13}.
沿 河 爬上 过 河 来
沿河而上，溯流而走。

ɦa^{13} la^{55} hən^{31}, ɦa^{13} la^{55} wan^{13}.
来 找 地方，来 找 天
去找安家的地方，来寻属于自己的天地。

六、设问

ndeu^{13} pai^{13} te^{33} sai^{33} xən^{31},
我们 去 下面 问 地方
我们到下面去问人家，

xən^{31} sə^{33} wan^{13} ndai^{55} ndaːi^{13}.
地方 日子 这 好
地方上的人都说今天是吉日。

ndeu^{13} pai^{13} te^{33} sai^{33} xən^{31},
我们 去 下面 问 地方
我们到下面去问人家，

$xən^{31}$ $sə^{33}$ wan^{13} $ndai^{55}$ $ndjə^{13}$.
地方　日子　　好　剩下
地方上的人说，选去选来就剩下这一天吉利。

$ndeu^{13}$ pai^{13} te^{33} sai^{33} $njə^{13}$,
我们　去　下面　问　河
我们随河下去问，

$njə^{13}$ $sə^{33}$ wan^{13} $ndai^{55}$ $səŋ^{31}$.
河　　日子　　这　成
河两岸的人说，这一天吉利。

七、反问

在争夺地盘举行咨问地脉龙神仪式的时候，水族先人试探地反问对方。

$qoŋ^{35}$ $nda:u^{31}$ sai^{33}, $n̥iə^{31}$ ju^{35} $kuə^{35}$ ai^{31} ju^{35} $kuə^{35}$?
公　我们　问　你　请　先　我　请　先
我们的先人问对方，我先试还是你先来？

八、对偶

（一）

ni^{53} $ŋa:n^{55}$ $puə^{31}$ pan^{35} $pa:k^{35}$ pai^{13} te^{33}, $hən^{31}$ $naŋ^{13}$ te^{33}, wen^{13} $naŋ^{13}$ te^{33}.
母　鹅　白　朝着　嘴巴　去　下面　地方　还在　下面　天　还在　下面
白鹅的头朝向下边的方向，就往下走去找自己的天地。

ni53 ŋa:n55 puə31 pan35 pa:k35 pai13 u13, hən31 naŋ13 u13, wen13 naŋ13 u13.
母 鹅 白 朝着 嘴巴 去 上面 地方 还在 上面 天 还在 上面
白鹅的头朝向上面，就往上行去找自己的天地。

（二）

kui33 lja:ŋ55 lja:ŋ55, kui33 ha:m13 ai33, nda:i33 ha:m13 sop32.
小溪 浪 浪 小溪 三 个 得 三 十
溪水湍急，得到三个人，得到三十。

kui33 lja:ŋ55 lja:ŋ55, kui33 hət55 ai33, nda:i33 hət55 hjen13.
小溪 浪 浪 小溪 七 个 得 七 千
溪水湍急，得到七个人，得到七千。

第三节 韵律

对水族迁徙史诗韵律进行研究，重点要放在押韵上。水语押韵情况较为复杂，有押头韵、腹韵和尾韵，头韵和腹韵相押，尾韵和头韵相押，尾韵和腹韵相押，头韵、腹韵和尾韵回环交叉相押等，形成了自己特殊的押韵方式。同时，由于水语的声韵母系统较同语族中的其他语言更为复杂，因此，水语史诗的押韵情况也较为复杂，主要有如下几种。

一、押腹韵

押腹韵即一句话的头尾中间相邻或相近的两个音的韵母相押，押腹韵相对较为普遍。例句如下：

（一）

xe^{53}au^{53} phjuŋ^{13}, xjuŋ^{13} ma^{33} laːk^{35}.

做 饭 出蒸气 煮 软 骨

让他家炊烟袅袅，一团和气。

（二）

tɕi^{55} pai^{13} ɣaːi^{33}, kaːi^{33} pai^{13} tjaŋ^{13}.

痛 到 长 煎熬 到 久

病患啊，很长时间；痛苦啊，好几个月。

（三）

pai^{55} qai^{33} lok^{32}, tok^{35} hən^{31} ndoŋ^{13}.

去 不 陷下 落 地方 森林

“摆”不知道，落到树林里。

（四）

pai^{55} qai^{33} mbup^{55}, tɕup^{55} tai^{31} paːi^{13}.

去 不 朽 捡 带 去

结果烂了，捡不起来。

（五）

au^{13} xo^{53} xje^{33}, te^{33} xo^{53} ɦjan^{31}.

要 放 网兜 舀 放 钱

用网兜捞起，制成纸钱。

（六）

to^{31} po^{53} ndau^{13}xi^{31} tɕoŋ^{31} kua^{13} pha^{13} tɕoŋ^{31} jot^{55}.
头 黄牛 我们 肥 似 黄瓜 膘 似 冬瓜
我们的这头牛像冬瓜一样膘肥体壮。

二、押尾韵

押尾韵即相连的两个句子中的最后一个音的韵母相押。例句如下：

（一）

sət^{55} ɣo^{53} ɦa^{13}, ȵam^{35} ɣo^{53} ndau^{33}.
早上 知道 回 晚上 知道 对
早上知道进家，晚上知道返回。

ɦa^{13} ɣuŋ^{55} ɕjan^{35}, ɦa^{13} la^{55} qau^{35}.
来 圈 原来 来 找 旧
回到原来的牛圈里。

（二）

xo^{53} wan^{13} nai^{55} woən^{55} pu^{31} pjau^{31} niu^{13} pu^{53} sau^{33}.
放 日 今 好 也 保 秀 也 主
择今日能保佑主人家。

xo^{53} wan^{13} nai^{55} woən^{55} au^{53} ɣan^{31} woən^{55} soŋ^{13} tau^{31}.
放 今 日 好 里 家 好 边 伴
择今日全家吉利，家族吉祥。

三、尾韵和头韵相押

尾韵和头韵相押，即相邻的两句话中，第一句话里的最后一个音的韵母与第二句话的第一个音的韵母相押。这类非常多，随处可见。例句如下：

aːu^{13} xai^{13} ȵiə^{31}, pai^{13} xim^{33} qoŋ^{35}.
要　给　你　去　见　公
送这些给你，让你好去见祖公。

tjoŋ^{55} xai^{13} ȵiə^{31}, pai^{13} xim^{33} ja^{53}.
提　给　你　去　去　奶
提这些给你，让你好去见祖母。

四、尾韵和腹韵相押

尾韵和腹韵相押，即相邻的两句话中，第一句话里的最后一个音的韵母与第二句话的中间部分的某个音的韵母相押。例句如下：

（一）

ndjeu^{13} sa^{35} ndje^{33}, ndjeu^{13} ȵie^{33} ȵiə^{31}.
我们　爬上　梯　我们　哭　你
我们刚刚爬上楼梯，我们为你的去世而哭泣。

（二）

ndjeu^{13} sa^{35} ton^{55}, ndjeu^{13} ɦjon^{35} ȵiə^{31}.
我们 合拢 枋 我们 伸 你
我们抬来寿枋① 合上，是为了让你好好躺下。

（三）

he^{53} haːm^{13} tɕjeŋ^{13}, bu^{33} qai^{33} ɣam^{35}.
做 三 次 也 没 见效
祭神三遍，也没见效。

he^{53} hi^{35} ljam^{35}, bu^{33} qai^{33} ndaːi^{13}.
做 四 遍，也 没 好
禳鬼四通，也不见痊愈。

（四）

ndjeu^{13} sə^{33} paːi^{13} pə^{53} taŋ^{53} tu^{33} ʔo^{13},
我们 才 去 屋角 互相 邀约
我们在屋角的廊檐下互相通知，

ndjeu^{13} sə^{33} paːi^{13} pə^{53} to^{13} tu^{33} ju^{35}.
我们 才 去 门口 互相 请
我们才到门口去互相转告。

① 寿枋是指临时用三块木板合成，当作亡人的床，铺上白布，将打理好的尸体放在上面。

（五）

pje^{13} ɣa^{35} ndoŋ^{13} ȵiə^{31} na^{33} tɕiŋ^{33},
卖 田 森林 你 别 请
靠近山林的田你别买，

pje^{13} ɣa^{35} liŋ^{33} ȵiə^{31} na^{33} aːu^{13}.
卖 田 旱 你 别 要
干旱的田你别买。

（六）

laːk^{32} woəŋ^{13} laːk^{32} ndam^{35},
孩子 高 孩子 矮
高大的孩子和矮小的孩子，

laːk^{32} am^{35} laːk^{32} um^{33}.
孩子 背 孩子 抱
背上的孩子和怀抱里的孩子。

（七）

ndeu^{13} taːn^{33} tok^{32} ni^{33} njum^{13},
我们 一直 读 轰轰烈烈
我们一直在为你轰轰烈烈地诵读，

ndeu^{13} taːn^{33} khum^{13} ni^{33} njok^{32}.
我们 一直 开控 热热闹闹
我们一直为你热热闹闹地开控。

（八）

tai^{31} to^{31} mom^{55} ndu^{33} tən^{33} tjaːu^{53} xaːi^{13} ȵiə^{31},
拿 尾 鱼 祭 根 牛桩 给 你
我们拿一尾鲤鱼挂在牛桩根给你，

tai^{31} to^{31} mau^{53} ndu^{33} ku^{33} kaːm^{33} xaːi^{13} ȵiə^{31}.
拿 尾 青鱼 祭 头 杈 给 你
我们拿一条青鱼放在牛桩的顶上给你。

（九）

xe^{53} tjum^{13} ɕu^{13} tik^{55} wan^{33} xe^{53} tjum^{13} xan^{33} tik^{55} ɣan^{31} xaːi^{13} ȵiə^{31}.
做 伞 绿 满 寨子 做 伞 红 满 家 给 你
送给你的绿花伞晃满寨子，送给你的红花伞塞满你家。

xe^{53} phaːu^{53} laːu^{53} ndai^{13} ndi^{33} xe^{53} phaːu^{53} tɕi^{33} ndai^{13} mai^{31} xaːi^{13} ȵiə^{31}.
做 铁炮 好 听 做 爆竹 好 玩 给 你
我们给你鸣放铁炮、燃放鞭炮。

（十）

kaːŋ^{13} xik^{55} sə^{33} taːŋ^{13} sa^{13}, kaːŋ^{13} ja^{13} sə^{33} taːŋ^{13} xo^{53}.
草 芭茅 才 来 喂 草 野草 才 来 放
才拿最好的草来喂它。

（十一）

taːp^{35} ɦa^{13} tin^{13} kje^{53} su^{33},

抬　来　脚 场坝 丑

抬到赶“丑”日的集市，

taːp^{35} ɦa^{13} ku^{33} kje^{53} jan^{31}.

抬　来　头 场坝　寅

抬到赶“寅”日的集市。

（十二）

wan^{13} tɕum^{13} taːŋ^{31} xo^{53} na^{33}, wan^{13} mok^{32} taːŋ^{31} wa^{33} lən^{31}.

日　金　堂 放 前　日　木　堂　靠　后

金堂日在前，木堂日在后。

wan^{13} tɕum^{13} taːŋ^{31} au^{13} ɣa^{35}, wan^{13} mok^{32} taːŋ^{31} sa^{35} jan^{13}.

日　金　堂 要 田　日　木　堂　上 人

金堂日广置田庄，木堂日人丁兴旺。

第五章　水族迁徙史诗名物文化

关于民族地区的地名、人名，傅懋勣曾经指出："在过去的语言调查中忽视了地名、人名的调查，今后应该适当加强对这些专名的调查。"史诗中出现了很多古人名和地名，虽然这些人名和地名在如今的日常水语里很少使用或不再使用，但是它的水族文化积淀是深厚的，应引起我们的重视，因为"人名和地名是词汇库中一类特殊的专有名词。对人名的研究称为人名学，对地名的研究称为地名学，两者可以合称为专名学"。史诗中的地名、人名词相当于汉语的历史词，历史词在一般交际中不使用，在叙述历史事件或现象时，才使用它们。水族地名、人名词汇在水族社会的运用中也是这样，在民俗活动中传唱古歌或举行特定仪式时便会用到它。

第一节　人名

水族迁徙史诗中人名词汇排在重要位置的就是仪式供奉的人——qoŋ^{35} ljok^{32} to^{31}，汉译为陆铎公。传承人在举行丧葬祭祀的时候，都要迎请陆铎公和众多的早期传承人，包括 qoŋ^{35} ljok^{32} to^{31}——公六夺、qoŋ^{35} ljok^{32} maːŋ^{55}——公六莽、ja^{53} so^{55} lo^{31}——牙所洛（为公六夺之婿女）、a^{13} ljok^{32} tɕap^{35}——阿六

甲、qoŋ^{35} xaːm^{13} xjən^{13}——公三辛、ja^{53} xaːm^{13} jat^{55}——牙三乙、mbaːn^{13} xi^{35} njaːm^{31}——万四男、mjek^{35} xi^{35} nju^{53}——愿四奴、qoŋ^{35} ljok^{32} kwa^{33}——公六瓜、qoŋ^{35} na^{33} xi^{33}——公乃西、ja^{53} san^{35} ni^{53}——牙伞尼、qoŋ^{35} ɕi^{55} kau^{33}——公启高、ja^{35} pau^{13}pu^{53}——牙报补、pu^{53} tɕa^{33} ɕi^{13}——补加细、ni^{53} tɕa^{33} jən^{13}——尼加烟等。

如老鸡场族谱宗根里的“登二”为一个祖先的名字，按当地的语音读“təŋ^{33} lɿ^{13}”，与汉语拼音“deng lu”音近，这与民国时期《荔波县志稿》所载蒙氏土司蒙敦露对应得上，也由此找到了文献依据。

开天辟地中的神话人物ja^{53} wu^{31}——牙巫、qoŋ^{35} ɣəŋ^{33}——拱恩、qoŋ^{35} ku^{33} lo^{33}——瓮沽裸（光头王）、qoŋ^{35} ku^{33} lo^{33}——瓮沽下（尖头王）为大家所熟知。其中牙巫、拱恩分别是女性、男性的代表性人物。ja^{53} wu^{31}——牙巫，有的译为“牙吴”“牙娲”，ja^{53}——牙，即婆、奶之意，“巫”为其名，她“不但是开天辟地的女神，也是远古人类的始祖母，水族的至上神”。qoŋ^{35} ɣəŋ^{33}——拱恩，qoŋ^{35}——拱，即公，ɣəŋ^{33}——恩，为其名，汉译为“殷公”，他是代表父系的一个神话人物，为人神共身的水族英雄。水族古歌《开天地造人烟》对ja^{53} wu^{31}——牙巫和qoŋ^{35} ɣəŋ^{33}——拱恩的记载如下：

初造人，上下黑糊，牙巫到，分开天地。
成天地，未有人间，恩公来，开辟下方。
古恩公，开辟天下，不用锄，只用脚掌。
头一脚，踩得很猛，脚力重，地面下降。
山坡少，田地无边，四周开成田，中间让水淌。
多条江，流到这里，平地边，就是海洋。
踩几脚，转到广西，到广西，边踩边望。
到胆住，转来上方，过龙江，来到贵州。
恩公累，拐着拐杖，脚杆软，力气不旺。
脚步稀，平坝就少，踩少了，多出山岗。
古恩公，造地辛苦，古恩公，恩德无疆。

除牙巫外，其他的女性人名也很多，多是掌握生育、婴儿健康方面的女神。比如有 ja^{53} fa^{33} li^{53}——牙花离、ja^{53} fa^{33} san^{13}——牙花散、ja^{53} laːu^{53}——牙劳、ja^{53} ti^{33}——牙低、ja^{53} xaːm^{13}ɕi^{55}——牙三喜、ja^{53} ljəŋ^{55} laːu^{53}——牙领劳、ja^{53} ljəŋ^{55} ti^{33}——牙领低、ja^{53} fa^{33} lai^{53}——牙花来、ja^{53} lin^{35} to^{13}——牙拎惰、ja^{53} fan^{13} xui^{13}——牙贩会、ja^{53} fan^{13}——牙贩、ja^{53} ljaŋ^{55}——牙两、ja^{53} mju^{13}——牙苗、ja^{53} ɕi^{35}——牙洗、ja^{53} tɕi^{35}——牙记、ja^{53} miŋ^{55}——牙命、ja^{53} ti^{55}——牙地、ja^{53} ɕi^{33}——牙西、ja^{53} tɕhin^{55}——牙醒、ja^{53} ȵaːŋ^{33}——牙娘等。

第二节　地名

水族迁徙史诗地名词汇背后隐藏着水族的历史事件。传说陆铎公在蝙蝠洞、燕子洞传授水书，传承人迎请陆铎公的祝语里都要念到“ȵau^{55} tin^{13} qam^{33} in^{35} lin^{35} qam^{33}qo^{31}”（你在燕子洞口、你在蝙蝠洞口）。我们姑且不加以考证这两个地名何在，但它却是水族先民穴居时代的反映。李如龙认为地名是精神文化活动的成果，反映了人类认识活动的共同规律。地名不仅反映了民族文化特征，也反映了地域文化特征和不同时代的文化特征。如“睢河”“贵筑”“西雅”这几个水族迁徙时经过的地方，就非常具有代表性。

（一）nja^{13} sui^{33}——睢河

nja^{13} sui^{33}，译作睢河 / 睢溪，虽河 / 虽溪，如水族俗语说：“tsje^{13} nam^{33} sui^{33}, xən^{13} jən^{13} sui^{33}。tsje^{13} nam^{33} nja^{13} sui^{33}, xən^{13} jən^{13} sui^{33}。”（喝睢水，成睢人；喝睢河水，成睢人）这是水族人对自己曾经的居住地的一种历史记忆，前文已述，一般民族自称多用美称，他称则多是贬称，水族的自称 sui^{33} 源于曾经的居住地，既不溢美也不贬损，保留了中性的感情色彩。故而笔者认为，推测水族起源于带“濉”“睢”“虽”等字的历史地名不无道理，是可信的。

（二）qui^{35} tsu^{13}——贵筑

qui^{35} tsu^{13}——贵筑，这一词是水族迁徙史诗中一个重要的历史地名。

qoŋ^{35} qau^{35} ndau^{13}, ȵau^{55} qui^{35} tsu^{13}, ȵau^{55} mau^{55} liŋ^{33}.
公　老　我们　在　贵　筑　在　帽　岭
我们的祖先在贵州，在冒岭。

mau^{55} liŋ^{33} tɕu^{31}, mau^{55} liŋ^{33} sui^{33}.
帽　岭　舅　帽　岭　水族
冒岭那里有我们祖先的外戚，冒岭那里更是我们水家的发源地。

qui^{35} tsu^{13} 就是“贵筑”一词的水语语音，至今当地水族仍称贵阳为 qui^{35} tsu^{13}。按石开忠《贵州地名来源探析》一书的研究，“贵州”一词的前身叫“贵筑”，便有了贵阳简称为“筑”的说法，“贵筑”一词有文献记载的最早时间是公元 975 年。地名自然形成的时间当然还得往前推移，可以这么认为，史诗中没有讲到具体时间，所以才用汉文献的时间做参照。此地名可作为水族迁徙到贵州的时间参考节点，有可能在此之前，也有可能在此之后，如果还有其他资料相互印证就更有利于说明这一问题。

（三）建制地名举隅

现在三都水族自治县三洞土语区称贵阳为“sjeŋ^{33}”，疑为“黔”的水语语音，“太宗贞观四年，置黔州都督府”，太宗贞观四年是公元 630 年；水族地区称“都匀”“都江”“三洞”“水各”等地为 ŋa^{31}，这些地方以前都是衙门所在地，ŋa^{31} 疑是“衙”的水语语音；另外，都匀市归兰水族乡翁降村一带称都匀为 aːu^{33} fu^{35}，aːu^{33} 是“里面”的意思，fu^{35} 是地名，现在水族地区地名带 aːu^{33} 的村寨很多，fu^{35} 疑是“府”的水语语音。民国《都匀县志稿》卷七大事志载：“（孝宗弘治）六年，废都匀洞长官司。七年三月癸巳，贵州黑苗平。五月署都匀府于卫城。”孝宗弘治六年是公元 1493 年，由此可知 fu^{35} 比 ŋa^{31}

要晚出一些。由 qui^{35} ʦu^{13}、sjeŋ^{33}、ŋa^{31}、fu^{35} 这几个词看水语地名的历史层次就比较明朗。

类似的历史地名大多都在水语里留存，如三都水族自治县原恒丰乡一带称为 pjo^{31}、xən^{31} pjo^{31}，由古地名 pjo^{31} ljai^{31} 发展而来，pjo^{31} ljai^{31} 是"婆览"的水语语音，"唐贞观三年（629 年）设置婆览县，属江南黔州都督府东谢应州（简称应州，治所在都尚县，今三都上江）管辖的五县之一。婆览县管辖今三都县恒丰、廷牌、烂土、水龙及荔波县与独山县东部一带地区"。中共一大代表邓恩铭的故乡贵州省荔波县玉屏街道水甫村水甫寨，水语称 ŋo^{53} pu^{53}，即音译为"莪蒲"，意译为"五个父亲 / 父老"，唐代开元年间（713—741 年）在这里设置羁縻莪州、劳州、抚水州等。又如，今三都水族自治县，水语称 xaːm^{13} pa^{13}，民国三十年（1941 年）设三合县，清雍正十二年（1734 年）设三脚屯州同，隶属独山州管辖，xaːm^{13} 即三，pa^{13} 是大腿 / 支，xaːm^{13} pa^{13} 就是水语"三脚"的意译。不管历史建制如何变更，水语地名仍保留其古称。

（四）古歌地名

下面的这首迁徙歌，在水族地区的水族人耳熟能详，其中记载了多个水族迁徙路线中的古地名。

迁徙歌

qaːu^{35} qoŋ^{35} pu^{53} som^{33} ȵaːu^{55} ɕi^{33} ka^{33}，
古代　公　父亲当初　在　西　嘎
古时候祖先住在西嘎（古地名），

ȵaːu^{55} ɕi^{33} ka^{33} sa^{13} kuaŋ^{33} toŋ^{31}，
在　西　嘎　上　广　东
从西嘎上广东，

ȵaːu^{55} kuaŋ^{33} toŋ^{31} thaːu^{33} me^{31} ʔdɛi^{33} tsje^{31},
在 广 东 找 不 得 吃
在广东找不到吃的东西，

ȵaːu^{55} kuaŋ^{33} se^{31} fe^{53} me^{31} sin^{13} ɕian^{31}.
在 广 西 做 不 成 钱
在广西积不起钱。

faːi^{53} ʔnjam^{35} nam^{33} haːn^{33} paːi^{13} ʔu^{13},
哥哥 沿 水 红 去 上面
哥哥顺红水河而上，

nu^{53} tjep^{35} nam^{33} sju^{13} paːi^{13} te^{31},
弟弟 随着 水 清 去 底下
弟弟顺清水而下，

qoŋ^{35} tom^{33} ta^{35} qo^{13} ta^{55} ʔwei^{13} ʔnja^{13},
公 当 中 划船 渡过 对面 河
排行中间的祖公（老二）渡过河对岸，

ta^{55} nam^{33} haːn^{33} thau^{35} han^{31} taːn^{35} tsau^{31}.
渡过 水 红 到 地方 丹 州
过了红水河来到丹州（古地名）。

上面这首迁徙古歌中有很多历史地名，“qaːu^{35} qoŋ^{35} pu^{53} som^{33} ȵaːu^{55} ɕi^{33} ka^{33}”中的“ɕi^{33} ka^{33}”有的译作“西嘎”，有的译作“西雅”。在《贵州省志•民族志》（2002 年）中也载有此地名，水族研究专家韦章炳认为这首歌里的“西雅”就是“西亚”，即今亚细亚 。最末一句里的“taːn^{35} tsau^{13}”，即丹州，是今广西壮族自治区南丹县的旧称。①“nam^{33} haːn^{33}”——红水，即红水河；“nam^{33} sju^{13}”——绿水，即清水江。

水书迎请陆铎公的祝语里有这样一句：“n̥e^{31} n̥au^{55} sai^{66} xjat^{55} xiŋ^{13}, n̥au^{55} ɕiŋ^{31} xjat^{55} mbən^{35}。”（你在竹林围起、开启七处寨门的村庄，你在有七口大水井的城池。）“sai^{55} xjat^{55} xiŋ^{13}”——七门寨，“ɕiŋ^{31} xjat^{55} mbən^{35}”——七井城是两个重要的历史地名。此外，还有“mau^{55} liŋ^{33}”——冒岭、“mai^{53} ŋo^{53} pu^{53}”——埋俄不（五祖树）“ɣa^{35} tɕu^{33} ndaːŋ^{33}”——田九口（开九处缺口的大田）、“njə^{13} ŋo^{53} pje^{35}”——河五支（有五条支流的河）、“xən^{31} tɕaːu^{53}”——恒教等重要地名。

水族迁徙史诗中还有一类特别的词汇，是用于特定的专业或阶层的词汇。例如水族迁徙史诗：“naŋ^{13} mei^{55} lui^{55}, pai^{13} miu^{13} li^{31}, pai^{13} tɕi^{55} tɕaːu^{33}, ai^{33} fai^{53} pai^{13} xe^{53} su^{53}, ai^{33} nu^{53} pai^{13} xe^{53} kwun^{13}。”（美吕公到独山计交去，哥哥去当把守，弟弟也去当官。）又如高级水书师蒙君昌迎请陆铎公祝辞：“xuaːi^{53} si^{31} tɕut^{55} su^{33}, nu^{53} si^{31} tɕut^{55} tɕaːi^{31}。”（长兄家啊，朝中有人当官；弟弟家啊，连发科甲。）这些口传语料中的“su^{53}”“tɕaːi^{31}”是很多人不知道的，“xe^{53} su^{53}”就是以前官衔“千总”“把总”一类的职务，tɕaːi^{31} 音译为“诘”，即能说会道的意思。

迁徙史诗里的其他地名、人名参见第六章的相应脚注。

---

① 关于“丹州”这个地名，有两种说法。一种指今广西壮族自治区的南丹县。宋开宝七年（974 年）壮族土酋莫洪曣纳土归宋，废羁縻明州，改称南丹州；清雍正十年（1732 年）改为南丹土州。另一种认为是今广西壮族自治区三江侗族自治县的丹洲镇，查谭其骧主编的《中国历史地图集》（清时期卷），未标此地名。然该地名位于融江南岸，而水族地区的都柳江流入广西后称融江。从水路交通看，亦有道理。

第三节　物名

水族迁徙史诗是在特定的场域里诵唱，与之相关的习俗仪式中使用到很多特别的物件，这些物件在日常生活中被视为忌讳物。

如珍稀动物“毛鱼”，水语称为“mom^{55} mau^{53}”，意译为一种叫“毛”的鱼。据访谈人韦佩佳[①]称，以前，河里有这种鱼，这种鱼会溯河而上，自从多处河段用水泥高筑河坝之后，这种鱼就上不来了，因而就逐渐减少了，现在已经找不到其踪迹。2020 年 3 月 19 日上午，笔者经向三都水族自治县都江镇羊瓮村高级水书师杨胜召先生求教，了解到 mom^{55} maːu^{53} 当地方言称 khuən^{53} ɕin^{33}，意译为“圆青鱼”，类似于“扁青鱼”。这种鱼主要生活在幽深的大水潭里，且较为稀少，不易捕捞，在水族地区被视作一种最为珍贵的鱼。水族人民认为这种鱼是各种仪式中最好的供品，这种上好供品能取悦神灵，易获得保佑，能纳福祉。据杨先生说，这种鱼 20 世纪 50、60 年代还常见，现在较为少见。

又如 ʨam^{13}、paːŋ^{13}、sjeŋ^{13}，为水族地区的三种鬼怪，然而日常生活中人们多含混而用，其实它们是有区别的。

tɕam^{13}：分为两类。一类是有灵性的多代祖宗的魂灵所形成的鬼，为善鬼。这种鬼想要给后代赐福的时候，往往先制造一些小麻烦，引起后代的注意，得到后代的供奉，然后才行保佑之职。一类是其他亡灵所形成的鬼，为恶鬼，须要对它行供，它才不作祟害人。

paːŋ^{13}：即水书中的歹棒，就是导致垮塌衰败的恶鬼。王品魁《水书正七卷壬辰卷》中记载：“意为大垮台，是导致崩塌垮败的恶鬼。生逢此日要解。葬逢此日，富裕之家产业败，穷困之家少受罪。若禳解歹棒鬼，则穷去富来。

① 男，水族，1956 年生，小学文化，都匀市归兰水族乡翁高村毫院寨人。

接亲犯之，则媳妇不愿居夫家，若解此鬼则叫女方父亲或兄弟骑马送女到男方家，并带一碗米念鬼，杀鸡以祭，再叫夫妇俩共抬一张桌子进家来，才能稳定媳妇之心。”

sjeŋ[13]：就是各种非正常死亡的人的亡灵形成的鬼，如饿死鬼、落水鬼、吊颈鬼、难产鬼、雷劈鬼、落崖鬼、刀杀鬼、电死鬼、枪死鬼等，这类鬼总是想方设法地把它所遭受的灾厄甩掉，所以通常作祟加害于人，让人与有相同的遭遇以求得解脱。

第六章　水族迁徙史诗整理①

对水族迁徙史诗进行研究，最为重要的是史诗本体，而这部史诗此前尚未固化，一直处于口传状态，这是第一次使用国际音标进行记音，并按音标、直译、意译三对照进行翻译。本书系原创性搜集整理研究成果，为水族和学术界留下了珍贵的口传资料。下面各小节按照史诗在丧葬习俗中诵读的先后顺序排列，前文中已经有的章节，在后文中指出了重复的页码，以资整体考察。本部史诗是水族文化的集大成者，其中关于历史的部分为第一节，该节也是之后环节的重章；之后的各个小节更多地体现了水族的习俗，其中暗含着水族人的思想观念与意识形态。

---

① 笔者对此诗的搜集整理始于2002年，其时笔者在都匀市原阳和水族乡高勇小学任教，首先对它进行学习，然后进行意译，2012年以《阳和蒙氏迁徙史诗》为题发表在《黔南民族古籍》第九辑上。2016年在完成贵州省民委2016年双语服务基地课题《水族迁徙史诗的记录与汉译》时，使用国际音标规范记音。

本迁徙史诗主要流传于笔者的家乡都匀市归兰水族乡[①]，笔者自幼受到耳濡目染，故在随后的学习中，能够诵读与理解。对这部史诗的研究只是最为基础的研究，因为篇幅问题，未能过多地提炼加工，故而存在诸多不足。对于本史诗的历史文化，在文本的相应之处以脚注的形式加以解释和说明。

第一节 启鼓开控

第一则 前言[②]

（一）药卜不验

nda:i^{33} kua^{33} ta^{53}（夸大），nda:i^{33} sən^{31}（捡）ma:ŋ^{13}.
得 筐 篌 得 晚上 鬼
拿来了箩箩筐筐，拿来了芦笙。

---

① 在都匀水族地区，现开控时还在传唱迁徙史诗的蒙氏支系有：一是原阳和水族乡翁高村翁条上寨蒙氏支系，二是原基场水族乡合群村鸡场寨蒙氏支系，三是原基场水族乡翁降村翁降大寨韦氏支系，四是原阳和水族乡福庄村牛田寨蒙氏支系。笔者曾对这4个支系的迁徙史诗进行过考察，唱词大同小异，迁徙路线基本一致。据翁条寨蒙光辽先生讲述，本迁徙史诗至少形成于300年前。须要说明的是，迁徙史诗全是口碑文献，举行开控的时候，首先要诵唱长达3个小时的迁徙史诗，然后才接着诵唱有文字记载的家谱，据现在的家谱记载，当地水族的家谱一般都记载到20到25代之间。按修订于民国时期的阳和水族乡翁高村翁条上寨蒙氏支系家谱记载，从入黔始祖到现在的“光”字辈已经有21代，该谱还记载有入黔始祖后裔的分布情况，见本书第190页“都匀市归兰水族乡蒙氏分行一览表”，既具有较高的史料价值，又便于族人后裔认祖归宗。

② 这一节共3则，在下文中称为“前三则”，是后面诵唱时重复最多的章节。

kua^{33} ta^{33} laːu^{53} ti^{33} taːu^{13}（轿），aːu^{13} nam^{33} lak^{55} si^{31} saːi^{31}.
篁　篌　大　一　锅　　　　要　水　洗　才
吉日良辰到了，我们集中在一起为你开控。

tɕu^{33} paːi^{13} tɕom^{55}，sup^{32} paːi^{13} aːu^{13}.
九　去　捡　十　去　要
九个人去捡，十个人去要，才准备妥当。

qaːi^{33} ndo^{33} ȵiə^{31} ho^{53} to^{13} aːu^{13} khaːŋ^{35}，qaːi^{33} ndo^{33} ȵiə^{31} ho^{53} taːŋ^{53} aːu^{13} lom^{13}.
没有 见　你　到 门 要　风　没有 见　你　到 门口 要　风
没见你到门口呼吸新鲜空气，没见你到屋外兜风乘凉。

ok^{32} paːi^{13} to^{13}，ndaːi^{33} pjeŋ^{55} phja^{33}.
冒出 去　门　得　瘟疫　返
是不是以前在外面惹上了瘟疫。

ok^{32} ta^{35} mbjan^{35}，pjeŋ^{55} ɕiə^{35} tui^{13}.
冒出 中门 田坝　瘟　邪　对
是不是以前到田坝中间干活的时候，碰上了瘟神。

ndjeu^{13} tjui^{35} ȵiə^{31}，ndok^{55} paːi^{13} haːu^{33},
我们　取　你　衣服　去　占卜
我们从你的衣服上取下一根纱线，拿去过阴那里问问卦。

ndjeu^{13} tjui^{35} ȵiə^{31}，aːu^{53} paːi^{13} niŋ^{33},
我们　取　你　米　去　看
我们从你家舀上一碗大米去占卜，

pa:i^{13} sai^{33} khim^{53}, pa:i^{13} ɦim^{13} ljaŋ^{31}.
去 问 巫婆 去 求 鬼师
既去找了鬼师，也去找了巫婆。

ɦim^{13} nda:i^{33} toi^{35} ma:ŋ^{13} ɣa:n^{31}, ɕet^{35} ma:ŋ^{13} ɣa:n^{31}, pu^{33} qai^{33} ndo^{33} ȵiə^{31} ma^{33}.
占 得 对 鬼 家 禳 鬼 家 也 没 见 你 减轻
鬼师说，你冲犯了家神，我们请来鬼师安抚家神，也不见你的病情有好转。

ɦim^{13} nda:i^{33} toi^{35} ma:ŋ^{13} ta^{35}, ɕet^{35} ma:ŋ^{13} ta^{35}, pu^{33} qai^{33} ndo^{33} ȵiə^{31} nda:i^{13}.
占 得 对 鬼 野外 禳 鬼 野外 也 没 见 你 好
巫婆说，你冲犯了野鬼，我们请巫婆来驱除野鬼，也不见你的病情痊愈。

la:k^{42} he^{53} hwok^{35} tɕoŋ^{13} qau^{33}.
孩子 做 同样 原来
你的孩子啊，按巫婆的吩咐，一次次地为你驱除病魔。

la:k^{42} he^{53} la:u^{53} tɕoŋ^{13} qau^{33}.
孩子 做 老样 同样 原来
你的孩子啊，按鬼师的要求，一遍遍地为你禳解。

he^{53} ha:m^{13} tɕjeŋ^{13}, bu^{33} qai^{33} ɣam^{35}.
做 三 次 也 没 见效
祭神三遍，也没见效。

he^{53} hi^{35} ljam^{35}, bu^{33} qai^{33} nda:i^{13}.
做 四 遍 也 没 好
禳鬼四通，也不见痊愈。

ndjeu^{13} tɕiə^{13} hum^{33}, ȵiə^{31} qə^{55} me^{31} tɕiə^{13} hum^{33},
我们 吃 抱 你 自个 不 吃 抱
我们吃得上嘴，饭粒却从你的嘴角掉下，

ndjeu^{13} ɣom^{33} tɕiə^{13}, ȵiə^{31} qə^{55} me^{31} ɣom^{33} tɕiə^{13}.
我们 喝 吃 你 自个 不 喝 吃
我们喝得上汤汁，汤汁却从你的嘴角溜下。

ȵiə^{31} tɕoŋ^{35} ȵam^{35} ɕieŋ^{35} ɦin^{13}.
你 时时 晚上 时时 成
你啊，通宵达旦地呻吟着。

ȵiə^{31} ɕieŋ^{35} wan^{13} ɕieŋ^{35} tɕi^{55}.
你 时时 白天 时时 痛
你啊！日复一日地挣扎着。

tɕi^{55} pai^{13} ɣa:i^{33}, ɣa:i^{33} pai^{13} tjaŋ^{13}.
痛 到 长 煎熬 到 久
病患啊，很长时间；痛苦啊，好几个月。

a:u^{53} wan^{13} nda:i^{55}, a:u^{53} loŋ^{55} si^{31},
里面 日 这 里面 中间 时辰
直到今天啊，在两个时辰交接的时候，①

① loŋ^{55} si^{31}：水书择用词汇，即两个时辰交接的那一刻。择吉的时候，当遇到此吉彼凶、此凶彼吉难以确定的情况时，通常采取折中的办法选择在两个时辰交接的时候进行。

miŋ^{55} ȵiə^{31} ŋaːŋ^{31}, haŋ^{13} ȵiə^{31} tun^{53}.
命 你 干枯 根 你 末了
你的生命完全枯竭了，你的生命到了尽头。

tun^{53} u^{13} ŋaŋ^{31}, tun^{53} ɕin^{53} min^{55},
尽头 上 指定 尽头 性 命
你的生命已经离开了你的家远去，

tun^{53} u^{13} ŋaŋ^{31}, tun^{53} ɕin^{53} sui^{33}.
尽头 上面 指定 尽头 床(牲) 水族
你的灵魂已经告别了你的床铺，到了另一个世界。

ȵiə^{31} sə^{33} paːi^{13} seŋ^{35} qoŋ^{35} hən^{31} ho^{53}.
你 才 去 找 公 地方 放
你啊，已经找到了祖先的寨子。

ȵiə^{31} sə^{33} paːi^{13} seŋ^{35} ja^{53} ŋo^{53} maːŋ^{13}.
你 才 去 找 奶 五 鬼
你啊，已经找到了祖先的村落。

paːi^{13} hi^{35} faŋ^{13}, paːi^{13} lan^{33} tɕjan^{31}.
去 四 方 去 坎 坡
你已经和他们一起爬坡上坎，游走四方。

tɕa^{31} pu^{31} ljeu^{53}.
则 也 结束
这一则到此结束。

（二）净身入殓

au^{53} ɣaːn^{31} ȵiə^{31}, hin^{13} jum^{35} jəŋ^{33}.
米　家　你　成　奇怪的色泽
你家的大米啊，出现了奇怪的色泽。

au^{53} ɣaːn^{31} ȵiə^{31}, hin^{13} ȵiŋ^{55} waːŋ^{33}.
米　家　你　成　奇怪的纹路
你家的大米啊，出现了不同的纹路。

au^{53} ɣaːn^{31} ȵiə^{31}, hin^{13} ɕum^{33} ɕe^{33}.
米　家　你　成　东倒西歪
你家的大米啊，在不停地抖动。

au^{53} ɣaːn^{31} ȵiə^{31}, hin^{13} ȵie^{33} tai^{13}.
米　家　你　成　哭　死
你家的大米啊，它已经在哭泣；因为啊，它知道家里将要有人去世。

ndjeu^{13} sa^{33} ndje^{33}, ndjeu^{13} ȵie^{33} ȵiə^{31}.
我们　爬上　梯　我们　哭　你
我们刚刚爬上楼梯，我们为你的去世而哭泣。

ndjeu^{13} sa^{35} ton^{55}, ndjeu^{13} ɦjuən^{53} ȵiə^{31}.
我们　合拢　枋　我们　伸　你
我们抬来寿枋合上，是为了让你好好躺下。

ndjeu^{13} sə^{33} paːi^{13} pə^{53} taŋ^{53} ndu^{33} ʔo^{13},
我们　才　去　屋角　互相　邀约
我们在屋角的廊檐下互相通知，

ndjeu^{13} sə^{33} paːi^{13} pə^{53} to^{13} tu^{33} ju^{35}.
我们　才　去　　门口 互相 请
我们才到门口去互相转告。

ju^{35} ɦuaːi^{53} nu^{53}, taŋ^{13} tu^{33} mjom^{33},
请　兄　弟　来 互相 讨论
去请兄弟们过来共同计划，

ju^{35} ʔo^{33} luŋ^{31}, taŋ^{13} tu^{31} ɦuən^{53},
请　阿　伯　来 互相 商量
去请叔伯过来一起商量，

tu^{33} ɦuən^{53} jon^{53}, tu^{33} ɦuən^{53} tai^{13}.
互相 商量 圆满 互相 商量 死
请族人们过来一起商议，如何处理好你的后事。

sot^{35} ɦuaːi^{53} hju^{33} sə^{33} tai^{13}, sot^{35} nu^{53} ɦjai^{13} sə^{33} ndi^{33}.
说　哥哥 听话 才　死　　说 弟弟 行动　才 听从
这样啊，才有老人吩咐你的大儿子，他才知道如何去做；这样啊，才有老人指导你的小儿子，他才知道如何去完成。

sə^{33} qat^{55} ti^{33} poŋ^{55} hjen^{31}, tai^{31} paːi^{13} ndjai^{33} nam^{33} taːŋ^{13}.
才　剪　纸　串　钱　　带　去　买　　水　来
首先剪下小纸幡①，叫他们拿去取来干净的泉水②。

---

①在准备举行开控的时候，主持人剪下小纸幡，挂在竹枝上，拿到水井处，插在井口的上方，舀上一瓢干净的井水回去。待正式开控的时候，用来象征性地清洗。

②人去世后，派人到水井里打一碗清水回来，象征性地喷洒到亡人的衣服上，表示已经清洗干净，再给他穿上寿服。

u^{13} kha^{13} nda^{13}, ndjai^{33} ndai^{33} lam^{13} ljaŋ^{31} çe^{33}.
上 纹 眼 买 得 个 两 西
干净的泉水买来了，先洗你的眼耳口鼻。

tai^{31} ɦa^{13} wa^{55} ʔam^{55} ndok^{55}.
带 来 画 衣襟 衣服
拿起清水来洗涤你的衣襟。

tai^{31} ɦa^{13} wa^{35} sok^{55} ku^{33},
带 来 画 缠 头
拿起清水来清洗你的头巾，

u^{13} ʒom^{13} çe^{13}, le^{13} sə^{33} tik^{55}.
□ □ □，书 才 满
请来水书先生，翻开水书一看，才知道，你的寿期已到。

tɕuaŋ^{53} sə^{33} ljan^{13}, ljan^{13} sə^{33} ndam^{33}.
節① 才 展开 展开 才 细细数来
拿来整節水书一一打开，认真翻检查看如何选择吉日。

ndam^{33} ŋau^{55} ɦin^{13}, ndau^{33} lən^{31} tɕa^{13}.
装② 东西 成 只 后面 架
棺材装好了，找来支架。

---

① tɕuaŋ^{53}：译为“節”，一整套水书的量词。

② 水族住房为吊脚楼房，二楼中间的堂屋是开展各种民俗活动的场所，棺材的一些部件须要拆开，才能搬到堂屋里，这里的“装”，指的是将棺材的部件重新合上。

ndam^{33} ŋau^{55} ɦin^{13}, lau^{33} lən^{31} tɕjən^{31}.
装 东西 成 只 后面(簟)
棺材合拢好了，打整入殓。

ku^{33} qai^{33} mjap^{32}, ndjeu^{13} ho^{53} u^{13}.
头 不 偏欹 我们 放 上面
在给你盖上孝布的时候，先看看你的头是否偏欹。

tɕhin^{13} qai^{33} ɕu^{13}, ndjeu^{13} ho^{53} tɕjoŋ^{53}.
手臂 不 绿 我们 放 圈圈
你的手臂没有变绿，才能给你戴上手镯。

sə^{33} jok^{55} tɕət^{55} ho^{53} tɕjən^{31}, sə^{33} jok^{55} tɕhin^{13} ho^{53} tɕjoŋ^{53}.
才 洗 小腿 放 裹脚帕 才 洗 手臂 放 圈圈
把你的小腿洗干净，包上裹脚帕；把你的手臂洗清洁，戴上镯子。

maːu^{55} ho^{53} ku^{33}, thu^{33} ho^{53} laːi^{13}.
帽子 放 头 衣物 放 后背
给你的头戴上帽子，给你的身躯穿上衣服。

ku^{33} ȵiə^{31} ho^{53} maːu^{55} man^{31}①, ndən^{13} ȵiə^{31} ho^{53} ndok^{55} aːu^{33}.
头 你 放 帽 油 躯体 你 放 衣服 绸缎
给你的头戴上马尾编成的帽子，给你穿上绸缎衣衫。

qo^{53} ȵiə^{31} ho^{53} qo^{33} taːi^{35},
脖子 你 放 项圈
给你的脖颈戴上银项圈，

① maːu^{55} man^{31}：专有名词，指用马尾编织而成的帽子。这种帽子是高贵地位的象征。

tin^{13} ȵiə^{31} ho^{53} hai^{53} maːt^{31},
脚　你　放　肠　袜子
给你的脚板穿好鞋袜，

sə^{33} au^{13} ȵiə^{31} ho^{53} u^{13} ɦjon^{35},
才　要　你　放 上面 锣鼓
抬起你放在“ɦjon^{35}”① 上面，

sə^{33} ɦjuən^{53} ȵiə^{31} ho^{53} u^{13} ȵaːn^{13}.
才　伸　你　放 上面 铜鼓
让你坐上铜鼓②。

sək^{55} u^{13} kha^{13}, sək^{55} nda^{13} naŋ^{13}.
擦 上面 耳朵　擦　眼　鼻
擦洗你的耳朵，擦净你的眼睛和鼻子。

sək^{55} kha^{13} tun^{31}, sə^{33} ɦjuən^{53} huaːn^{33},
擦　耳朵　圆③　才　伸　木板
抹好铜鼓的四只耳朵，才抬着你到平整的木板上，

sə^{33} au^{13} ȵiə^{31} ho^{53} ɕiəŋ^{31} ɦjun^{53}.
才　要　你　放　床　伸
才把你放到床上，让你伸好腰。

---

① ɦjon^{35}：译为锣鼓，铜鼓中的一种，形状和铜鼓相同，样子比铜鼓小得多。

② 铜鼓：水族的祭器和乐器，是地位和权力的象征，有人死后先坐铜鼓再入殓的习俗，故形成了活人不能坐铜鼓的禁忌。

③ kha^{13} tun^{31}：译为圆圆的耳朵，是铜鼓的代称。

sə^{33} ɦjuən^{53} ȵiə^{31} ho^{53} kau^{31} ndju^{33},
才 伸 你 放 金盆①
才把你放在金盆上，

ho^{53} kau^{31} nau^{13}? ho^{53} au^{53} ɣaːn^{31}!
放 层 哪 放 里面 房子②
把你放在哪一层呢？放进棺材里吧！

ho^{53} njam^{13} njau^{33}, ho^{53} kau^{31} win^{33}.
放 □ □ 放 层 □
放上 njam^{13} njau^{13}，放上 kau^{31} win^{33}。

tjem^{13} kau^{31} win^{33} pai^{13} wuəŋ^{13}, tjem^{13} kau^{31} sun^{13} pai^{13} ndam^{33}.
抬起 层 □ 去 高 抬起 层 毛 去 靠近
抬起 kau^{31} win^{33} 到高的地方，抬起 kau^{31} sun^{13} 去靠近。

ŋuŋ^{55} qai^{13} huaːn^{33}, ndjeu^{13} te^{35} paːn^{35}.
圈 没 木板 我们 砍 半
喂养牲畜的圈没有木板，我们砍向半空。③

---

① ndju^{33}：形容词，形容手脚碰到冰凉的盆底时产生又冷又麻的感觉。kau^{31} ndju^{33}：指的是金盆。

② 在特定语境里，用房子指代棺材。

③ 此句及下面两句描述的是举行驱逐恶鬼的仪式，众人用刀斧象征性地砍房子的穿枋，此仪式水语称 te^{35} qau^{13}，直译“砍老鹰”，老鹰是十二种恶鬼、十三种凶神的替身，要把它砍死。参见拙著《水族民间禁忌解读》第 43 页。

ɣaːn^{31} qai^{13} huaːn^{33}, ndjeu^{13} te^{35} kai^{35}.
房屋　没　木板　　我们　　砍 篱笆
房子没有木板，我们砍向篱笆。

te^{35} kai^{35} ɣaːn^{31}, te^{35} paːn^{35} ŋuŋ^{55}.
砍 篱笆　房子　砍　　半　　圈
砍向房子的篱笆墙，砍向牛圈的半空。

haːm^{13} ai^{33} toŋ^{53}, hju^{13} au^{33} tjen^{33} mai^{53} mbe^{13}.
三　　个　号①　怕　只　　是　　树　　年
三个人号啕哭丧，就怕和你同生辰的人遭受凶厄。

hi^{35} ai^{33} toŋ^{53}, hju^{13} au^{33} tjen^{33} sjeŋ^{13} sui^{33}.
四　个　　号　　怕　　只　　是　意外伤亡②水族
四个人号啕哭丧，就怕再发生意外伤亡。

tjen^{33} ni^{53} ljoŋ^{31}.
是　　母　龙③
是一种与龙有关的恶鬼。

tɕa^{31} pu^{31} ljeu^{53}.
则　　也　结束
这一则到此结束。

---

① toŋ^{53}：音意并译为“恸”，指的是长时间地号啕大哭，多用于哭丧。

② sjeŋ^{13}：意外恶死恶伤，此指一种导致人死于非命或招致凶祸的恶鬼，又称sak^{55} sjeŋ^{13}。参见王品魁《水书正七卷壬辰卷》第104页。

③ ljoŋ^{31}：译为龙，是水书中龙的多音字。水书里有龙犬、龙反等条目，都是凶煞的、不吉利的条目。参见王品魁《水书正七卷壬辰卷》第46、126页。

（三）贵州冒岭

tɕən^{31} pu^{33} hai^{33} ndi^{13} pja^{13}, niə^{13} pu^{33} hai^{33} ndi^{13} nam^{33}.
坡 也 将要 远 石头 河 也 将要 远 水
坡上找不到石头，河里的水就要枯竭。

tɕən^{31} pu^{33} hai^{33} ɣi^{33} ɣau^{35}, ndjeu^{13} hai^{33} tjem^{13} qau^{35} qo^{33} haːi^{13} ȵiə^{31}.
起来 也 将要 抖慑 我们 将要 立起 旧 古老 给 你
早上起来有些抖慑，我们用古老礼节给你举行仪式。

ndai^{13} hju^{13} ndjeu^{13}, qai^{33} ɣo^{53} mje^{13}.
好 怕 我们 不 知道 认识
你的魂灵惧怕我们，并且已经认不出我们了。

ndjeu^{13} si^{31} laːk^{42} mde^{13} ȵu^{31}, ndjeu^{13} si^{31} ȵu^{31} ndai^{55}.
我们 是 孩子 年 去年（年少）我们 是 去年 这
我们是从去年活到现在的人。

wjan^{13} ndjo^{33} ndjeu^{13} naŋ^{13} ma^{33}, wjan^{13} na^{33} ndjeu^{13} naŋ^{13} ɦjaːi^{13}.
牙齿 伸出 我们 还 软 牙齿 前面 我们 还 动
我们的牙齿还能活动，我们的口腔还能咀嚼。

ndjeu^{13} tɕiə^{13} au^{53} naŋ^{13} tok^{35} soŋ^{13} paːk^{35}.
我们 吃 饭 还 落 角落 嘴
我们还能把嘴里的食物咀嚼吞下。

ndjeu^{13} am^{35} laːk^{42} naŋ^{13} tuaːk^{7} soŋ^{13} lai^{13}.
我们 背 孩子 还 落 角落 后背
我们的后背还能背上自己的孩子。

qoŋ^{355} hai^{33} ndi^{33}, ndi^{33} te^{33} laŋ^{53}.
公　还　听　听　下面　廊
太祖父还在听，他站在屋檐下。

ja^{53} hai^{33} ndi^{33}, ndi^{33} ljaŋ^{31} ɕe^{33}.
奶　还　听　听　两西
太祖母还在听，她因害怕站到了比较远的地方。

na^{31} taŋ^{31} ai^{33}.
前面　另外　位
前面是另外一个人。

tɕjau^{53} hai^{33} ɦuən^{35} qai^{13} tɕok^{35}, qoŋ^{35} qe^{55} ɦuən^{35} tɕok^{35} ho^{53}.
他人　没　思考　不　另外的想法　公　自个　思考　另外的想法　放
他人没有别的想法，太祖父在思考着另外的计谋。

tɕjau^{53} hai^{33} ɦuən^{35} qai^{13} thau^{33}, qoŋ^{35} qe^{55} ɦuən^{35} tɕok^{35} ho^{53}.
他人　没　思考　不　找　公　自个　思考　另外的想法　放
他人没有去滋事的意思，太祖父却有另外的想法。

qoŋ^{35} qau^{35} ndau^{13}, ȵau^{55} qui^{35} tɕu^{13}, ȵau^{55} mau^{55} liŋ^{33}.
公　老　我们　在　贵筑　在　帽　铃
我们的祖先在贵州①，在冒岭。

① 按石开忠《贵州地名来源探析》一书第65页，“贵州”一词的前身叫“贵筑”，所以才有贵阳简称为“筑”，“贵筑”一词，有文献确切记载的年限是公元975年。地名自然形成当还须往前推。“冒岭”地名无考，疑为“苗岭”的音变。这里大概说明水族进入贵州的一个时间节点，或在此之前，或在此之后。

mau^{55} liŋ^{33} tɕu^{31}， mau^{55} liŋ^{33} sui^{33}.
帽 铃 舅， 帽 铃 水族
冒岭那里有我们祖先的外戚，冒岭那里更是我们水家的发源地。

ɦuaːi^{53} he^{53} wuŋ^{33}， nu^{53} he^{53} ndiə^{13}.
兄 做 官（富有） 弟 做 剩下（殷实）
兄长家业兴旺，弟弟也物阜人安。

haːm^{13} mbe^{13} sa^{55}， tjeu^{31} hən^{31} tɕau^{31}，
三 年 爬上 条 地方 教
三年跋涉恒教①这条坡，

hi^{35} mbe^{13} sa^{35} ， tjeu^{31} hən^{31} tɕau^{53}.
四 年 爬上 条 地方 教
四年翻越恒教这道山岭。

tɕa^{31} pu^{31} ljeu^{53}.
则 也 结束
这一则到此结束。

第二则 地海②

jum^{35} hən^{31} ljeu^{53}， thaːu^{33} taːu^{31} laŋ^{55}，
涌 地方 啦 找 哪里 逃走
洪水涌上来了，寻找逃走的路，

---

① 恒教：地名，无考。hən^{31} 是“地方”之意。

② 地海：此节有的又称“sa^{5} xən^{2}”（叉恒），即迁徙到这个地方的意思。

jum^{35} hən^{31} ljeu^{53}, ɦjaŋ^{35} taːu^{31} paːi^{13}?
涌 地方 啦 不知道 哪里 去
洪水漫上来了，该往哪里去呢？

qoŋ^{35} sə^{33} ka^{33} qaːi^{35} tɕan^{31},
公 才 等 鸡 打鸣
祖公盼呀盼鸡叫，

ja^{53} sə^{33} ka^{33} wan^{13} ndaːŋ^{13}.
奶 才 等 天 亮
太祖母等啊等拂晓。

thjep^{35} njə^{13} sa^{35}, ta^{55} njə^{13} ɦa^{13}.
沿 河 爬上 过 河 来
沿河而上，溯流而走。

ɦa^{13} la^{55} hən^{31}, ɦa^{13} la^{55} wan^{13}.
来 找 地方 来 找 天
去找安家的地方，来寻属于自己的天地。

ɦa^{13} hi^{31} hən^{31} ti^{55} hai^{33} , ɦa^{13} hi^{31} hən^{31} hai^{33} twon^{31}.
来 到 地方 地 海 来 到 地方 海 圆
来到地海这个地方，来到一个看到水面很圆的地方。①

① 这里描述的，类似于一个大圆塘。

ndam^{13} he^{53} ndam^{13} pe^{13} qat^{55}, ɣa^{35} he^{53} ɣa^{35} pe^{13} tɕok^{32}.

塘　做　塘　卖　割　田 做 田　卖 一截

这里的池塘啊，大得没有人能够整个买下，要把它截为成小块，才有人能买下；这里的田啊，大得没有人能够整块买下，要把它分割多块，才有人能买下。

qai^{31} pai^{13} ȵak^{32} a^{33} qoŋ^{35} qai^{33} ndi^{33}.

歪　去　教训　啊　公　不　听

但是太祖他不满意，还要往前走。

hi^{35} paːŋ^{31} pai^{53}, ja^{53} pai^{13} tjem^{13}.

四　扶　败　奶 去　扶起

结果不小心摔了跟头，太祖母去搀扶他。

tjem^{13} qai^{33} tɕhi^{53}, li^{53} qai^{33} ndaːi^{13}.

扶起 没有 全部　理 没有　好

发现他的腿骨已错位，怎么拉都不能复位。

paŋ^{13} pai^{13} qoŋ^{35}, paŋ^{13} pai^{13} ja^{53}.

垮　去　公　垮　去　奶

在这泥沼地里，很多先人都陷进沼泽不能自拔而死去。①

ka^{33} qai^{35} tɕan^{31}, ka^{33} wan^{13} ndaːŋ^{13}.

等　鸡　打鸣　等　天　明亮

这才慢慢熬到公鸡打鸣，才等到天边现出鱼肚白的黎明时分。

---

① 从此句可以看出，在迁徙的过程中，路过沼泽地，沼泽地多出现在草原上。按照《中华姓氏》一书的记载，蒙氏郡望为“安定郡”，安定郡今属陕西固源县。这可能说明水族先民从陕西南迁路过沼泽地。又按秦设郡县制，秦时大将、毛笔制造者蒙恬亦蒙姓，疑今蒙姓系蒙恬之后裔，若此猜想能成立，水族历史以此口碑文献为证则可推至秦。

第三则　龙棒

jum^{35} hən^{31} ljeu^{53},　thaːu^{33} taːu^{31} laŋ^{55},
涌　地方　啦　　找　哪里　逃走
洪水涌上来了，寻找逃走的路，

jum^{35} hən^{31} ljeu^{53}, ɦjaŋ^{35} taːu^{31} paːi^{13}?
涌　地方　啦　不知道　哪里　去
洪水漫上来了，该往哪里去呢？

qoŋ^{35} sə^{33} ka^{33} qaːi^{35} ʨan^{31},
公　才　等　鸡　打鸣
祖公盼呀盼鸡叫，

ja^{53} sə^{33} ka^{33} wan^{13} ndaːŋ^{13}.
奶　才　等　天　亮
太祖母等啊等拂晓。

thjep^{35} njə^{13} sa^{35}, ta^{55} njə^{13} ɦa^{13}.
沿　河　爬上　过　河　来
沿河而上，溯流而走。

ɦa^{13} la^{55} hən^{31}, ɦa^{13} la^{55} wan^{13}.
来　找　地方　来　找　天
去找安家的地方，来寻属于自己的天地。

ɦa^{13} tjeu^{31} hən^{31} ljuŋ^{35} paŋ^{13}, ɦa^{13} tjeu^{31} hən^{31} paŋ^{13} ten^{33}.

到 条 地方 湾 垮 到 条 地方 垮 根部

来到龙棒①这地方，但这地方不稳固，经常垮塌。

qoŋ^{35} mau^{31} au^{53}, ja^{53} mau^{31} ɣan^{13}.

公 勤劳 粮 奶 勤劳 苎麻

祖公辛苦耕耘，收了很多稻谷；太祖母为了一家的穿衣，到山上采到了很多的苎麻。

qoŋ^{35} mau^{31} au^{53}, ndai^{33} haːm^{13} pan^{13},

公 勤劳 粮 得 三 班

祖公在这里种出了三季的水稻，

ja^{53} mau^{31} ɣan^{13}, ndai^{33} haːm^{13} nam^{33}.

奶 勤劳 苎麻 得 三 水

太祖母到山上采来苎麻，经过抽线、牵纱之后缝制成衣服穿了三年。

haːm^{13} nam^{33} ɣan^{13}, hi^{35} pan^{13} au^{53}.

三 水 苎麻 四 班 粮

穿三年的衣啊，够吃四年的粮。

laːn^{55} tɕan^{31} lən^{31}, hin^{13} ȵan^{31} kuŋ^{33}.

烂 斤 后面 成了 银 多

穿三年的麻线衣服受潮朽烂，种到第四季的水稻发了稻瘟。

① 龙棒：水语音译，是因泥石流形成的一个大湾。这里说明水族先民已经进入高原地区。

第四则　溯到水源

jum^{35} hən^{31} ljeu^{53},　tha:u^{33} ta:u^{31} laŋ^{55},
涌　地方　啦　　找　哪里 逃走
洪水涌上来了，寻找逃走的路，

jum^{35} hən^{31} ljeu^{53}, ɦjaŋ^{35} ta:u^{31} pa:i^{13}?
涌　地方　啦 不知道 哪里　去
洪水漫上来了，该往哪里去呢？

qoŋ^{35} sə^{33} ka^{33} qa:i^{35} ȶan^{31},
公　才　等　鸡　打鸣
祖公盼呀盼鸡叫，

ja^{53} sə^{33} ka^{33} wan^{13} nda:ŋ^{13}.
奶 才 等　天　亮
太祖母等啊等拂晓。

thjep^{35} njə^{13} sa^{35}, ta^{55} njə^{13} ɦa^{13}.
沿　　河 爬上 过 河　来
沿河而上，溯流而走。

ɦa^{13} la^{55} hən^{31}, ɦa^{13} la^{55} wan^{13}.
来 找 地方　来　找　天
去找安家的地方，来寻属于自己的天地。

ɦa^{13} tjeu^{31} hən^{31} ɦuən^{13} ɣai^{35}, ɦa^{13} tjeu^{31} hən^{31} ɣai^{35} twon^{31}.
到 条 地方 八月竹 到 条 地方 八月 竹圆
来到一个生长八月竹的地方，这个地方的八月竹啊，又大又圆。

qoŋ^{35} tjem^{13} hən^{31}, ɦuən^{13} nam^{33} ʔok^{35}.
公 祭 地方 雨 水 生出
祖公祭祀土地神，找到了食用的水源。

ja^{53} ɦua^{33} hən^{31}, ʔok^{35} nam^{33} taŋ^{13}.
奶 祈祷 地方 生出 水 来
太祖母祈祷山神，大地冒出了适合农作物生长的地下水。

nam^{33} pai^{13} wiŋ^{53}, tiŋ^{35} pai^{13} ljan^{31}.
水 去 冲击力很大 顶 去 后面
水源引来了，庄稼得到灌溉。

tjum^{13} ɦaːŋ^{31} je^{13}, tɕhe^{13} ɦaːŋ^{31} ndjan^{33}.
集中 一段 齐集 一段 短
四季阴晴适宜，水旱适中。

hən^{31} ŋo^{53} wa^{35}, wa^{35} ŋo^{53} faŋ^{33}.
地方 五 宽 宽 五 方
开辟道路，使得道路四通八达。

hən^{31} lau^{53} ndaːi^{13} haŋ^{53} ŋaːn^{55};
地方 大 好 养 鹅
到处一方方水塘，非常适合喂养天鹅；

wjaːn^{13} lau^{53} ndaːi^{13} haŋ^{53} ɦuə^{31}.

坝子　大　好　养　羊

山上翠绿的竹叶青，非常适合放牧山羊。

mbjek^{35} laːk^{42} ka^{53}, n̥əŋ^{31} laːk^{42} jai^{33}.

讨厌　孩子　汉族　敌视　孩子　布依族

在这里生活之后，不善于和汉族同胞沟通，也不喜欢和布依族人来往，越来越觉得孤独。

wan^{13} haːm^{13} phuək^{35}, njən^{31} ɣa^{31} phai^{33}.

日子　三　返　月　两　次

在这里艰难度日，生活得很不自在。

qoŋ^{35} qai^{33} tɕhi^{53} tai^{31} taːu^{35}.

公　没　集　拿　野外

老祖公啊，没有心思带领男人到地里劳作。

ja^{53} qai^{33} tɕhi^{53} nau^{31} ljəŋ^{31}.

奶　没　齐　家务　税

老祖母啊，没有精神动力去耕织去打理家务。

qoŋ^{35} qai^{33} tɕhi^{53} qau^{13} luə^{13},

公　没　集中　箜　篌

男人们精神涣散，

ja^{53} qai^{33} tɕhi^{53} huə^{13} kjeŋ^{31}.

奶　没　齐　乞讨　三脚架

女人们也萎靡不振。

ɣa^{31} tu^{33} ta^{53}, pai^{13} ljaŋ^{31} le^{13}?
咱 一起 比赛 去 量 书
和对方约定比赛驯鸡和蜜蜂，看看谁能驯服？

ɣa^{31} tu^{33} ta^{53}, pai^{13} ljaŋ^{31} si^{31},
咱 一起 比赛 去 量 赛
和对方约定比赛，

ɣa^{31} tu^{33} ta^{53}, pai^{13} ju^{35} mon^{55} phje^{13} pja^{13}, pai^{13} ju^{35} ka^{13} au^{53} nam^{33}?
咱 一起 比赛 去 请 猴子 前沿 石头 去 请 龙 里面 水
和对方约定比赛，看看谁能找到让猴子轻松攀缘的枯藤？

ɣa^{31} tu^{33} ta^{53}, pai^{13} niŋ^{35} qai^{35} lət^{32} miu^{31}, pai^{13} niŋ^{35} lu^{13} lət^{32} qaːn^{55}.
咱 一起 比赛 去 看 鸡 沿 纹路 去 看 蜜蜂 沿 竿
咱俩一起比赛，看看谁能让鸡跟着纹路走，看看谁能让蜜蜂飞到竹竿上。

ɣa^{31} tu^{33} ta^{53}, pai^{13} niŋ^{35} mjau^{31} hai^{35} ndju^{33}, pai^{13} niŋ^{35} mjau^{31} tu^{33} phən^{13}.
咱 一起 比赛 去 看 臭鸡矢藤 幽 去 看 藤 一起 缠绕
咱俩一起比赛，看看谁能让臭鸡矢藤条互相缠绕在一起成为绳索。

ɣa^{31} tu^{33} ta^{53}, pai^{13} niŋ^{35} mjau^{31} hai^{35} pjət^{32}, pai^{13} niŋ^{35} mjau^{31} mon^{55} sa^{35}.
咱 一起 比赛 去 看 臭鸡矢藤 参差 去 看 伸筋 爬
咱俩一起比赛，看看谁能让伸筋草往上攀缘。

qoŋ^{35} ndaːu^{13} sai^{33}, ȵiə^{31} ju^{35} kuə^{35} ai^{31} ju^{35} kuə^{35}?
公 我们 问 你 请 先 我 请 先
我们的先人问对方，我先试还是你先来？

ndai^{13} men^{13} sot^{35}, men^{13} ju^{35} kuə^{35}.

好　他　说　他　请　先

好在对方说，他先来。

qoŋ^{35} men^{13} ju^{35}, mon^{55} phje^{13} pja^{13}, pu^{33} qai^{33} liŋ^{31}.

公　他　请　猴子　前沿　石头　也　没　灵

他的先人到岩洞前去和猴子说话，猴子听不懂他的话语，没有回答。

qoŋ^{35} men^{13} ju^{35}, ka^{13} au^{53} nam^{33}, pu^{33} qai^{33} liŋ^{31}.

公　他　请　龙　里面　水　也　没　灵

他的先人在幽深的水潭边和水里的龙神对话，龙神听不到他的话语，没有作答。

qoŋ^{35} men^{13} pai^{33}, qai^{33} ndai^{33} mai^{53} mon^{55} puə^{31}, qai^{33} ndai^{33} tɕhiŋ^{13} mon^{55} nduə^{33}.

公　他　去　没　得　树　猴子　白　没　得　手臂　猴子　白

他的先人去找不到“埋满柏”，找不到“庆满白（水）”。

qai^{35} men^{13} qai^{33} lət^{32} miu^{31}, lu^{13} men^{13} qai^{33} lət^{32} qaːn^{55}.

鸡　他　没　沿着　纹路　蜜蜂　他　没　沿着　竿

他的先人驯的鸡不按规定的路线走，他的先人驯的蜜蜂没有沿着竹竿往上爬。

mjau^{31} hai^{35} men^{13} qai^{33} ndju^{33}, mjau^{31} ŋiu^{53} qai^{33} phən^{13}.

鸡矢藤　他　没　优　藤　索　没　牢靠

他的先人找到的藤不好，他的先人找到的牛绳不牢靠。

mjau^{31} hai^{35} men^{13} qai^{33} pjət^{32}, mjau^{31} mon^{55} men^{13} qai^{33} sa^{35}.

鸡矢藤　他　没　缠绕　伸筋藤　他　没　爬

他找到的香藤不是红心藤，使用起来没有韧性。他找到的伸筋草不会攀爬。

qoŋ^{35} ndau^{13} sai^{33}, paːt^{35} ndai^{35} n̥iə^{31}, ljeu^{53} mei^{53} ljeu^{53}?

公　我们　问　次　这　你　完　没　完

我们的先人问对方，这回你的才艺还有没有？

ndai^{13} men^{13} sot^{35}, paːt^{35} ndai^{55} ai^{31} pu^{33} ljeu^{53} pai^{13} ljeu^{53}.

好　他　告诉　次　这　我　也　完　啦　完

幸好他告诉说，这一回合，他的（才艺）已经结束了。

qoŋ^{35} ndau^{13} ju^{35}, mon^{33} phje^{13} pja^{13}, qa^{55} pu^{33} liŋ^{31}.

公　我们　请　猴子　前沿　石头　也　是　灵

我们的先人对着岩洞喊，猴子在里面回答。①

qoŋ^{35} ndau^{13} ju^{35}, ka^{13} au^{53} nam^{33}, qa^{55} pu^{33} liŋ^{31}.

公　我们　请　龙　里面　水　也　是　灵

我们的先人对着幽深的水潭喊龙神，在岸上的人都听到水里龙神回答。②

qoŋ^{35} ndau^{13} pai^{13}, sə^{33} ndai^{33} mai^{53} mon^{55} puə^{31}, sə^{33} ndai^{33} tɕhiŋ^{13} mon^{55} nduə^{33}.

公　我们　去　才　得　树　猴子　白　才　得　手臂　猴子　白

我们的先人在森林里找到白色的五倍子树，又找到了白色的伸筋草。

---

① 按蒙光发先生口述：传说我们的先人早就安排了一个人到岩洞里等候。

② 按蒙光发先生口述：原来在原阳和水族乡鼻子岩脚下的铜鼓潭里，水下两丈处有两孔貌似牛鼻孔的岩洞，经此洞潜下去之后可以很快游到露出水面的沙堆上，先人事先安排一个人潜水到那里等候。

to^{31} qoŋ^{35} ndau^{13}, qai^{35} lət^{32} miu^{31}, lu^{13} lət^{32} qaːn^{55}.

的 公 我们 鸡 沿着 纹路 蜜蜂 沿着 竿

我们的先人驯的鸡朝着规定的路线走①，我们的先人驯的蜜蜂沿着竹竿往上爬②。

to^{31} qoŋ^{35} ndau^{13}, mjau^{31} hai^{35} ndju^{33}, mjau^{31} ŋiu^{53} phən^{13}.

的 公 我们 鸡矢藤 优 藤 绳索 缠绕

我们的先人也找到了红心藤，找到的大藤啊韧性好，方便使用。

to^{31} qoŋ^{35} ndau^{13}, mjau^{31} hai^{35} pjət^{32}, mjau^{31} mon^{55} sa^{35}.

的 公 我们 鸡矢藤 缠 伸筋藤 爬

我们的先人找到的藤子好捻搓，耐用。

qoŋ^{35} tɕjəŋ^{13} taːŋ^{35}, men^{13} tɕjəŋ^{13} kha^{33}.

公 抢 地盘 他 抢 掳掠

我们的先人抢地盘，对方就过来追杀。

qoŋ^{35} tɕjəŋ^{13} wə^{35}, men^{13} tɕjəŋ^{13} un^{13}.

公 抢 完 他 抢 扛

我们的先人争得的东西，对方就来扛走。

ai^{31} ŋau^{31} ŋət^{55}, ai^{31} kat^{7} kui^{33}, men^{13} pu^{33} qai^{33} su^{53} ai^{31}.

我 喊 和好 我 割 小溪 他 没 也 同意 我

我们的先人没办法，将家移到小溪的对面，对方也不同意。

---

① 按蒙光发先生口述：聪明的先人稀稀拉拉地撒落米粒，鸡自然地就朝着有米粒的地方边啄食边走。

② 按蒙光发先生口述：原来聪明的先人在竹竿上呈缠绕状涂抹了一些蜂蜜，成群结队飞来的蜜蜂自然地就呈缠绕状爬上竹竿。

ai^{31} ten^{33} mbe^{13}, ai^{31} pje^{35} kui^{33}, men^{13} pu^{33} qai^{33} su^{53} ai^{31}.
我 年初 我 岔 小溪 他 没 也 同意 我
过年了，再往上迁，对方也不同意。

ai^{31} nam^{33} ho^{53}, ai^{31} ho^{33} hak^{55}, men^{13} pu^{33} qai^{33} su^{53} ai^{31}.
我 水 穷 我 穷 尽 他 没 也 同意 我
最后，迁移到没水吃的地方，对方还是不同意，最后弄得穷困潦倒了，对方也不甘心，还是不同意我们在那里安家。

第六则 岜朋 辽西

jum^{35} hən^{31} ljeu^{53}, thaːu^{33} taːu^{31} laŋ^{55},
涌 地方 啦 找 哪里 逃走
洪水涌上来了，寻找逃走的路，

jum^{35} hən^{31} ljeu^{53}, ȵ̊jaŋ^{35} taːu^{31} paːi^{13}?
涌 地方 啦 不知道 哪里 去
洪水漫上来了，该往哪里去呢？

qoŋ^{35} sə^{33} ka^{33} qaːi^{35} tɕan^{31},
公 才 等 鸡 打鸣
祖公盼呀盼鸡叫，

ja^{53} sə^{33} ka^{33} wan^{13} ndaːŋ^{13}.
奶 才 等 天 亮
太祖母等啊等拂晓。

thjep^{35} njə^{13} sa^{35}, ta^{55} njə^{13} ɦa^{13}.
沿 河 爬上 过 河 来
沿河而上，溯流而走。

ɦa^{13} la^{55} hən^{31}, ɦa^{13} la^{55} wan^{13}.
来 找 地方 来 找 天
去找安家的地方，来寻属于自己的天地。

ɦi^{31} ndau^{33} ndai^{55}, qai^{33} ɣo^{53} hən^{31} ȵau^{55} ndau^{31} ɣo^{53} qai^{33}.
到 了 这 不 知道 地方 在 哪里 知道 也
来到这里，还不知道哪里才有属于自己的地盘。

ɦi^{31} ndau^{33} ndai^{55}, qai^{33} ɣo^{53} wen^{13} ȵau^{55} ndau^{33} ɣo^{53} qai^{33}.
到 了 这 不 知道 天 在 哪里 知道 也
来到这里，还不知道哪里才有属于自己的空间（天）。

naŋ^{13} lau^{33} ni^{53} ŋaːn^{55} puə^{31}, tai^{31} pai^{13} pai^{35} mje^{13} tɕhi^{53}.
有 唯独 母 鹅 白 拿 去 拜 手 左
只有一只白鹅①，拿到左边朝着天空拜三拜。

si^{31} haːm^{13} wan^{13}, nam^{33} haːm^{13} saːn^{31}.
试 三 天 水 三 晚
就这样连续拜了三天三夜。

---

① 在迁徙的过程中千辛万苦，当不知何去何从的时候，先人们只有通过用一只白鹅来占卜，看看它的头往哪边看就决定往哪个方向走。

ni[53] ŋa:n[55] puə[31]pan[35] pa:k[35] pai[13] te[33], hən[31] naŋ[13] te[33], wen[13] naŋ[13] te[33].
母 鹅 白 朝着 嘴巴 去 下面 地方 还地 下面 天 还在 下面
白鹅的头朝向下边的方向，就往下走去找自己的天地。

ni[53] ŋa:n[55] puə[31] pan[35] pa:k[35] pai[13] u[13], hən[31] naŋ[13] u[13], wen[13] naŋ[13] u[13].
母 鹅 白 朝着 嘴巴 去 上面 地方 还在 上面 天 还在 上面
白鹅的头朝向上面，就往上行去找自己的天地。

te[35] mai[53] tuəi[35], he[53] luə[13] ŋam[13].
砍 板栗树 做 斛 深
砍板栗树，制成斛斗①。

pjam[33] mai[53] ɦam[33], he[53] luə[13] ŋo[53].
砍 树 榉 ，做 斛 五
砍来榉木②，制作好大斛斗③。

qa:n[13] pai[13] ho[53], ko[33] pa:i[13] wai[13].
干 拜 和 科 拜 外
架好“干”和“科”。

thjep[35] te[33] la:ŋ[35], jam[33] te[33] puŋ[31].
沿着 下 拦河坝 跨 下 塘
沿着河床，跨过水塘。

---

① luə[13]：量词，即斛，十斗为一斛。

② mai[53] ɦam[33]：榉木。

③ luə[13] ŋo[53]：一斛五斗。

sa^{35} pa:k^{35}qak^{55}, mjo^{35} pa:k^{35} puŋ^{31}.
爬上 巴 卡　到了 岜 朋
翻巴卡①，到岜朋②。

sa^{35} ɦi^{31} njə^{13} tu^{33} tam^{33}, sa^{35} ɦi^{31} njə^{13} ŋo^{53} pje^{35}.
爬 到 河 九 堵　爬 到 河 五 岔
爬到迎九股水的大河，来到有五条支流的大河③。

ɦi^{31} hən^{31} qau^{35}, mjo^{35} ljau^{53} ɕe^{33}.
到 地方 旧　到 辽 西
到旧的地方④，到辽西⑤。

qoŋ^{35} qau^{35} men^{31} thau^{35} na^{33} tjiŋ^{33} wuə^{35}, nda:i^{13} qe^{55} ɣa^{33} hi^{33} tɕoən^{31}.
公 老 他 到 前 顶 完　好 啊 田 四合院
别人的祖先已经走到了尽头，建造了房子。

qoŋ^{35} qau^{35} ndau^{13} thau^{35} na^{33} tjiŋ^{33} wuə^{35}, nda:i^{13} qe^{55} ɣa:n^{13} hi^{33} tɕoən^{31}.
公 老 我们 到 前 顶 完　好 啊 田 四合院
我们的祖先已经来到了源头，建造了房子。

① pa:k^{35}qak^{55}：地名，谐音“巴卡”，所处位置不详。

② pa:k^{35} puŋ^{31}：地名，谐音“岜朋”，所处位置不详。

③ njə^{13} ŋo^{53} pje^{35}：直译为五条支流的河。疑为关于“五溪蛮”中的“五溪”的一种记忆。当然在水族地区带数词的传统记忆地名比较多，如“mai^{53} ŋo^{53} pu^{53}”（五父树）、“ɣa^{35} tɕu^{33} nda:ŋ^{33}”（九缺田，即一块大田开了九个出水的缺口。）

④ hən^{31} qau^{35}：旧的地方。

⑤ 辽西：地名，水语音译，是否是广西，有待考证。

qoŋ^{35} qau^{35} men^{13} thau^{35} kuə^{35}, pjen^{31}ɦin^{13} ɦuə^{33} ke^{53} ɦjat^{55}.
公 老 他 到 先 变成 流星
别人的祖先先来到，变成了陨石。

wat^{55} qoŋ^{35} ndau^{13}, wat^{55} ljeu^{53} qom^{13} la:k^{42} nden^{13},
扭 公 我们 扭 了 背 孩子 身
扭住我们祖公的腰背，

wat^{55} qoŋ^{35} ndau^{13}, wat^{55} ljeu^{53} ten^{33} la:k^{42} la:i^{13}.
扭 公 我们 扭 了 根 孩子 腰椎
扭住我们祖公的腰椎。

qoŋ^{35} ndin^{35} wjan^{13}, tjak^{55} wjan^{13} na^{33}, pha^{35} wjan^{13} ndjoŋ^{33}.
公 牙 断 牙 前 坏 座牙
我们的祖公挣扎着，弄断了门牙，松动了座牙。

tan^{33} ndai^{33} ɦua:i^{53} lau^{33} sən^{13},
一直 得 兄 单一 毛
遇到同样的兄弟，

tan^{33} ndai^{33} jan^{13} lau^{33} pen^{33}.
一直 得 人 同样
遇到同样的人群。

la:k^{42} ɦum^{35} tjeŋ^{33}, la:k^{42} haŋ^{53} khi^{33},
孩子 黄土 孩子 养 蝈蝈
黄土① 寨养蝈蝈的小后生，

---

① ɦum^{35} tjeŋ^{33}：地名，黄土寨，今在贵州省都匀市归兰水族乡翁高村，有黄土上寨和黄土下寨两个自然寨。

jik^{55} ɦa^{13} mbaːn^{33}, paːn^{31} ɦa^{13} ɣaːn^{31}.
喊 来 寨子 倾斜 来 家
喊进寨，请入户。

ni^{53} ep^{35} paːi^{31}, haːi^{33} ep^{35} naːŋ^{13}.
母 折 红薯 哥 折 竹笋
母亲折断薯棒，兄长拿出竹笋。

au^{13} he^{53} taːu^{53} tjeŋ^{13} ɦuən^{13}, naːp^{32} haːi^{13} qoŋ^{35} ndau^{13} tɕjə^{13}.
要 做 筒 钉 竹子 关 给 公 我们 吃
和上竹钉塞入竹筒，逼着我们的祖公吃。

jat^{55} he^{53} ȵi^{55} tɕjə^{13} haːu^{33}, tɕjə^{13} ɦi^{31} phje^{13}.
一 做 二 吃 酒 吃 到 末尾
一而再，再而三，要吃完。

phje^{13} he^{53} ȵi^{55} tɕjə^{13} haːu^{33}, au^{13} ɦe^{53} nu^{53}.
末尾 做 吃 酒 要 做 弟
薯沫用来窖酒，不听从者，就只能是老弟。

ɦe^{53} nu^{53} ȵik^{55}, ɦe^{53} ȵik^{55} khiŋ^{33}.
做 弟 冷 做 冷 欲吼状
做老弟，让你受冻，任他使唤。

qoŋ^{35} haːm^{13} ju^{35}, ja^{53} qai^{33} o^{31}.
公 三 请 奶 未 哦
祖公喊了三次，祖母没有察觉。

qoŋ^{35} hi^{35} ju^{35}, ja^{53} o^{31} taŋ^{13}.
公　四　请　奶　哦　来
祖公喊到第四次，才听到祖母的回答。

pjek^{35} ɦi^{31} jiŋ^{35} ta:ŋ^{33} ma:ŋ^{53}, naŋ^{13} lau^{33} ja^{53}, ha^{33} men^{13} pa:i^{13}.
分别　到　垭口　当　忙　有　一　奶　杀　她　去
分别之后，走到“迎当忙”①，只有一个奶，杀死她。

ha^{33} si^{31} ha^{33}, hoŋ^{35} si^{31} hoŋ^{35}.
杀　的　杀　放　的　放
杀的杀，赶的赶。

hoŋ^{35} pa:i^{13} kui^{33} ta:ŋ^{31} joŋ^{31}, hoŋ^{35} pa:i^{13} ndoŋ^{13} ta:ŋ^{31} sa:i^{55}.
放　去　小溪　当荣②　放　去　森林　当采③
杀死的放到“规当荣”，将她赶走到大森林里。

kui^{33} lja:ŋ^{55} lja:ŋ^{55}, kui^{33} ha:m^{13} ai^{33}, nda:i^{33} ha:m^{13} sop^{32}.
小溪　浪　浪　小溪　三　个　得　三　十
溪水湍急，得到三个人，得到三十。

kui^{33} lja:ŋ^{55} lja:ŋ^{55}, kui^{33} hat^{55} ai^{33}, nda:i^{33} hat^{55} hjen^{13}.
小溪　浪　浪　小溪　七　个　得　七　千
溪水湍急，得到七个人，得到七千。

---

① ta:ŋ^{33} ma:ŋ^{53}：地名，谐音“当忙”，位于何处不详。
② ta:ŋ^{31} joŋ^{31}：溪名，谐音“当荣”，位于何处不详。
③ ta:ŋ^{31} sa:i^{55}：山林名，谐音“当采”，位于何处不详。

njen^{31} pu^{33} haːm^{13} tɕjoŋ^{31} tɕi^{31}, ȵi^{55} laːk^{42} ja^{53}, qai^{33} ndai^{33} ha^{33}.

月 也 三 无奈 二 孩子 奶 没 得 杀

每个月也要到三个地方，有两个女人，没有遭到杀害。

njen^{31} pu^{33} hi^{35} tɕjoŋ^{31} tɕi^{31}, ȵi^{55} laːk^{42} ja^{53}, qai^{33} ndai^{33} ha^{33}.

月 也 四 无奈 二 孩子 奶 没 得 杀

每个月要换四个地方，有两个女人，没被赶走。

ɣa^{31} paːi^{13} pha^{35}, miu^{13} tɕoŋ^{31} tɕi^{33}.

咱 去 损伤 苗 中 计

两个人去了受到损伤，苗人中计。

ɣa^{31} paːi^{13} pha^{35}, miu^{13} tɕoŋ^{31} tjeŋ^{13}.

咱 去 损伤 苗 中 钉

两个人去了受到损伤，苗人中钉。

ɣa^{31} paːi^{13} pha^{35} miu^{13} po^{31}, tuo^{13} ɕi^{33} ɕjen^{31}.

咱 去 坏 苗 钵 多 些 钱

两个人爬到“苗钵”，多些钱。

tuo^{13} hua^{33} hjen^{31}, sop^{32} haːm^{13} wan^{13}.

多 花 钱 十 三 天

多花钱，十三天。

qoŋ^{35} paːi^{13} te^{33}, ɣa^{31} ndau^{13} taːŋ^{13}.

公 去 下面 俩 要 过来

祖公下去，我俩阻挡。

ja⁵³ paːi¹³ te³³, ndam¹³ ndau¹³ khju³⁵.
奶 去 下面 塘 该 干涸
祖母下去，大水塘该干。

lju³⁵ nam³³ paːn¹³, lju³⁵ nam³³ saːn³¹.
流 水 班 流 水 晚上
水啊，彻夜地流。

waːn¹³ lju³⁵ ndaːi¹³, mbjə³⁵ lju³⁵ pu³³ qai³³ ndaːi¹³.
男 留 好 女 留 没 也 好
男流去好，女流去则不好。

ni⁵³ ɦuoŋ¹³ na¹³, ni⁵³ kha⁵⁵ ten³³.
母 土 厚 母 卡 根部
肥泥厚，把它卡在里面。

qoŋ³⁵ ndau¹³ ɦa¹³, ja⁵³ ndau¹³ saːi³³.
公 我们 来 奶 我们 问
祖公回来，祖母问他。

ȵiə³¹ paːi¹³ thau¹³ huon¹³ tjaŋ¹³ jiŋ⁵³ naːi⁵⁵?
你 去 哪里 缓 长 如此 这样
你去哪里这么长时间？

ndaːi¹³ qoŋ³⁵ sot³⁵, ai³¹ paːi¹³ te³³ he⁵³ huŋ¹³, ai³¹ paːi¹³ te³³ he⁵³ ŋo³¹.
好在 公 告诉 我 去 下面 做 口舌 我 去 下面 造 声势
祖公说，我去下面告状，我去下面制造声势。

tjeu^{31} huŋ^{13} ndai^{55}, au^{13} maŋ^{55} ho^{53},
条　官司　这　　要　蟒　放
这一状，要蟒放，

ndaːi^{13} ja^{53} sot^{35}, tjeu^{31} huŋ^{13} ndai^{55}, au^{13} qui^{31} ȵjo^{53}, au^{13} po^{53} ȵan^{33}.
好在　奶　告诉　条　官司　这　　要　水牛　大　　要　黄牛　银
祖母说，这一状要水牛抵押，要黄牛折价。

au^{13} tɕja^{13} puŋ^{33}, au^{13} uŋ^{33} laːi^{13}.
要　旋索　对位　要　牛颈包①　好
并且要好的旋索，膘肥体壮。

au^{13} qu^{13} hua^{53}, au^{13} hua^{33} tɕja^{31}.
要　　花　要　花　伶俐
要毛色好，要脚板伶俐。

au^{13} qui^{31} pə^{31}, au^{13} laːk^{42} jan^{13}.
要　水牛　白　　要　孩子　人
要白色的水牛，要小孩儿。

ai^{33} pjeŋ^{31} huŋ^{13} pu^{33} ljeu^{53} paːi^{13} ljeu^{53},
我　平息　官非　也　完　去　完
判官平息事件，

ai^{33} pjeŋ^{31} ŋo^{31} pu^{33} ljeu^{53} paːi^{13} ljeu^{53}.
我　平息　声音　也　完　去　完
对方无话可说。

---

① 牛颈包：黄牛颈靠近前胛上的肉峰。

naŋ^{13} phjuŋ^{33} maŋ^{53}, sə^{33} haŋ^{53} ŋa^{13},
有 气体 笑 才 养 芝麻
只有其他在幸灾乐祸，

naŋ^{13} tuŋ^{33} jiŋ^{55}, ɣa^{33} ndau^{33} thaːu^{31} paːi^{13} tɕjə^{13}.
有 同 这样 我俩 伙伴 去 吃
也有人和祖公合得来，一起去吃。

tai^{31} kha^{13} jiŋ^{33}, tjiŋ^{33} kha^{13} hən^{31}.
带 耳 听 聆 耳 地方
用心倾听别人怎么说，做好舆论导向。

ɣo^{53} ȵiə^{31} paːi^{33} ɣo^{53} qai^{33}?
不 知道 你 去 不去
跟对方说，不知道你要不要去？

ȵiə^{31} qai^{33} paːi^{33}, ai^{31} si^{31} paːi^{33}.
你 不 去 我 也会 去
对方说他不去，祖公说自己去。

ai^{31} naŋ^{13} ku^{33} laːk^{42} lju^{55} ȵau^{55} te^{33} mai^{53} thai^{13},
我 有 头 孩子 泥鳅 在 下面 树 动
我还有泥鳅在树下的水塘里，

ai^{31} naŋ^{13}ku^{33} laːk^{42} jai^{13} ȵau^{55} te^{33} mai^{53} thaːu^{33}.
我 有 头 孩 鲵 在 下面 树 桃
我还有小鲵在池塘的树叶下。

qoŋ^{35} paːi^{13} te^{33}, ndai^{33} to^{31} njen^{31}, to^{13} hua^{13} hjen^{31}, sop^{32} haːm^{13} wan^{13}, mom^{53} tɕit^{33} ja^{53},
公 去下面得 一月 多花钱 十三天 虎咬奶
祖公到下面得了一个月，多花了好多钱，十三天，老虎咬了祖母，

qai^{33} ndai^{33} to^{31}maːŋ^{55} ho^{53} mjə^{13} ja^{53}.
没 得 哪样 放 手 奶
没有捉到什么来交给祖母。

naŋ^{13} lau^{33} ndam^{13} ŋo^{53} hu^{35}, naŋ^{13} lau^{33} hu^{35} ŋo^{53} laːk^{42}.
有 只 塘 五 斛 有 只 斛 五 孩
只有装好五个斛，把它分给五个儿子。

naŋ^{13} lau^{33} qui^{31} hi^{35} taːŋ^{35}, naŋ^{13} lau^{33} qui^{31} haːŋ^{53} ja^{53}, tɕa^{31} pu^{33} ljeu^{53}.
有 只水牛 四 角 有 只 水牛 养 奶 则 也 完
只有四只角的水牛①，祖母依靠这头水牛生活。

qoŋ^{35} paːi^{13} te^{33}, ndai^{33} to^{31} njen^{31}, to^{13} hua^{13} hjen^{31}, sop^{32} haːm^{13} wan^{13}, mom^{53} tɕit^{33} ljəŋ^{31},
公 去下面得 一月 多花钱 十三天 虎咬廉
祖公到下面得了一个月，多花了好多钱，十三天，老虎咬了廉②，

① 四只角的水牛：在今都匀市归兰水族乡一带韦氏丧葬中，都用木头制成一头四只角的牛模型。2003 年笔者与原阳和水族乡黄土上寨韦德林交谈，他说："以前蒙家势力强大，不让韦家举行开控仪式，韦家据理力争。蒙家说，只要你们能找到一头有四只角的牛来杀给你们的祖先，就让你们开控。后来韦家虽然没有找到这一头长有四只角的真牛，却拿来了一头四只角的木牛模型，蒙家人认为韦家人的智商不低，才允许他们丧葬开控。"因此，每逢丧葬韦氏都要制一只头有四只角的牛模型，三朝复山之后置于新坟上，由此积风成俗。

② 廉：人名。

qai^{33} ndai^{33} to^{31} maːŋ^{55} ho^{53} mjə^{13} ljəŋ^{31}.
没　得　只　蟒　放　手　廉
没有捉到蟒来给廉。

naŋ^{13} lau^{33} ndam^{13} ŋo^{53} hu^{35}, naŋ^{13} lau^{33} hu^{35} ŋo^{53} laːk^{42}.
有　只　塘　五　斛　有　只　斛　五　孩
只有装好五个斛，把它分给五个儿子。

naŋ^{13} lau^{33} qui^{31} hi^{35} taːŋ^{35}, naŋ^{13} lau^{33} qui^{31} haːŋ^{53} ljəŋ^{31}.
有　只　水牛　四　角　有　只　水牛　养　廉
只有头长四只角的水牛，廉依靠这头水牛生活。

ljeu^{53} pi^{31} lau^{33} paːi^{13} ɕa^{31}, tɕa^{31} pu^{33} ljeu^{53}.
完　毕　这　去　啦　则　也　完
他们去哪里了，这一则结束了。

au^{33} ai^{33} qoŋ^{35} hui^{55} nam^{33} ȵit^{55}, au^{33} ai^{33} ja^{53} hui^{55} ȵit^{55} khin^{33}.
要　个　公　坐　水　冷　要　个　奶　坐　冷　沙子
只有一个祖公坐在水塘里，只有一个祖母坐在冰冷的沙堆上。①

sət^{55} tjəŋ^{53} tjəŋ^{53} tɕoŋ^{53} tɕit^{55}, ȵam^{35} tjəŋ^{53} tjəŋ^{53} tɕoŋ^{53} pa^{13}
早上　啪啪　处　痛　晚上　啪啪　处　大腿
早上水拍击着他的脚，晚上寒风侵袭着他的大腿。

qai^{33} ɣo^{53} puə^{31} ȵau^{55} nau^{13}.
不　知道　搬　在　哪里
不知道搬在哪里。

---

① 按都匀市民委原主任陈朝魁先生的理解，此句当是说在一个叫“冷水滩”的地方。

naŋ^{13} lau^{33} puə^{31} n̥au^{35} n̥jak^{55}, n̥aːu^{55} ljam^{33} tɕən^{31} ljaŋ^{13} hu^{13}.

有 只 搬 摇头 在 后洋沟 亮 夫

只有搬摇头，就在亮夫的坡上。

he^{13} jam^{13} ndau^{13}, qai^{33} haːi^{13} lju^{31} pai^{53} phu^{33}.

别人 瞒 我们 不 给 留 去 簿

别人不说真话，没有摊开底细和我们讲。

he^{13} jam^{13} ndau^{13}, qai^{33} haːi^{13} lju^{31} pai^{53} sa^{33}.

别人 瞒 我们 不 给 留 去 查

别人不说真话，我们无法知道具体情况。

tɕai^{55} haːm^{13} tɕjəŋ^{31}, tɕjaŋ^{13} ni^{53} ndju^{33}.

禳解 三 件① 降 母牛

禳三遍，降宜奴。

tɕai^{55} ŋo^{53} tɕjəŋ^{31}, ku^{33} ni^{53} njan^{13}.

禳 五 件 头 母 亮

禳五遍，箍宜亮。

n̥an^{31} qai^{33} ho^{53}, khʊ^{33} jin^{53} ʂui^{33}.

银 不 放 搁 如 水族

银放不上去，降去雎人。

① tɕjəŋ^{31}：量词，水族习俗中举行一次禳解鬼怪的仪式称为一tɕjəŋ^{31}，与汉字“件”的意义相对应。

pai^{55} qai^{33} lok^{32}, tok^{7} hən^{31} ndoŋ^{13}.
去 不 陷下 落 地方 森林
摆不知道，落到树林里。

pai^{55} qai^{55} mbup^{55}, tɕup^{55} tai^{31} paːi^{13}.
去 不 朽 捡 带 去
结果烂了，捡不起来。

tɕeŋ^{13} mei^{53} lau^{53} ndau^{13} ai^{35}.
抢 没 老 我们 我
没有抢到我们的祖先。

pja^{55} tɕu^{13} liu^{13}, pja^{55} tɕu^{13} qa^{33}.
富 九 路 富 九 该
富甲一方，人人称羡。

pja^{55} toŋ^{33} noŋ^{33}, pja^{55} toŋ^{31} njen^{31}.
富 通 山上 富 通 年
钱财富足，饮誉一方。

laːk^{35} ɦen^{13} jan^{13}, sjeŋ^{13} ɦen^{13} hu^{31}.
骨 成 人 牲 成 富
人丁发达，六畜兴旺。

tɕa^{31} pu^{33} ljeu^{53}.
则 也 完
这一则也结束了。

第七则　迎窖

jum^{35} hən^{31} ljeu^{53},　thaːu^{33} taːu^{31} laŋ^{55},
涌　地方　啦　　找　哪里 逃走
洪水涌上来了，寻找逃走的路，

jum^{35} hən^{31} ljeu^{53},　ɦjaŋ^{35} taːu^{31} paːi^{13}?
涌　地方　啦　不知道 哪里 去
洪水漫上来了，该往哪里去呢？

qoŋ^{35} sə^{33} ka^{33} qaːi^{35} tɕan^{31},
公　才　等　鸡　打鸣
祖公盼呀盼鸡叫，

ja^{53} sə^{33} ka^{33} wan^{13} ndaːŋ^{13}.
奶 才 等　天　亮
太祖母等啊等拂晓。

thjep^{35} ɹjə^{13} sa^{35},　ta^{55} njə^{13} ɦa^{13}.
沿　　河 爬上 过 河　来
沿河而上，溯流而走。

ɦa^{13} la^{55} hən^{31},　ɦa^{13} la^{55} wan^{13}.
来 找 地方 来 找 天
去找安家的地方，来寻属于自己的天地。

ndaŋ^{13} lau^{33} qoŋ^{35} sə^{33} sa^{35} jiŋ^{35} njap^{55}, au^{13} qoŋ^{35} tɕap^{55} he^{53} ho^{13}.
只有 一 公 才 爬 山垭 窄 要 公 烟嘴 做 放
只有才爬“迎窄”[①]，要到水旱都无收的年份。

mbe^{13} lom^{13} laːŋ^{35}, mbe^{13} lom^{13} liŋ^{33}.
年 风 浪 年 风 旱
到了年成歉收的年份。

mbe^{13} lom^{13} laːŋ^{35}, mbe^{13} lom^{13} faːŋ^{13}.
年 风 浪 年 风 方
到了收成不好的年份。

qoŋ^{35} men^{13} ndaŋ^{13} a^{33} sop^{32} qə^{33} ȵi^{55} laːk^{42} qhau^{33}.
公 他 有 啊 十 语助 二 孩 仆人
他的祖公有十二个仆人。

qoŋ^{35} ndau^{13} ndaŋ^{13} a^{33} sop^{32} qə^{33} ȵi^{55} laːk^{42} qhau^{33}.
公 我们 有 啊 十 语助 二 孩 仆人
我们的祖公也有十二个仆人。

qoŋ^{35} men^{13} tɕjə^{31} au^{53} pu^{33} qai^{33} ndjə^{31}, ja^{53} men^{13} tɕjə^{31} ma^{13} pu^{33} qai^{33} səŋ^{31}.
公 他 吃 饭 也 没 剩 奶 他 吃 菜 也 没 剩
他的祖公粮食没有剩余，他的祖母吃菜也没有剩余。

qoŋ^{35} ndau^{13} tɕjə^{31} au^{53} si^{31} ndjə^{31}, ja^{53} ndau^{13} tɕjə^{31} ma^{13} si^{31} səŋ^{31}.
公 我们 吃 饭 才 剩 奶 我们 吃 菜 才 剩
我们的祖公饱了，还剩下饭，我们的祖母吃饱了，还剩很多的菜。

① jiŋ^{35} njap^{55}：地名，意译为一个狭窄的山垭口，此地名疑为陈蒙坡，具体位置不详。

mai^{53} tu^{33} tui^{33}, wi^{13} tu^{33} taːu^{33}.
木 互相 撞 火 互相 燃烧
木头堆放在一起，火焰熊熊。

pjet^{55} huən^{13} men^{13}, qai^{33} ho^{53} ten^{33}.
棵 竹子 他 没 放 根
他的那棵竹子，没有用在最前面。

tai^{31} ɦa^{13} ti^{55} huən^{13} qoŋ^{35} ɦo^{53} ten^{33}.
拿 来 地方 公 放 根
反而拿到我们祖公地盘并放在最前面。

tjak^{55} mai^{53} miŋ^{35} qoŋ^{35} ndau^{13}.
断 树 命 公 我们
压断了祖公的生命树①。

qoŋ^{35} ndum^{13} men^{13} a^{33} ndum^{13} pjeŋ^{31} ai^{33}.
公 我们 忍让 啊 忍让 任何人
我们的祖公忍让他超过了所有人。

ni^{53} men^{13} tai^{13}, tam^{31} men^{13} pu^{33} qai^{33} toŋ^{53}.
母 他 死 鼓 他 也 没 动
他的母亲死，却不用自家的木鼓。

---

① mai^{53} miŋ^{35}：直译为“生命树”，在水族的添粮补寿、丧葬习俗等中需要一棵枝叶繁茂的竹子。

tai^{31} ɦa^{13} tam^{31} qoŋ^{35} toŋ^{53}，toŋ^{53} nak^{42} tam^{31} qoŋ^{35} ndau^{13}.
拿 来 木鼓 公 动 动 坏 木鼓 公 我的
拿我们祖公的木鼓去敲，弄破了我们祖公木鼓的鼓面。

qoŋ^{35} ndum^{13} men^{13} a^{33} ndum^{13} pjeŋ^{31} ai^{33}.
公 忍让 他 啊 忍让 任何人
我们的祖公忍让他超过了所有人。

ni^{53} men^{13} tai^{13}，men^{13} te^{35} qui^{31} qai^{33} ham^{33}，men^{13} pjam^{33} qui^{31} qai^{33} tai^{13}.
母 他 死 他 杀 水牛 没 趴下 他 砍 水牛 没 死
他的母亲死开控的时候，他杀的牛没有趴下，他砍的牛不倒。

tai^{31} ɦa^{13} ljam^{33} hoŋ^{31} qoŋ^{35} ham^{33}， tai^{31} ɦa^{13} te^{33} hoŋ^{31} qoŋ^{35} tai^{13}.
拿 来 背后 边 公 趴下 拿 来 下面 边 公 死
拿到我们祖公的树桩下砍才趴下，拿到我们祖公的树桩下砍才死。

qoŋ^{35} ndum^{13} men^{13} a^{33} ndum^{13} pjeŋ^{31} ai^{33}.
公 忍让 他 啊 忍让 任何人
我们的祖公忍让他超过了所有人。

ni^{53} men^{13} tai^{13} sjeŋ^{13} laːk^{42}，mbən^{35} men^{13} pu^{33} qai^{33} lak^{55}，
母亲 他 难产 井 他 也 不 洗
他的母亲难产而死，肮脏污秽的东西，他们不拿到自己的水井里去洗，

tai^{31} ɦa^{13} mbən^{35} qoŋ^{35} lak^{55}，tjak^{55} pja^{13} ɦa^{31} qoŋ^{35} ndaːu^{13}.
拿 到 井 公 洗 断 马条石 公 我们
却拿到我们家祖公的水井里来洗，弄断了我们家祖公井边的马条石。

qoŋ^{35} ndum^{13} men^{13} a^{33} ndum^{13} pjeŋ^{31} ai^{33}.

公　忍让　他　啊　忍让　任何人

相对其他人来说，我们家祖公对他更加忍气吞声。

wan^{13} pu^{33} sop^{42} jat^{55} n̥ot^{32}, njen^{13} pu^{33} sop^{42} ljok^{42} laːk^{42}.

日子　也　十　一　月　月　也　十　六　孩子

时间过了十一个月，他也有十六个孩子。

te^{35} nde^{33} faŋ^{13}, ɣa^{31} nde^{33} faŋ^{13}.

砍　梯　方　二　梯　方

砍梯方，两梯方。

ljak^{55} mai^{53} qoŋ^{35}, qoŋ^{35} phət^{55} tin^{13}, tok^{35} te^{33} qoŋ^{35}.

偷　树　公　公　滑　脚　落　下　公

偷我们祖公的树子，我们祖公去追他的时候滑了一跤，落到了他祖公的下面。

ljak^{55} mai^{53} qoŋ^{35}, qoŋ^{35} phət^{55} tin^{13}, tok^{35} ljok^{42} ɕiŋ^{31}.

偷　树　公　公　滑　脚　落　六　城

偷我们祖公的树子，我们祖公去追他的时候挂伤一只手，落到了六条街的下面。

tok^{35} na^{33} ɣuŋ^{55} qoŋ^{35} au^{33}, tok^{35} na^{33} ɣuŋ^{55} au^{33} tɕu^{13}.

落　前面　圈　公　里面　落　前面　圈　里面　酒钵

来到祖公的圈里偷牲口，来到祖公的家里偷走酒水。

pu^{53} men^{13} mbət^{55}, laːk^{42} men^{13} ŋaːm^{13}.

父亲　他　瞎　孩子　他　溺水

他的父亲眼睛瞎了，他的孩子溺水了。

pu^{53} men^{13} ŋuə^{33}, la:k^{42} men^{13} ŋa:m^{13}.
父亲 他 荒芜 孩子 他 沉溺
他父亲的房屋荒芜了，他的孩子沉沦了。

hap^{55} qai^{33} ndai^{33}, ai^{33} he^{53} ŋa:ŋ^{31}.
抓 不 得到 个 做 坏事
抓不到做坏事的人。

hap^{55} qai^{33} ndai^{33}, ai^{33} he^{53} ljak^{55}.
抓 不 得到 个 做 偷
找不到真正的小偷。

ha^{33} tɕiə^{13} tap^{55}, ljap^{55} tɕiə^{13} njui^{13}
杀 吃 肝 剁 吃 脑髓
杀死吃掉心肝，剖开头颅掏出脑髓来食用。①

tɕiə^{13} ɦin^{13} wək^{35}, qai^{33} ndai^{33} tɕiə^{13} he^{53} ndai^{33}.
吃 成 呕吐 不 得 吃 做 这样
吃得津津有味，这是从来没有吃过的好东西。

tɕiə^{13} ɦin^{13} ʔon^{55}, qai^{33} ndai^{33} tɕiə^{13} he^{53} ndai^{33}.
吃 成 不 得 吃 做 这样
吃得心满意足，这是从来没有吃过的好东西。

---

① 此句似乎有原始社会“人食人”的记忆，却又感觉不太可能，要能从原始社会记起，就这篇幅好像不够。

qoŋ^{35} sə^{33} ȵaːu^{55} qai^{33} ȵaːu^{55}, pai^{33} tɕat^{32} naːu^{31}.

公 才 在 不 在 去 挖 蕨根

我们祖公觉得没事做，上山去挖蕨根。

ȵaːu^{55} qai^{33} ȵaːu^{55}, pai^{33} thaːu^{33} men^{13}.

在 不 在 去 找 他

我们祖公觉得无聊，就出去找到他们。

tɕat^{32} ndai^{33} lam^{13} hin^{35} hiə^{13}, qoŋ^{35} tai^{33} hin^{13} pai^{33} ŋap^{32}, qoŋ^{35} tai^{33} ndap^{55} pai^{33} tam^{33}.

挖 得 个 乌龟，公 带 乌龟 去 夹，公 带 烟盒 去 装

找到他的时候，他已经被乌龟夹住，都快不行了。

ljiu^{13} nam^{33} ha^{13} te^{33} hoŋ^{33} qoŋ^{35} tai^{13}.

溜 水 到 下面 蔸 公 死

流下的血液淌到我们祖公的这边。

ljiu^{13} nam^{33} ha^{13} te^{33} ndai^{13} qoŋ^{35} ȵoŋ^{31}.

溜 水 到 下面 浅 公 浑

他因忍不住排泄的东西流到我们祖公的脚下。

san^{31} nai^{35} sai^{33} laːu^{33} ȵau^{55} tiŋ^{33} twoːk^{42}.

今晚 才 只 在 石 独独一个

那个晚上一个人孤独地像一个石头一样，守着他家的人。

tɕok^{42} laːu^{33} jan^{13} ɣaːn^{31} ȵiə^{31}.

跪 只 人 家 你

整整一个晚上去跪求神灵保护他。

men^{13} tai^{31} ta^{33} pai^{33} san^{35}, men^{13} tai^{31} jan^{35} pai^{33} tui^{31}.
他 带 锣 去 敲 他 带 铜印 去 捶
他拿着铜锣去敲击，他又拿着铜印去捶打。①

ha^{13} sai^{33} qoŋ^{35}, qoŋ^{34} qai^{33} ndi^{33}, pai^{33} ɣui^{31} haːu^{33}.
来 问 公 公 不 听 去 酗 酒
他来找祖公，祖公没理会，反而喝酒去了。

qoŋ^{35} qai^{33} ndi^{33}, pai^{33} ɣau^{31} san^{31}.
公 不 听 去 陪 晚上
祖公没有理会，反而去熬夜。

pai^{33} tui^{31} tam^{31}, pai^{33} sa^{33} hui^{13}.
去 敲 皮鼓 去 叉 会②
又去敲皮鼓，又去参加热闹的活动。

naŋ^{13} lau^{33} lam^{13} qaŋ^{35} tam^{31}, saŋ^{31} lau^{33} mai^{53} qoŋ^{35} ndau^{13}.
有 只 个 半 鼓 挂 只 木 公 我们
只剩下半截木鼓，交给了我们祖公。

mai^{53} ndai^{55} mai^{53} tɕiə^{13} lam^{13}, laːk^{55} he^{53} lam^{13} tu^{33} tsa^{31}.
树 这 树 吃 果子 孩子 做 果子 互 扎
遇到了一棵果树，树上结满了果子。

① 被乌龟夹住，它会咬住不放。据民间传说，要拿到石磨处，推磨发出轰轰的声音，让它认为是雷声，它才会松开。这里敲击铜锣，也是为了制造声响，让它松口。

② sa^{33} hui^{13}：音译“叉会”，此词暂无解。

pa:i^{13} kam^{13} lam^{13} a^{33} pa:i^{13} kam^{13} tɕi^{53}.
去 围拦 果子 啊 去 围住 圈套
但树根围上了荆棘，不让人去采摘。

qoŋ^{13} tɕjəŋ^{53} mjəŋ^{53} ɣa:u^{33} sət^{55}, ja^{53} ljuə^{33} lja^{31} sa^{13} hui^{13}.
公 想方设法 整个 早上 奶 着急 又 会
祖公啊，从早到晚一直在想着如何拿到果子；太祖母啊，也在那里干着急。

tɕjəŋ^{53} mjəŋ^{53} qoŋ^{35}, tɕjəŋ^{53} mjəŋ^{53} ja^{53}.
思考 公 设法 奶
祖公在那里盼呀盼，祖太也在那里等啊等。

ka^{33} qai^{35} tɕan^{31}, ka^{33} wan^{13} nda:ŋ^{13}.
等 鸡 叫 等 天 亮
盼啊盼鸡叫，等啊等拂晓。

第八则 廉住 埋弄

jum^{35} hən^{31} ljeu^{53}, tha:u^{33} ta:u^{31} laŋ^{55},
涌 地方 啦 找 哪里 逃走
洪水涌上来了，寻找逃走的路，

jum^{35} hən^{31} ljeu^{53}, ɦjaŋ^{35} ta:u^{31} pa:i^{13}?
涌 地方 啦 不知道 哪里 去
洪水漫上来了，该往哪里去呢？

qoŋ^{35} sə^{33} ka^{33} qaːi^{35} tɕan^{31},
公 才 等 鸡 打鸣
祖公盼呀盼鸡叫，

ja^{53} sə^{33} ka^{33} wan^{13} ndaːŋ^{13}.
奶 才 等 天 亮
太祖母等啊等拂晓。

thjep^{35} njə^{13} sa^{35}, ta^{55} njə^{13} ɦa^{13}.
沿 河 爬上 过 河 来
沿河而上，溯流而走。

ɦa^{13} la^{55} hən^{31}, ɦa^{13} la^{55} wan^{13}.
来 找 地方 来 找 天
去找安家的地方，来寻属于自己的天地。

hi^{31} ndau^{33} naːi^{55}, qoŋ^{35} ndau^{33} saːi^{33},
到 这里 公 我们 问
来到这个地方，祖公问居住在那里的人，

ȵiə^{31} ȵau^{55} naːi^{55}, ȵiə^{31} ɣo^{53} hən^{31} ȵau^{55} nau^{13} ɣo^{53} qai^{33}?
你 在 这里 你 知道 地方 在 哪里 知道 不
你们住在这一带，是否知道哪里最适合居住？

ȵiə^{31} ȵau^{55} naːi^{55}, ȵiə^{31} ɣo^{53} wan^{13} ȵau^{55} nau^{13} ɣo^{53} qai^{33}?
你 在 这里 你 知道 天 在 哪里 知道 不
你们住在这一带，是否知道这地方是不是属于自己的天地？

ndaːi^{13} men^{13} sot^{35}, ai^{31} ȵau^{55} naːi^{55},
好 他 告诉 我 在 这里
幸好他们说，虽然我住在这里，

ai^{31} he^{53} tɕot^{35} nau^{13} pu^{33} qai^{31} ŋak^{55},
我 做 什么 也 不 顺
但是我做什么事情都不顺利，

ai^{31} tap^{32} tɕot^{35} nau^{13} pu^{33} qai^{31} he^{33}.
我 打（做） 什么 也 不 好
我干什么行当都不上手。

jiŋ^{55} ai^{31} he^{53} men^{13} laːi^{31} ŋak^{7}, jiŋ^{55} ai^{31} tap^{32} men^{13} laːi^{31} he^{33}.
要是 我 做 它 早 顺 要是 我 做 它 早 好
要是我居住在这里，保证做什么都会顺，干什么都会好。

laːu^{33} ai^{31} ȵiə^{31} he^{53} tɕot^{35} ŋak^{55},
只 位 你 做 什么 顺
只有你做什么事都顺利，

laːu^{33} ai^{31} ȵiə^{31} tap^{32} tɕot^{35} nau^{13} he^{33}.
只 位 你 打 什么 好
只有你干什么行当都上手。

ndaːi^{33} qoŋ^{35} sot^{35}, ai^{31} naːŋ^{13} tsan^{13} ȵau^{55} na^{33}, ai^{31} naːŋ^{13} ma^{53} ȵau^{55} lən^{31}.
好 公 说 我 有 军队 在 前 我 有 马 在 后
祖公说，我有部队在前面，我的战马跟随在后面。

qoŋ^{35} si^{31} ai^{31} he^{53} huŋ^{13}, qoŋ^{35} si^{31} ai^{31} he^{53} ŋo^{31}.
我 是 位 做 争论 公 是 位 做 声势
祖公是一个善于谋划的人，也是一个善于设计、制造声势的人。

qoŋ^{35} saːu^{13} nau^{13}, qoŋ^{35} qai^{33} na^{31}.
公 造 什么 公 不 显露
祖公做什么，都注意保密。

pai^{33} soŋ^{13} haːm^{35}, sop^{32} jat^{55} au^{53}.
去 边 缸 十 一 米
一会在水缸边，一会在米堆后，让他不知所措。

ɣok^{55} ljeu^{33} pu^{53} qai^{33} qu^{35}, ɣok^{55} ljeu^{33} miu^{13} tu^{33} taːi^{31}.
好像 完 父 也 顾 好像 完 苗族 都 称赞
好像连自己的父母家室也不顾，却得到苗族同胞的称赞。①

ɣok^{55} ljeu^{53} pu^{53} tɕui^{33} ljəm^{53} nam^{53} ɣa^{35}, ta^{33} qoŋ^{35} ndau^{13}, ta^{33} ŋəŋ^{31} ŋəŋ^{31}.
好像 完 父 追 连 水 田 拍 公 我们 打 噔 噔
祖公去开了所有的水田，流水溅到祖公的身上轰轰作响。

ho^{53} ljəm tsu^{13}, ndau^{33} mai^{53} noŋ^{53}.
放 廉住 走 埋 弄
沿廉住②，走埋弄③。

① 此句说明和苗族有来往，可参照苗族源流考证。
② ljəm tsu^{13}：音译“廉住”，地名，具体位置不详。
③ mai^{53} noŋ^{53}：音译“埋弄”，地名，具体位置不详。

wuə^{35} soŋ^{13} qai^{35}, miu^{13} hai^{33} ha^{33}.
削　宋　盖　苗族　准备　杀
到“宋盖”①，苗族人险些杀了他。

qoŋ^{35} hai^{33} xaːŋ^{55} tɕu^{31} he^{13} qai^{33} tau^{33} xaːŋ^{55} tɕu^{31}.
公　准备　聪明　拿掉　别人　不　找　聪明　拿掉
祖公聪明，他有办法解除，但别人没有找他解除。

qoŋ^{35} hai^{33} xaːŋ^{55} tɕa^{13} he^{13} qai^{33} tau^{33} xaːŋ^{55} tɕa^{13}.
公　准备　聪明　抻　别人　不　找　聪明　抻
祖公聪明，他会支开，别人没有找他去支开。

qoŋ^{35} qai^{33} tɕu^{13}, qoŋ^{35} qai^{33} tɕa^{13}.
公　不　拿掉　公　不　抻开
没有解除也没有支开。

tau^{33} paːk^{35} na^{13}, tau^{33} paːk^{35} tɕaːn^{31}.
找　把　厚　找　把　锋利
只要去找来又厚又锋利的东西。

wuə^{35} ljeu^{53} mu^{55} ke^{53} qa^{13}, wuə^{35} ljeu^{35} ɣa^{35} ta^{55} tɕoŋ^{31}.
完　了　墓　屎　鸦　完　了　田　中间　半
终于带来晦气，耗掉了大半田产。

wuə^{35} ljeu^{53} mu^{55} u^{13} ɣa^{35}, wuə^{35} ljeu^{35} ɣa^{35} ta^{55} xən^{31}.
完　了　墓　上　田　完　了　田　中间　地方
耗完了大田大坝。

① soŋ^{13} qai^{35}：音译“宋盖”，词义暂无解，指出待考。

pu^{53} mi^{31} ɦjen^{31}, hai^{33} taːŋ^{13} tɕiə^{13}, ɦjen^{53} ljoŋ^{31} pu^{53}.
父 没 钱 准备 来 吃 嫌 夺弄 父
父亲没有钱，准备要来吃掉，嫌弃我们祖公。

pu^{53} mi^{31} ɦjen^{31}, hai^{33} taːŋ^{13} tɕiə^{13}, ɦjen^{53} sjeŋ^{55} tjan^{31}.
父 没 钱 准备 来 吃 嫌 难度 填
父亲没有钱，准备要来吃掉，担心赎不了。

pja^{55} tɕu^{13} liu^{13}, pja^{55} tɕu^{13} qai^{33}.
富 九 富 九
富甲一方，人人称羡。

pja^{55} toŋ^{33} noŋ^{33}, pja^{55} toŋ^{31} njen^{31}.
富 一大长串 富 同 月亮
钱财富足，饮誉一方。

laːk^{35} ɦen^{13} jan^{13}, sjeŋ^{13} ɦen^{13} hu^{31}.
骨 成 人 牲 成 富
人丁发达，六畜兴旺。

tɕa^{31} pu^{33} ljeu^{53}.
则 也 完
这一则到此结束。

第九则　睢山　水昂

jum^{35} hən^{31} ljeu^{53}, thaːu^{33} taːu^{31} laŋ^{55},
涌　地方　啦　　找　哪里　逃走
洪水涌上来了，寻找逃走的路，

jum^{35} hən^{31} ljeu^{53}, ɦjaŋ^{35} taːu^{31} paːi^{13}?
涌　地方　啦　不知道　哪里　去
洪水漫上来了，该往哪里去呢？

qoŋ^{35} sə^{33} ka^{33} qaːi^{35} tɕan^{31},
公　才　等　鸡　打鸣
祖公盼呀盼鸡叫，

ja^{53} sə^{33} ka^{33} wan^{13} ndaːŋ^{13}.
奶　才　等　天　亮
太祖母等啊等拂晓。

thjep^{35} njə^{13} sa^{35}, ta^{55} njə^{13} ɦa^{13}.
沿　河　爬上　过　河　来
沿河而上，溯流而走。

ɦa^{13} la^{55} hən^{31}, ɦa^{13} la^{55} wan^{13}.
来　找　地方　来　找　天
去找安家的地方，来寻属于自己的天地。

naŋ^{13} lau^{33} qoŋ^{35} sə^{33} sa^{35} miu^{13} kui^{33}, ja^{53} sə^{33} sa^{35} sui^{33} wau^{13}.
有　只　公　才　爬上　苗　溪　奶　才　爬上　睢　袜
只有祖公才爬上“苗溪”①，只有太祖母爬上睢山②。

lau^{33} tɕheu^{53} tɕheu^{53} pu^{33} tiŋ^{55} qai^{33} kham^{33},
只　□　□　也　拉　不　拉倒
只一个也抓不住“黑乎乎”的那一串，

lau^{33} tɕheu^{53} tɕheu^{53} pu^{33} lam^{13} toŋ^{55} sa^{33}.
只　□　□　不　果子　串　上
三反三复也抓不住最亮的那一串。

tiŋ^{55} mai^{53} kham^{35} a^{33} lam^{13} mai^{53} lai^{13},
拉　树　摔倒　啊　果子　树　来
拉住枝条，枝条折断，

lam^{13} qai^{31} lai^{13}, lam^{13} mai^{53} ha^{31}.
果子　不　来　果子　树　药
没有落下的则可作药用。

---

① miu^{13} kui^{33}：据1987年三都水族自治县人民政府编的《三都水族自治县地名录》一书的第58页所示，“苗溪”，地名，水语意译，与今三都水族自县大河镇“尧吕”这个地名的意思相吻合，此地疑为三都县大河镇尧吕。然而，miu^{13} kui^{33} 只是一个很小的地名，并不能确指。不过从今三都水族自治县合江镇筒粮、大河镇怀所等地住有很多蒙姓人家来看，确实视为这个地名也未尝不可。

② sui^{33} wau^{13}：音译“睢袜”，地名，具体位置不详，指出待考。

lau^{33} ai^{3} qoŋ^{35} a^{33} naŋ^{13} lau^{33} ljem^{53} ȵi^{55} ȵan^{31},
只 位 公 啊 有 只 两 二 银
只有我们的祖公有一两二的银子，

tai^{31} pai^{13} miu^{13} u^{33} aːi^{33},
拿 去 苗族 上 边
拿给苗族的寨老，

tai^{31} pai^{13} miu^{13} aːi^{33} wan^{13}.
带 去 苗族 上 天
拿给苗族的头人。

hun^{35} ndaːi^{33} pet^{35} tɕan^{31} nduə^{13},
换 得 八 斤 盐
换得了八斤盐巴，

hun^{31} ɣo^{53} hiu^{33}, hun^{31} ndaːi^{33} nduə^{13} ho^{53} paːk^{35}.
教 知道 听话 教 得 盐 放 嘴
回来之后有了经验，学会把盐巴放进嘴里。

wuə^{35} qai^{33} hiu^{33}, wuə^{35} taːi^{31} nduə^{13} ho^{53} mjə^{13}.
（人名） 不 听话 （人名） 拿 盐 放 手
一个叫“wuə^{35}”的人不听话，他把盐巴拿在手上。

he^{13} ɣo^{53} hiu^{33} , he^{13} au^{13} ma^{31}.
别人 知道 听话 别人 要 舌头
其他人有经验，会用舌头来舔。

he^{13} ɣo^{53} hiu^{33}, he^{13} au^{13} ɦjen^{31}.
别人 知道 听话 别人 要 钱
有的更有经验，拿去卖掉换成钱。

qoŋ^{35} qai^{33} hiu^{33}, qoŋ^{35} au^{13} haːm^{13} tap^{35} pi^{31}.
公 不 听话 公 要 三 担 树皮
祖公则不管，他要了三挑树皮。

qoŋ^{35} qaːi^{33} hiu^{33}, qoŋ^{35} au^{13} hi^{35} tap^{35} nuk^{32}.
公 不 听话 公 要 四 担 花
祖公则不管，他要了四挑鲜花。

qoŋ^{35} he^{53} ndu^{33}, thu^{33} wi^{13} jum^{13}.
公 做 暖 图 火 旺
祖公用树皮来烧火，搞得暖烘烘的。

qoŋ^{35} he^{53} qo^{33}, pja^{13} ɣo^{33} ɣaːn^{31},
公 做 箍匝 石 砌 房屋
用石头建起茅草房，

khai^{35} ȵau^{55} u^{13}, kha^{55} ȵau^{55} te^{33}.
篱笆 在 上 支架 在 下
篱笆捆在上面，下面则用木头支起。

qoŋ^{35} ndau^{13} maːi^{13}, ndam^{13} sop^{32} ȵi^{55} sə^{33} maːi^{13}.
公 我们 聪明 装 十 二 才 好
祖公聪明啊，费了十二个时辰才装好，我们才有了今天。

qoŋ^{35} ndau^{13} maːi^{13}, ti^{55} hən^{31} qaːu^{35} sə^{33} maːi^{13}.
公　我们　聪明　宅基 地方　旧　才　好
祖公聪明啊，原居住的地方非常好。

maːi^{13} ndum^{13} ndaːu^{13}, maːi^{13} te^{33} haːi^{13}.
好　勇敢　好　下　给
祖公勇敢创业，下面的人家也让给他。

maːi^{13} ɣa^{35} ɣo^{33}, ho^{33} paːn^{35} mbe^{13}.
好　田　多　穷　半　年
购置田产，才苦了半年，就有了更大的收获。

maːi^{13} lom^{13} laːk^{35}, maːi^{13} lom^{13} liŋ^{33}.
好　风　骨头　好　风　铃
对我们有用的东西，他都添置。

maːi^{13} lom^{13} laːk^{35}, maːi^{13} lom^{13} faŋ^{13}.
好　风　骨头　好　风　方
祖公聪明，我们才有了今天。

qoŋ^{35} he^{53} hjat^{55}, miu^{13} tɕat^{32} hua^{33}.
公　做　铁　苗族　挖　水坝
祖公搞打铁业，苗族人去挖坏了他的水渠。

qoŋ^{35} he^{53} ndjə^{33}, miu^{13} ha^{33} au^{53}.
公　做　秧　苗族　杀　稻
祖公整理秧苗，苗族人则去收割水稻。

phak^{35} ljeu^{53} mbe^{13} nda:i^{55} ɕjeŋ^{31} qoŋ^{13} ndau^{13}.
割坏 完 年 今 床 庄稼 我们
破坏了他一年的庄稼。劳碌啊！今年对了他的流年。

qoŋ^{35} pu^{33} wa:n^{13} tɕək^{32} tɕək^{32}, qoŋ^{35} pu^{33} wa:n^{13} tɕək^{32} tɕək^{32}.
公 也 叹 （语气助词） 公 也 叹 （语气助词）
祖公大伤元气，做什么事情也不断地喘气，显得特别吃力。

mai^{53} ho^{53} tɕat^{55}, hjat^{55} ho^{53} he^{33}.
木 放 小腿 铁 放 别人
别上木棍，带上铁锹。

phak^{35} ljeu^{53} mbe^{13} nda:i^{55} ɕjeŋ^{31} qoŋ^{13} men^{13}.
割坏 完 年 今 床 庄稼 别人
祖公愤恨复仇，也去破坏了对方一年的庄稼。

men^{13} tai^{31} ha:m^{13}, ɦa^{13} ho^{53} ku^{33},
他 带 三 来 放 头
他带三来放头，

men^{13} tai^{31} tɕu^{33}, ɦa^{13} ho^{53} u^{13}.
他 带 九 来 放 上面
带九来放上面。

u^{13} sa^{13} ta^{55}, u^{13} sa^{13} tjeŋ^{13}.
上面 爬上 捶 上面 爬上 钉子
在上面打，在上面钉。

paːi^{13} mbe^{13} mi^{55}, sa^{35} mbe^{13} sən^{13}.
过 年 未 到 年 申
过了未年，到了申年。①

naŋ^{13} lau^{13} ɣa^{31} pu^{53} ni^{53} ɣət^{32} ŋau^{35},
有 只 俩 父 母 相依为命
只有老两口走走停停，

man^{13} tai^{13} luə^{35}, ȵau^{55} hən^{31} ŋam^{31},
他们 带 憩 在 地方 昂
他们互相搀扶，来到恒昂这个地方，

man^{13} tai^{13} luə^{35}, ȵau^{55} ndam^{13} kau^{35}.
他们 带 憩 在 塘 告
他们互相搀扶，来到塘告②这个地方。

hi^{31} ndau^{33} ndai^{35}, qoŋ^{35} ndau^{33} saːi^{33},
到 这里 公 我们 问
来到这个地方，祖公问原居住在那里的人，

ȵiə^{31} ȵau^{55} ndai^{33}, ȵiə^{31} pe^{13} hən^{31} ɣo^{53} qai^{33}?
你 住 这里 你 卖 地方 知道 吗
你们住在这里，请问要卖掉这一片土地吗？

---

① paːi^{13} mbe^{13} mi^{55}, sa^{35} mbe^{13} sən^{13}：这是当地水语的一句熟语，常在口头咒语里使用，表示一种时间过渡。另一地支名称熟语“ljeu^{53} sən^{13} sə^{33} hi^{31} ju^{53}”，意思是要过了申日才到酉日，言下之意是“还轮不到你”。

② 恒昂：水语音译，即三都水族自治县原扬拱乡的“水昂”。“塘告”疑为“水告”或“水各”。由此可知，都匀蒙氏水族迁徙路线经三都九阡一带。

hi^{31} ndau^{33} ndai^{35}, qoŋ^{35} ndau^{33} sa:i^{33},
到 这里 公 我们 问
来到这个地方，祖公问原居住在那里的人，

ȵiə^{31} ȵau^{55} ndai^{33}, ȵiə^{31} pe^{13} wən^{31} ɣo^{53} qai^{33}?
你 住 这里 你 卖 天 知道 吗
你们住在这里，请问要卖掉属于自己的天地吗？

ndai^{13} men^{13} sot^{35}, a:i^{31} ȵau^{55} ndai^{55},
好 他 告诉 我 住 这里
幸好他们说，我居住在这里，

si^{53} ndai^{55} a:i^{31} qai^{33} pe^{13}, ɕat^{55} mu^{33} a:i^{31} pu^{33} pe^{13}.
时候 这 我 不 卖 早上 明天 我 也 卖
我即使现在不卖，明天早上也要卖掉。

si^{53} ndai^{55} a:i^{31} qai^{33} pe^{13}, ɕat^{55} na^{33} a:i^{31} pu^{33} pe^{13}.
时候 这 我 不 卖 早上 后天 我 也 卖
我即使现在不卖，后天早上也要卖掉。

tɕau^{33} a:i^{31} pe^{13}, ȵiə^{31} he^{53} la:k^{42} au^{13} nda:i^{33}?
要是 我 卖 你 是 孩子 要 得
要是我卖掉的话，你是买得起的那个人吗？

tɕau^{33} a:i^{31} pe^{13}, ȵiə^{31} he^{53} la:k^{42} ndjai^{33} kha:m^{35}?
要是 我 卖 你 是 孩子 买得下
要是我卖掉的话，你能有那么多的钱吗？

ndai^{13} qoŋ^{35} sot^{35}, tɕau^{33} ȵiə^{31} pe^{13},
好　公　公　只要　你　卖
祖公对他说，要是你卖了，

au^{13} jiŋ^{53} nau^{13}, au^{13} qai^{33} ndaːi^{33}.
要　多少　要　不　得
即使你心中想要那么多钱，实际上也会得不到那个价格。

tɕau^{33} ȵiə^{31} pe^{13}, au^{13} jiŋ^{53} nau^{13}, ndjai^{33} qai^{33} khaːm^{35}.
只要 你　卖　要　多少　买　不　下
祖公对他说，要是你卖了，即使你心中想要那么多钱，实际上也没人给你那个价格。

pjam^{33} mai^{53} toi^{35}, ŋai^{55} wa^{35} mai^{53} au^{13} hjen^{31}.
砍　树　板栗　数　叶　树　要　钱
砍板栗树，数数树叶当金钱。

pjam^{33} mai^{53} toi^{35}, ŋai^{55} wa^{35} mai^{53} tɕiə^{13} au^{53}.
砍　树　板栗　数　叶　树　吃　饭
砍板栗树，数数树叶当钱买饭吃。

ŋai^{55} pu^{33} tɕap^{55}, ɦap^{55} pu^{33} ndai^{33}.
数　也 整齐　抓　也　得到
数得好，抓得到。

tai^{31} pet^{35} ljən^{53}, hai^{13} pau^{35} hua^{33},
带　八　两　给　报　花
拿八两（银子）去报给上面，

tai^{31} ŋo^{53} ljən^{53}, hai^{13} tɕuŋ^{55} kua^{33}.
带 五 两 给 一起 瓜分
拿五两（银子）来一起瓜分。

tai^{31} haːm^{13} ljən^{53} hai^{13} ɦu^{35} tɕum^{31} tɕat^{31}.
带 三 两 给 湖 及 膝
拿三两银子去买那口水深及膝的湖。

ndaːi^{33} hən^{31} ljeu^{53}, ndaːi^{33} wen^{13} ljeu^{53}.
得到 地方 啦 得到 天地 啦
终于买得了这个地方，终于买得属于自己的天地。

naŋ^{13} lau^{13} qoŋ^{35} sə^{33} sa^{35} pai^{13} ku^{33} tɕaːn^{31} hjoŋ^{13}, wjoŋ^{13} kai^{35} ho^{53},
有 只 公 才 爬上 去 顶上 坡 (地名) 滹 蛋 放
只有祖公爬到了叫作“hjoŋ^{13}”的坡头，放上鸡蛋，

ndak^{55} pai^{13} wa^{13}, ndaːi^{33} wa^{35} nde^{33}.
搁 在 右边 得到 翅膀 梯子
抽到右边，孵化出翅膀（楼梯）。

ndak^{55} pai^{13} ɕi^{53}, ndaːi^{33} si^{31} hjeu^{13}.
搁 在 左边 得到 时辰 花椒
抽到左边，得到“夕花椒”。

tok^{35} pai^{13} te^{33} ɣan^{31} liu^{31} laːŋ^{13} laːŋ^{13}, liu^{31} laːŋ^{13} suaːŋ^{31}!
落 去下面 家 刘 亮 亮 刘 亮 双
到刘亮亮家去啊！

tok^{35} pai^{13} te^{33} ɣan^{31} liu^{31} laːŋ^{13} laːŋ^{13}, liu^{31} laːŋ^{13} tu^{33}.
落 去 下面 家 刘 亮 亮 刘 亮 都
到刘亮亮家去了。

ȵiə^{31} ndau^{33} xam^{13}, ħjan^{13} lən^{4} mbe^{13}.
你 蒸 早 成 全部 年
你弄对了，一整年都好。

ȵiə^{31} ndau^{33} mbe^{13}, ħjan^{13} lən^{4} ȵiə^{31}.
你 蒸 晚 成 全部 你
你弄对了，一整年都有利。

ndai^{13} men^{13} sot^{35}, tik^{55} haːm^{13} mbe^{13}, ȵiə^{31} ʔhu^{13} ndau^{33},
好在 他 说 满 三 年 你 再 蒸
幸好他说，满三年，你再孵化，

ndau^{33} tɕu^{33} mbe^{13}, ȵiə^{31} ʔhu^{13} pai^{13}.
蒸 九 年 你 再 去
满九年，你再送去。

qoŋ^{35} ndau^{13} sot^{35}, tik^{55} haːm^{13} mbe^{13}, ndai^{33} khun^{31} laːu^{35},
公 我们 说 满 三 年 得 烟雾 大
祖公说，满三年，得大火烟①，

ndaːu^{33} tɕu^{33} mbe^{13}, ai^{33} laːu^{53} tai^{13}.
蒸 九 年 老人 死
满九年，老人死去。

① khun^{31} laːu^{35}：指浓烟滚滚，是火烧房子的别称。

wan^{13} ndai^{55} ɦi^{31}, wan^{13} mu^{55} su^{33}.
今天 到 天 戊 丑
这一天是戊丑①日。

qoŋ^{35} sə^{33} ndau^{33} hən^{31} ŋam^{31},
公 才 走 地方 昂(地名)
祖公走到了水昂,

ja^{53} sə^{33} ndau^{33} ndam^{13} kau^{35}.
奶 才 走 塘 告
祖母走到了塘告。

qoŋ^{35} ɦa^{13} kuə^{35}, ɦu^{35} ho^{33} lən^{31}.
公 在 前面 猪 在 后面
祖公先来到,猪羊遍地。

he^{13} ndjau^{33} lən^{31}, qai^{35} ho^{53} hai^{13}.
别人 跟随 后面 鸡 放 给
其他人挑上鸡笼随后。

pja^{55} tɕu^{13} liu^{13}, pja^{55} tɕu^{13} qai^{33}.
富 九(语气助词) 富 九(语气助词)
富甲一方,人人称羡。

pja^{55} toŋ^{33} noŋ^{33}, pja^{55} toŋ^{31} njen^{31}.
富 一大长串 富 同 月亮
钱财富足,饮誉一方。

---

① 水书干支纪日没有戊丑的说法,这里是为了押韵需要,说成了"戊丑"。

laːk^{35} ɦen^{13} jan^{13}, sjeŋ^{13} ɦen^{13} hu^{31}.
骨　成　人　牲　成　富
人丁发达，六畜兴旺。

tɕa^{31} pu^{33} ljeu^{53}.
则　也　完
这一则到此结束。

第十则　九条支流的地方

jum^{35} hən^{31} ljeu^{53}, thaːu^{33} taːu^{31} laŋ^{55},
涌　地方　啦　找　哪里　逃走
洪水涌上来了，寻找逃走的路，

jum^{35} hən^{31} ljeu^{53}, ɦjaŋ^{35} taːu^{31} paːi^{13}?
涌　地方　啦　不知道　哪里　去
洪水漫上来了，该往哪里去呢？

qoŋ^{35} sə^{33} ka^{33} qaːi^{35} tɕan^{31},
公　才　等　鸡　打鸣
祖公盼呀盼鸡叫，

ja^{53} sə^{33} ka^{33} wan^{13} ndaːŋ^{13}.
奶　才　等　天　亮
太祖母等啊等拂晓。

thjep^{35} njə^{13} sa^{35}, ta^{55} njə^{13} ɦa^{13}.
沿 河 爬上 过 河 来
沿河而上，溯流而走。

ɦa^{13} la^{55} hən^{31}, ɦa^{13} la^{55} wan^{13}.
来 找 地方 来 找 天
去找安家的地方，来寻属于自己的天地。

hi^{31} ndau^{33} naːi^{55}, qoŋ^{35} ndau^{33} saːi^{33},
到 这里 公 我们 问
来到这个地方，祖公问居住在那里的人，

ȵiə^{31} ȵau^{55} naːi^{55}, ȵiə^{31} ɣo^{53} hən^{31} ȵau^{55} nau^{13} ɣo^{53} qai^{33}?
你 在 这里 你 知道 地方 在 哪里 知道 不
你们住在这一带，是否知道哪里最适合居住？

ȵiə^{31} ȵau^{55} naːi^{55}, ȵiə^{31} ɣo^{53} wan^{13} ȵau^{55} nau^{13} ɣo^{53} qai^{33}?
你 在 这里 你 知道 天 在 哪里 知道 不
你们住在这一带，是否知道这地方是不是属于自己的天地？

ndaːi^{13} men^{13} sot^{35}, ai^{31} ȵau^{55} naːi^{55}, ai^{31} he^{53} laːk^{42} qai^{31} ɣo^{53}.
好 他 告诉 我 在 这里 我 做 孩子 不 知道
幸好他们说，虽然我住在这里，但是我也不知道。

ai^{31} ȵau^{55} naːi^{55}, ai^{31} he^{53} laːk^{42} qai^{31} ndo^{33}.
我 住 这 我 做 孩子 不 清楚
虽然我住在这里，但是我也不清楚。

jaŋ^{35} ai^{31} ɣo^{53}, au^{13} maːŋ^{55} ho^{53}.
要是 我 知道 要 什么 放
我并不知道要什么来放。

jaŋ^{35} ai^{31} ndo^{33}, au^{13} maːŋ^{55} ta^{31}.
要是 我 清楚 要 什么 一起
我并不清楚要什么和它放在一起。

haːi^{13} ai^{31} n̥au^{55} si^{13} n̥au^{55}, haːi^{13} ai^{31} ta^{31} si^{13} ta^{31}.
给 我 住 才 住 给 我 一起 才 一起
给我住我就住，你允许，我才会和你在一起。

haːi^{13} ai^{31} n̥au^{55}, au^{13} maːŋ^{55} ta^{31},
让 我 住 要 什么 一起
给我居住，还要什么，

haːi^{13} ai^{31} n̥au^{55}, au^{13} maːŋ^{55} qo^{35}?
让 我 住 要 什么 请
给我和你在一起，又还要什么呢？

au^{13} ŋo^{31} tam^{31}, hi^{31} kɯ^{33} ndje^{33}.
要 声音 鼓 到 头 梯子
要听皮鼓①的声音，要爬到楼梯的上头。

au^{13} lam^{13} n̥ie^{33}, hi^{31} khak^{55} haːi^{31}.
要 个 哭 到 旁边 骸
要听哭丧的调子，要到灵柩旁边。

---

① 水族开控仪式，先把皮鼓放在走廊的楼梯头，仪式开始，启鼓鸣金。

qoŋ^{35} sə^{33} tak^{32} ho^{53} tai^{55}, qoŋ^{35} sə^{33} la^{13} ho^{53} hjon^{31}.
公 才 量 放 这 公 才 架 放 伸
祖公才放在这里，祖公才在这里躺下。

jap^{33} qai^{33} wa^{13}, ndai^{33} wa^{35} ndje^{33},
掐 不 好 得 宽 样子
掐算得不好，得到了比较宽的梯子，

jap^{33} qai^{33} ɕi^{53}, ndai^{33} si^{31} hjeu^{13}.
掐 不 齐全 得 时辰 花椒
掐算得不齐全，碰到了不好的时辰①。

si^{31} hjeu^{13} ljeu^{13}, wa^{55} hjeu^{13} ai^{33}.
时辰 花椒 啊 瓦② 花椒 位
不好的时辰，触犯伤害了很多人。

lau^{13} ai^{33} qoŋ^{35}, qaːŋ^{35} ɦan^{13} haː^{13} paːk^{35} ndiu^{13}.
一 位 公 打 成 三 把 锹
只祖公一人，打成三把翻锹。

ŋo^{53} laːk^{42} qoŋ^{35}, qaːŋ^{35} ɦan^{13} ŋo^{53} ku^{33} kun^{13}.
五 孩子 公 打 成 五 把 斧
祖公的五个儿子，打成五把斧头。

---

① 此句中的 si^{31} hjeu^{13}，直译为“花椒时辰”，花椒是麻辣的，水族的“花椒”意象是不好的、不吉利的。

②“wa^{55}”：水书有“歹瓦”条，指的是家门族下，水族有人死未下葬前忌油的习俗，“歹瓦”所波及的范围就是忌油圈所形成的共同体。

lau^{13} ai^{33} qoŋ^{35}, ho^{53} to^{31} ku^{33}.
一 位 公 放 一 头
只祖公一人，捆了一头牲口。

ŋo^{53} la:k^{42} qoŋ^{35}, ho^{53} to^{31} ku^{33}.
五 孩子 公 放 一 头
祖公的五个儿子，也各捆了一头牲口①。

pjam^{33} mai^{53} lam^{13}, tam^{31} soŋ^{13} sai^{55} pu^{31} pjeŋ^{13}.
砍 树 圆木 压 边 竹林 也 平
砍下大的圆木，压倒一片竹林。

sa^{35} nda:i^{33} pet^{35} ma:ŋ^{31} mu^{55},
爬上 得到 八 潭 墓
爬到八个坡头，

sa^{53} nda:i^{33} tɕu^{33} ma:ŋ^{31} ŋui^{31}.
爬上 得到 九 潭
翻过九条海水。

pet^{35} ɣa:n^{31} ȵiə^{31}, ȵe^{33} ma:ŋ^{31} mu^{55}.
八 家 你 哭 潭 墓
你们八家人啊，哭“海母”。

① 在水族丧葬中，有杀牛、马祭奠亡人的习俗，通常情况是一个儿子要给老人砍一头牲口，经过复杂的仪式，将牛拉到固定的木桩处，用绳索的一头捆住牛、马的脖子，另一头拴在木桩上，且让牲口能够转动。待吉利时辰，由特定人员按内部规矩砍杀。

ŋai^{55} maːŋ^{31} mu^{55} taŋ^{13} ljeu^{53}.
数 潭 墓 来 了
数数八个坡头。

ȵjaːm^{31} ndju^{13} to^{13}, ho^{53} tai^{55} weŋ^{33},
快 拉 门 放 歹 碗①
赶紧关门，放歹碗，

ȵjaːm^{31}taŋ^{13} ha^{33}, ta^{55} wan^{55} ai^{33}.
快 来 杀 超过 万 人
赶紧来杀，超过一万人。

tɕu^{33} ɣaːn^{31} ȵiə^{31}, ȵe^{33} maːŋ^{31} ŋui^{31}.
九 家 你 哭 □ □
你们九家人啊，哭“maːŋ^{31} ŋui^{31}②”。

ŋai^{55} maːŋ^{31} ŋui^{31} taŋ^{13} ljeu^{53}.
数 □ □ 来 了
数数九个“maːŋ^{31} ŋui^{31}”经过的九条海水。

ȵjaːm^{31} ndju^{13} to^{13}, ho^{53} tai^{55} weŋ^{33},
快 拉 门 放 歹 碗
赶紧关门，放歹碗，

① tai^{55} weŋ^{33}：水书条目名称。
② maːŋ^{31} ŋui^{31}：水语，音译“芒位”，暂无解，指出待考。

ȵjaːm^{31} taŋ^{13} ha^{33}, ta^{55} wan^{55} ai^{33}.
快　　来　杀　超过　万　人
赶紧来杀，超过一万人。

pja^{55} tɕu^{13} liu^{13}, pja^{55} tɕu^{13} qai^{33}.
富　九（语气助词）富　九（语气助词）
富甲一方，人人称羡。

pja^{55} toŋ^{33} noŋ^{33}, pja^{55} toŋ^{31} njen^{31}.
富　一大长串　富　同　月亮
钱财富足，饮誉一方。

laːk^{35} ɦen^{13} jan^{13}, sjeŋ^{13} ɦen^{13} hu^{31}.
骨　成　人　牲　成　富
人丁发达，六畜兴旺。

tɕa^{31} pu^{33} ljeu^{53}.
则　也　完
这一则到此结束。

第十一则　由巴艾经交然到翁勇

jum^{35} hən^{31} ljeu^{53}, thaːu^{33} taːu^{31} laŋ^{55},
涌　地方　啦　找　哪里　逃走
洪水涌上来了，寻找逃走的路，

jum^{35} hən^{31} ljeu^{53}, ɦjaŋ^{35} taːu^{31} paːi^{13}?
涌 地方 啦 不知道 哪里 去
洪水漫上来了，该往哪里去呢？

qoŋ^{35} sə^{33} ka^{33} qaːi^{35} tɕan^{31},
公 才 等 鸡 打鸣
祖公盼呀盼鸡叫，

ja^{53} sə^{33} ka^{33} wan^{13} ndaːŋ^{13}.
奶 才 等 天 亮
太祖母等啊等拂晓。

thjep^{35} njə^{13} sa^{35}, ta^{55} njə^{13} ɦa^{13}.
沿 河 爬上 过 河 来
沿河而上，溯流而走。

ɦa^{13} la^{55} hən^{31}, ɦa^{13} la^{55} wan^{13}.
来 找 地方 来 找 天
去找安家的地方，来寻属于自己的天地。

naŋ^{13} lau^{13} qoŋ^{35} sə^{33} sa^{35} qam^{13} ɦu^{53}①,
有 一 公 才 爬上 洞 乎
祖公爬过一个叫乎的洞，

① qam^{13} ɦu^{53}：地名，为一个叫“乎”的山洞。

ja^{53} sə^{33} sa^{35} tɕu^{35} hən^{31}①.
奶 才 爬上 九 恒
太祖母爬上一个叫九恒的地方。

ɦa^{13} pja^{13} tok^{35}, pa:i^{13} ljok^{42} ɣa:n^{31}.
到 石头 掉 去 六 家
来到一个叫“pja^{13} tok^{35}”②的地方，去“六家”。

ɦa^{13} pa:k^{35} hai^{33}, ɦa^{13} jai^{33} ŋui^{31}.
到 巴艾 到 埃伟
来到巴海③，过长伟④。

sa^{35} ʔi^{31} pu^{35}, ɦi^{31} pu^{35} tɕi^{33}.
爬上 亿普 到 普机
爬亿普，到普机。

ɦi^{31} tɕhiə^{33} mu^{53}, mjo^{31} ku^{33} nam^{33}.
到 仙模 到 头 水
到仙模⑤，到水头⑥。

---

① tɕu^{35} hən^{31}：音译“九恒”，地名。也可意译为九个地方。

② pja^{13} tok^{35}：地名，意译为掉落石头的地方。

③ pa:k^{35} hai^{33}：地名，今三都水族自治县大河镇巴艾。

④ jai^{33} ŋui^{31}：地名，具体位置不详。

⑤ ʔi^{31} pu^{35}，音译“亿普”；pu^{35} tɕi^{33}，音译“普机”；tɕhiə^{33} mu^{53}，音译“仙模”；这些均为地名，具体位置不详。

⑥ ku^{33} nam^{33}：直译为“水源头”，为地名，今三都水族自治县大河镇柳源村交然。

sa^{35} su^{33} wət^{32}, ndeŋ^{13} jiŋ^{55} ndjət^{55}.

爬上　苏问　遇到　丫口　整

爬到苏问①，过了迎整②。

ɦa^{13} tjeu^{31} hən^{31} ʔuŋ^{35} ŋoŋ^{55}, ɦa^{13} tjeu^{31} hən^{31} loŋ^{35} pja^{13}.

到　条　地方　翁勇　到　条　地方　中间　石头

来到满是石头的翁勇③，来到很多石头的中间。

hən^{31} tom^{55} qa^{13}, hən^{31} ɣa^{35} tjum^{35}.

地方　藨　乌鸦　地方　田　圆

来到长有“乌鸦刺泡”的地方，这里的田多圆形。

liu^{55} jiŋ^{53} tɕat^{55}, ljat^{31} jiŋ^{53} ɕiŋ^{13}.

鳝　如　小腿　鳅　如　手臂

这里的鱼鳝如小腿肚那么大，这里的泥鳅如手臂那么粗。

qoŋ^{35} au^{13} hjen^{31} ho^{53} te^{33},

公　要　钱　放　下面

祖公把钱垫在下面，

---

① su^{33} wət^{32}：音译“苏问”，意译“城门坡丫口”，位于今都匀市归兰水族乡福庄村东南方向的陈蒙坡上，为古代都匀至三都的古驿道上的一个历史地名，往东南走到今三都水族自治县大河镇柳源村交寨，往东北走到归兰水族乡拉全寨。

② jiŋ^{55} ndjət^{55}：音译“迎整”，地名，在陈蒙坡南麓，今三都水族自治县大河镇柳源村交然大桥东北里许。

③ ʔuŋ^{35} ŋoŋ^{55}：音译翁勇，地名，今都匀市归兰水族乡翁高村翁勇寨，是当地蒙氏最先入住的地方，且由此分枝发脉，开枝散叶。

ja^{53} au^{13} ndiə^{33}(ɦiə^{33}) ho^{53} u^{13}.
奶 要 秧 放 上面
太祖母拿着秧苗放在上面。

pja^{55} tɕu^{13} liu^{13}, pja^{55} tɕu^{13} qai^{33}.
富 九（语气助词） 富 九（语气助词）
富甲一方，人人称羡。

pja^{55} toŋ^{33} noŋ^{33}, pja^{55} toŋ^{31} njen^{31}.
富 一大长串 富 同 月亮
钱财富足，饮誉一方。

la:k^{35} ɦen^{13} jan^{13}, sjeŋ^{13} ɦen^{13} hu^{31}.
骨 成 人 牲 成 富
人丁发达，六畜兴旺。

tɕa^{31} pu^{33} ljeu^{53}.
则 也 完
这一则到此结束。

第十二则[①]

qoŋ^{35} sə^{33} ndau^{33} hən^{31} ŋam^{31}.
公 才 走 地方 昂
祖公走过水昂[②]这地方来到这里。

① 此部分为家谱上的“宗根”，与老基场宗根有所差别，参见第二章第四节。
② hən^{31} ŋam^{31}：音译“水昂”，地名，在今三都水族自治县九阡镇水昂寨。

ja^{53} sə^{33} ndau^{33} ndam^{13} kau^{35}.
奶 才 走 塘 靠
祖母经过了水各①这地方来到这里。

naŋ^{13} mei^{53} haːŋ^{53} ai^{33} nau^{53}?
有 没 生下 个 谁
他们生下谁呢？

haːŋ^{53} lau^{33} tɕhəŋ^{55} taːŋ^{33} maːŋ^{53},
生下 一 省 当 忙
生下省当忙，

haːŋ^{53} lau^{33} qai^{53} lai^{13} lu^{55},
生下 一 介 赖 鲁
生下介赖鲁，

haːŋ^{53} qoŋ^{35} ɕu^{55}, haːŋ^{53} qoŋ^{35} kjen^{13}.
生下 公 书 生下 公 健
生下了书公，生下了健公。

haːŋ^{53} lau^{33} kjen^{35} taːŋ^{33} je^{31},
生下 一 件 当 叶
生下了件当叶，

pjek^{35} ɦi^{31} ŋo^{53} laːk^{42} mbaːn^{13}.
分 为 五 儿子 男
分为五个儿子。

① ndam^{13} kau^{35}：意译为“一个叫‘告’的大塘”，地名，疑为今三都水族自治县九阡镇水各寨。

liu^{13} sə^{33} pai^{13} sai^{33} qau^{33} he^{53} hjen^{13}?
柳 才 去 问 高 做 钱
柳去问高如何去找钱？

qau^{33} sə^{33} pai^{13} sai^{33} san^{33} he^{53} hjen^{13}?
高 才 去 问 三 做 钱
高去问三如何去找钱？

san^{33} sə^{33} pai^{13} sai^{33} li^{13} he^{53} hjen^{13}?
三 才 去 问 利 做 钱
三去问利如何去找钱？

li^{13} sə^{33} pai^{13} ŋo^{53} lai^{13} he^{53} hjen^{13}.
利 才 去 俄 赖 做 钱
利到俄赖这个地方去找钱，去当家。

lai^{13} sə^{33} pai^{13} wa^{35} wen^{31} pai^{13} hən^{31} te^{33}, sə^{33} he^{53} hjen^{13}.
赖 才 去 万 问 去 地方 下面 才 做 钱
赖去万问这个地方，又移到恒的这个地方，才安定下来。

huən^{35} ɣe^{31} ɣe^{31}, te^{33} hun^{31} hjen^{13}.
想 数 数 一 堆 钱
细细想来，钱是一堆一堆的。

huən^{35}ŋeŋ^{33} ŋeŋ^{33}, pet^{35} hun^{31} hjen^{13}.
想 慢 慢 八 堆 钱
慢慢想着，八堆钱集在一起。

naŋ^{13} lau^{13} qoŋ^{35} qai^{33} laːk^{42} qoŋ^{35} ndau^{13},
有 一 公 没 孩子 公 我们
其中有一个祖公是我们的祖公，

naŋ^{13} mei^{53} haːŋ^{53} ai^{33} nau^{53}?
有 没 生下 个 谁
他生下谁呢？

haːŋ^{53} njuət^{32} taːŋ^{31}, haːŋ^{53} mei^{55} lqui^{55},
生下 虐 堂 生下 美 吕
生下虐堂、生下美吕，

haːŋ^{53} ljan^{55} ljau^{53}, haːŋ^{53} qoŋ^{55} tjau^{53},
生下 两 辽 生下 公 调
生下两辽、生下调公，

haːŋ^{53} lau^{13} qoŋ^{35} tau^{33} jau^{33}, haːŋ^{35} lau^{13} qoŋ^{35} tau^{33} tjeŋ^{13},
生下 一 公 道 鸟 生下 一 公 道 佃
生下道鸟、生下道佃，

haːŋ^{53} lau^{13} ɦjon^{53} taŋ^{31} hjuət^{32}, haːŋ^{53} lau^{13} kjen^{33} taŋ^{31} tɕoŋ^{33},
生下 一 粉 当 雄 生下 一 件 当 炯
生下粉当雄、生下件当炯，

haːŋ^{53} lau^{13} jiŋ^{35} tɕoŋ^{33} pau^{33}, haːŋ^{53} lau^{13} ai^{35} taŋ^{31} hjeu^{31},
生下 一 迎 仲 保 生下 一 艾 当 秀
生下迎仲保、生下艾当秀，

haːŋ^{53} lau^{13} ɕin^{13} ho^{13} ɕjeu^{31}.
生下　一　信　合　小
生下信合小。

ljeu^{53} pi^{31} lau^{53} pai^{13} ɕa^{33}? tɕa^{31} pu^{33} ljeu^{53}!
全部 批　大　去　哪里　则　也　结束
这大批的祖公去哪里了呢？先讲到这里吧！

naŋ^{13} njuət^{32} taːŋ^{31}, pai^{13} wa^{35} wen^{31}, pai^{13} hən^{31} te^{33}.
有　虐　堂　去　万　问　去　恒　底
虐堂公去万问、去下面的地方去了。①

ljeu^{53} pi^{31} lau^{53} pai^{13} ɕa^{33}? tɕa^{31} pu^{33} ljeu^{53}!
全部 批　大　去　哪里　则　也　结束
这大批的祖公去哪里了呢？先讲到这里吧！

naŋ^{13} mei^{55} lqui^{55}, pai^{13} miu^{13} li^{31}, pai^{13} tɕi^{55} tɕaːu^{33}.
有　美　吕　去　独　山　去　计　交
美吕公去独山、去计交去了。②

ai^{33} fai^{53} pai^{13} he^{53} su^{53}, ai^{33} nu^{53} pai^{13} he^{53} kwun^{13}.
位　哥　去　当　官　位　弟　去　当　官
哥哥去当官了，弟弟也去吃皇粮去了。

---

① wa^{35} wen^{31}：音译“万问”，地名。hən^{31} te^{33}：意译为泛指“下面一带”。

② miu^{13} li^{31}：地名，今贵州省独山县。tɕi^{55} tɕaːu^{33}：音译“计交”，地名，在今独山县。

tsjeŋ^{13} lam^{13} jan^{35}, ndjan^{35} lam^{13} tiŋ^{33}

抢　个　印　拽　个　翎顶

为了当官，抢了我们的大印，从此要去了我们的翎顶。

ljeu^{53} pi^{31} lau^{53} pai^{13} ɕa^{33}? tɕa^{31} pu^{33} ljeu^{53}!

全部 批　大　去　哪里　则　也　结束

这大批的祖公去哪里了呢？先讲到这里吧！

naŋ^{13} ljan^{55} ljau^{53}, pai^{13} pai^{55} tɕha^{53}, pai^{13} mai^{53} tau^{33}.

有　两　辽　去　摆　茶　去　么　桃

两辽公去摆茶、去么桃。①

ljeu^{53} pi^{31} lau^{53} pai^{13} ɕa^{33}? tɕa^{31} pu^{33} ljeu^{53}!

全部 批　大　去　哪里　则　也　结束

这大批的祖公去哪里了呢？先讲到这里吧！

naŋ^{13} qoŋ^{35} tjau^{53}, pai^{13} miu^{13} jaːu^{53}, pai^{13} au^{53} pjo^{55}.

有　公　调　去　苗族　夭　去　棉　朵

调公去了丹寨、去了棉朵②。

ljeu^{53} pi^{31} lau^{53} pai^{13} ɕa^{33}? tɕa^{31} pu^{33} ljeu^{53}!

全部 批　大　去　哪里　则　也　结束

这大批的祖公去哪里了呢？先讲到这里吧！

---

① pai^{55} tɕha^{53}：音译"摆茶"，地名，在都匀市原坝固镇。mai^{53} tau^{33}：音译为"埋刀"，经查系都匀市原坝固镇么桃，一作"磨桃"。

② au^{53} pjo^{55}：音译"毫表"，疑为今贵州省丹寨县棉朵。

naŋ^{13} lau^{13} qoŋ^{35} tau^{33} jau^{33}, naŋ^{13} lau^{13} qoŋ^{35} tau^{33} tjeŋ^{13}, pai^{13} hua^{33} ȵia^{33}, pai^{13} hua^{33} kaːŋ^{13}.
有　一　公　道 鸟　有　一　公　道　佃　去 花　拉　去　花　扛
道鸟、道佃两公去了花拉和花扛。①

ljeu^{53} pi^{31} lau^{53} pai^{13} ɕa^{33}? tɕa^{31} pu^{33} ljeu^{53}!
全部 批　大　去　哪里　则　也　结束
这大批的祖公去哪里了呢？先讲到这里吧！

naŋ^{13} lau^{33} kjen^{33} taŋ^{31} tɕoŋ^{33}, pai^{13} tɕum^{55} u^{33}, pai^{13} lju^{31} te^{33}.
有　一　件　当　炯　去　地方 上面　去　留 下面
件当炯公去仲务②留底。

ljeu^{53} pi^{31} lau^{53} pai^{13} ɕa^{33}? tɕa^{31} pu^{33} ljeu^{53}!
全部 批　大　去　哪里　则　也　结束
这大批的祖公去哪里了呢？先讲到这里吧！

naŋ^{13} lau^{33} jiŋ^{35} tɕoŋ^{33} pau^{33}, pai^{13} paːk^{35} hai^{33}, pai^{13} jai^{3} ŋui^{31}.
有　一　迎　仲　保　去　巴　开　去　埃　伟
迎仲保公去巴艾③、去埃伟。

ljeu^{53} pi^{31} lau^{53} pai^{13} ɕa^{33}? tɕa^{31} pu^{33} ljeu^{53}!
全部 批　大　去　哪里　则　也　结束
这大批的祖公去哪里了呢？先讲到这里吧！

① hua^{33} ȵia^{33}、hua^{33} kaːŋ^{13}：地名，据说在今麻江县宣威镇一带，待详考。
② tɕum^{55} u^{33}：地名，今荔波县。
③ paːk^{35} hai^{33}：地名，巴艾，在今三都水族自治县大河镇艾口一带。

naŋ^{13} lau^{13} ai^{35} taŋ^{31} hjeu^{31}, pai^{13} ti^{55} tɕu^{33}, pai^{13} ku^{33} tɕjeu^{31}.
有 一 艾 当 秀 去 地 九 去 头 桥
艾当秀去了抵局、去了桥头（王司桥，甲才）。

ljeu^{53} pi^{31} lau^{53} pai^{13} ɕa^{33}? tɕa^{31} pu^{33} ljeu^{53}!
全部 批 大 去 哪里 则 也 结束
这大批的祖公去哪里了呢？先讲到这里吧！

naŋ^{13} lau^{13} ɕin^{31} ho^{13} ɕjeu^{31}, pai^{13} hən^{31} ljem^{31}, pai^{13} pjeŋ^{55} hok^{35}.
有 一 信 合 小 去 地方 连 去 丙 华
信合小公去了简粮、去了丙华。

ljeu^{53} pi^{31} lau^{53} pai^{13} ɕa^{33}? tɕa^{31} pu^{33} ljeu^{53}!
全部 批 大 去 哪里 则 也 结束
这大批的祖公去哪里了呢？先讲到这里吧！

naŋ^{13} lau^{13} ɦjon^{35} taŋ^{31} hjuət^{32} qoŋ^{35} ndau^{13}.
有 一 粉 当 雄 公 我们
粉当雄是我们的祖公。

naŋ^{13} mei^{53} haːŋ^{53} ai^{33} nau^{53}?
有 没 生下 个 谁
他生下谁呢？

haːŋ^{53} qoŋ^{35} taːŋ^{55}, haːŋ^{53} qoŋ^{35} jaːŋ^{55}, haːŋ^{53} taːŋ^{55} jaːŋ^{55}.
生 公 党 生 公 养 生 党 养
生党公、养公。

naŋ^{13} mei^{53} haːŋ^{53} ai^{33} nau^{53}?
有　没　生下 个　谁
党公、养公生下谁呢？

haːŋ^{53} qoŋ^{35} la^{31}, haːŋ^{53} qoŋ^{35} lo^{31}, haːŋ^{53} qoŋ^{35} jan^{31}, haːŋ^{53} qoŋ^{35} ljan^{31}.
生　公　腊　生　公　络　生　公　寅　生　公　梁
生腊公、络公、寅公①、梁公②。

naŋ^{13} laːŋ^{13} lo^{31}, naŋ^{13} mei^{53} haːŋ^{53} ai^{33} nau^{53}?
有　浪　络　有　没　生下　个　谁
浪络公生了谁？

haːŋ^{53} qoŋ^{35} num^{55}, haːŋ^{53} qoŋ^{35} ndjem^{55}.
生　公　懂　生　公　捻
生懂公、生捻公。

haːŋ^{53} ja^{53} sjem^{55}, haːŋ^{53} ja^{53} tɕhau^{13}, haːŋ^{53} ja^{53} paːu^{13}, haːŋ^{53} ja^{53} to^{31}.
生　奶　选　生　奶　孝　生　奶　报　生　奶 夺
生选奶、孝奶、报奶、夺奶。③

① qoŋ^{35} jan^{31}：意译为“寅公”，有的宗支簿上写为水字“[illegible]”，出现误译为“兑”字的情况。此公系老鸡场、唐江、甲章、毫整、狗头寨、木克、年坐、干河、半坡、记外、郎汤、排哨等地蒙姓的发族始祖。该分支字辈是：应永登廷介，恩荣耀祖先，文章开国瑞，盛世庆光天。

② 党公和养公之后有腊公、络公、寅公、梁公四人，但是史诗中没指出这四人具体为谁所生。

③ 在翁条上寨“本族蒙氏门中历代宗枝簿”中，仅此处记载有女性名字，且这四位女性先人是女儿还是儿媳，无考。

naŋ^{13} num^{55} ndjem^{55}, naŋ^{13} mei^{53} ha:ŋ^{53} ai^{33} nau^{53}?
有 懂 捻 有 没 生下 个 谁
懂公和捻公生了谁？

ha:ŋ^{53} qoŋ^{35} jen^{55}, ha:ŋ^{53} qoŋ^{35} lu^{13} ha:ŋ^{53} qoŋ^{35} sau^{53}, ha:ŋ^{53} qoŋ^{35} tɕhiə^{31}, ha:ŋ^{53} qoŋ^{35} tɕhan^{33}.
生 公 野 生 公 郁 生 公 曹 生 公 切 生 公 鲜
生野公、郁公①、曹公、切公、鲜公②。

naŋ^{13} qoŋ^{35} jen^{55} naŋ^{13} mei^{53} ha:ŋ^{53} ai^{33} nau^{53}?
有 公 野 有 没 生下 个 谁
野公生了谁？

ha:ŋ^{53} qoŋ^{35} la:k^{35}.
生 公 懒
生懒公。

naŋ^{13} qoŋ^{35} la:k^{35}, naŋ^{13} mei^{53} ha:ŋ^{53} ai^{33} nau^{53}?
有 公 懒 有 没 生下 个 谁
懒公生了谁？

---

① 郁公，系归兰水族乡洒洋上寨、洒郎下寨等地的发族始祖，该分支字辈是：德应朝永恩，时国有文增，富贵祥安启，荣华万世兴。归兰水族乡蒙氏分衍情况如表 6-1 所示。

② 懂公和捻公生了野公、郁公、曹公、切公、鲜公等五人，但是这五人分别是谁所生史诗中没有说清楚。

haːŋ^{53} qoŋ^{35} nok^{35}, haːŋ^{53} qoŋ^{35} ɦok^{35}.
生 公 糯 生 公 贺
生糯公①、贺公②。

ljeu^{53} pi^{31} lau^{53} pai^{13} ɕa^{33}? tɕa^{31} pu^{33} ljeu^{53}!
全部 批 大 去 哪里 则 也 结束
这大批的祖公去哪里了呢？先讲到这里吧！

表 6-1 都匀市归兰水族乡蒙氏分衍一览表

一世	二世	三世
始祖	忙（二世祖）	后裔住地不详
	鲁（二世祖）	
	书（二世祖）	
	件（二世祖）	
	叶（二世祖）	堂（三世祖）住万问恒的（三都）
		吕（三世祖）住苗力计交（今独山）
		辽（三世祖）住摆茶埋刀（今都匀坝固摆茶、么桃）
		条（三世祖）住苗尧棉朵（今丹寨）
		念（三世祖）住坡上坡下（地点不详）
		佃（三世祖）花拉花扛（麻江宣威）
		雄（三世祖）住内外套（都匀阳和蒙氏始祖，先居翁勇）
		思（三世祖）住三都务营（三都营上，地点不详）
		保（三世祖）巴海埃伟（今三都大河巴开怀所）
		修（三世祖）住抵九姑局（都匀王司桥头）
		少（三世祖）住恒林丙化（今三都合江镇减粮）

① 糯公，系姐告寨、年谷寨等地发族始祖。该分支字辈是：占应朝廷学，开启富祥明。尊宗登永圣，豪华布广兴。良景安国泰，吉庆定邦平。英贤承祖德，宏发显翰林。

② 贺公，系翁条、潘洞、乌卡、翁高、翁勇等地分支发族始祖。由贺公至本史诗演述人蒙言昌，共计十三代。

第二节　恒登祭祖

此部分先诵唱第一节中的第一则，然后历数家属亲疏关系的十二组名字，每念到一组名字，随后即加上下面这一段唱词。

naːŋ^{13} ai^{33} naːu^{13}? naːŋ^{13} ××①…
有　个　谁　有　某某
都有了谁啊？哦，有某某……

ʔjat^{55} hən^{31} tən^{35} xaːi^{13} ȵiə^{31},
一　地方　顿　给　你
这是祭祀你的第一顿，

aːu^{13} xaːi^{13} ȵiə^{31} paːi^{13} na^{33} ndaːi^{33} xjan^{13}.
要　给　你　去　前　得　成
让你得到它，去前面做什么都能成。

ku^{33} mde^{13} ndeu^{13} ȵaːu^{55} lən^{53} ndaːi^{33} ndu^{33}.
头　年　我们　在　后面　好　暖和
让我们日后的生活更好。

① 当地聚族而居，日常中叫唤学名也不带姓氏，只喊后两字，为便于诵读，在每个名字之前都要加一个“naːŋ^{13}”，意译为“生”或“有”，使其成为一个三音节的词汇。

ku^{33} laːi^{31} puə^{13}.
头　早　白
头发早已白了。

tɕa^{31} pu^{31} ljeu^{13}.
则　也　完
这一则也结束了。

第三节　砍告驱邪①

qaːu^{13}，水语音译为“告”，意译为猫头鹰；te^{35} qaːu^{13}，音译“的告”，意译为砍猫头鹰。这里的猫头鹰是各种凶神恶煞的代身，此仪式的目的是为亡人清除污秽的东西，赶走各种凶神恶煞。这一环节在都匀市归兰水族乡水族地区有三种不同的表现形式。第一种是诵唱本史诗的群体，在司仪人主持诵唱下面的歌词的同时，另有 12 人举刀斧站在木房子堂屋排列穿枋两侧，按司仪人的口令象征性地砍上面的穿枋。若亡人为男性，由堂屋左边的人先砍；若亡人为女性，则由堂屋右边的人先砍。往复三次，最后朝特定方位弃置刀斧。弃置刀斧的方位方法是：男性亡人选定卯方或酉方，女性亡人选定丑方或未方。第二种是 6 人举刀斧从棺头起步围绕灵柩转动，转动的时候，一边喊“jui^{31}—jui^{31}—jui^{31} weːu^{53}”，一边朝灵柩上空做砍的动作，如此三圈，第三圈朝特定方向弃置刀斧。第三种是 6 至 12 人不等举刀斧砍铜鼓枋。在当地木房建筑的堂屋中，介于大门与大梁之间专门设有一根木枋，用于悬挂铜鼓，称为铜鼓枋。

① 此节的诵唱先是念第一节第一则，之后接着下面这部分。

（一）

ndeu^{13} xai^{33} tjen^{13} wən^{13} tjen^{13} ti^{55} xaːi^{13} ȵiə^{31}!
我们 准备 立起① 天 立起 地 给 你
我们准备给你撑起天地啊！

tjen^{13} ku^{33} kun^{13} tjen^{13} fu^{13} ȵak^{32} xaːi^{13} ȵiə^{31}.
立起 头 斧头 立起 矛 戳 给 你
我们立起斧头、长矛给你。

ndeu^{13} xai^{33} tjen^{13} wən^{13} tjen^{13} ti^{55} xaːi^{13} ȵiə^{31}!
我们 准备 立起 天 立起 地 给 你
我们准备给你立起天地啊！

tjen^{13} tjeu^{31} pan^{33} tjen^{13} ɣiu^{13} to^{13} xaːi^{13} ȵiə^{31}.
立起 反搓绳 立起 索 门 给 你
我们给你立起反搓的绳索。

ndeu^{13} xai^{33} tjen^{13} wən^{13} tjen^{13} ti^{55} xaːi^{13} ȵiə^{31}!
我们 准备 立起 天 立起 地 给 你
我们准备给你立起天地啊！

tjen^{13} pən^{33} tau^{55} pən^{33} ŋa^{13}, tjen^{13} pən^{33} jup^{55} pən^{33} kua^{13} xaːi^{13} ȵiə^{31}.
立起 种子 豆 种子 芝麻 立起 种子 冬瓜 种子 黄瓜 给 你
我们给你送豆种、芝麻种、冬瓜种、黄瓜种。

① tjen^{13}：水语本义是"立起"，在本史诗中，这个词随着所指事物的不同，其词义也在发生变化。

ndeu^{13} xai^{33} tjen^{13} wən^{13} tjen^{13} ti^{55} xaːi^{13} n̥iə^{31}!
我们 准备 立起 天 立起 地 给 你
我们准备给你立起天地啊！

tjen^{13} taːu^{53}ki^{33} tjen^{13} mom^{55} miu^{31} xaːi^{13} n̥iə^{31}.
立起 口哨筒 立起 鱼 剪刀 给 你
我们给你吹竹哨筒，给你剪刀。

ndeu^{13} xai^{33} tjen^{13} wən^{13} tjen^{13} ti^{55} xaːi^{13} n̥iə^{31}!
我们 准备 立起 天 立起 地 给 你
我们准备给你立起天地啊！

tjen^{13} mai^{53} pa^{53} tjen^{13} pi^{31} pa^{53} xaːi^{13} n̥iə^{31}.
立起 树 枇杷 立起 皮 枇杷 给 你
我们送给你枇杷树和枇杷叶。

ndeu^{13} xai^{33} tjen^{13} wən^{13} tjen^{13} ti^{55} xaːi^{13} n̥iə^{31}!
我们 准备 立起 天 立起 地 给 你
我们准备给你立起天地啊！

tjen^{13} au^{53} tan^{53} tjen^{13} kjeu^{33} ndiu^{33} xaːi^{13} n̥iə^{31}.
立起 米 踩 立起 篱笆 幽 给 你
我们立起“米踩”、篱笆幽给你。

ndeu^{13} xai^{33} tjen^{13} wən^{13} tjen^{13} ti^{55} xaːi^{13} n̥iə^{31}!
我们 准备 立起 天 立起 地 给 你
我们准备给你立起天地啊！

tjen^{13} laːŋ^{53} pa^{31} tjen^{13} la^{35} li^{33} xaːi^{13} ȵiə^{31}.
立起 长 号 立起 唢呐 给 你
我们给你吹长号和唢呐。

ndeu^{13} xai^{33} tjen^{13} wən^{13} tjen^{13} ti^{55} xaːi^{13} ȵiə^{31}!
我们 准备 立起 天 立起 地 给 你
我们准备给你立起天地啊！

tjen^{13} sop^{32} ȵi^{55} tɕa^{31} tam^{31}、tjen^{13} sop^{32} haːm^{13} tɕa^{31} ȵan^{13} xaːi^{13} ȵiə^{31}.
立起 十 二 则 木鼓 立起 十 三 则 铜鼓 给 你
我们给你敲十二则木鼓，打十三则铜鼓。

ndeu^{13} ȟai^{13} soŋ^{13} khai^{35}、ljai^{35} soŋ^{13} ɣan^{31}.
我们 开启 角落 篱笆 撕 角落 房子
我们给你拉开篱笆墙，开启屋角的壁板。

ndeu^{13} te^{35} qaːu^{13} qaːu^{13} ma^{33},
我们 砍 猫头鹰 猫头鹰 软
作恶的猫头鹰被我们砍软，

ndeu^{13} xa^{33} qaːu^{13} qaːu^{13} tai^{13}.
我们 杀 猫头鹰 猫头鹰 死
作恶的猫头鹰被我们杀死。

tai^{13} pai^{13} haːm^{13} wan^{13} lan^{55},
死 去 三 天 烂
（猫头鹰）三天即烂掉，

tai^{13} pai^{13} xi^{35} wan^{13} ŋam^{31}.
死 去 四 天 腐
（猫头鹰）四天即腐化。

mən^{13} ndau^{33} lum^{13} pai^{13} na^{33},
它 随 风 去 前
它被风吹走了，

mən^{13} ndau^{33} xua^{33} pai^{13} wən^{13}.
它 随 云 去 天
它飞上天去了。

wei^{13} n̥iə^{31} wə^{35}, tun^{53} n̥iə^{31} xua^{33}.
未 你 完 断 你 化
因为啊，你的生命已经终了，你已经蝶化成仙。

wei^{13} sə^{33} paːi^{13} xən^{31} leu^{53},
未 才 去 地方 啦
你将被撒到地方的江山上，

wei^{13} sə^{33} paːi^{13} ɦe^{53} tɕi^{31}.
未 才 去 做 旗
你将是阴间的一面旗帜。

paːi^{13} li^{13} faːŋ^{13} paːi^{13} lən^{53} tɕa^{31}.
去 利 方 去 尽头 则
我们朝着吉利的方向送去，直到尽头。

tɕa[31] pu[31] leu[13].
则　也　完
这一则至此结束。①

（二）

ndeu[13] xai[33] tjen[13] wən[13] tjen[13] ti[55] xaːi[13] ȵiə[31]!
我们 准备 立起　天　立起 地　给　你
我们准备给你立起天地啊！

tjen[13] mai[53] laːu[53] tjen[13] xaːi[35] tau[31] xaːi[13] ȵiə[31].
立起 木　老　立起　骸　轿　给　你
我们去给你请寿枋、棺材。

ndeu[13] xai[33] tjen[13] wən[13] tjen[13] ti[55] xaːi[13] ȵiə[31]!
我们 准备 立起　天　立起 地　给　你
我们准备给你立起天地啊！

tjen[13] ljok[42] lam[13] wa[13] xaːi[13] ȵiə[31].
立起 六　个　万　给　你
我们立起六根“万”② 给你。

---

① 念诵至此，持刀斧的人第一次对穿枋击砍。

② wa[13]：音译“万”，将杉树削为三棱形，如手臂大小的木块，分高、中、低各一对，用木炭在上面画花边纹饰。举行仪式时按高矮分别捆箍于棺的头、腹、脚部，“万”的顶部套上牛角，在司仪的指挥下，孝子各扶一根，按口令左右摇动三下。

ndeu^{13} xai^{33} tjen^{13} wən^{13} tjen^{13} ti^{55} xaːi^{13} ȵiə^{31}!

我们 准备 立起 天 立起 地 给 你

我们准备给你立起天地啊！

tjen^{13} ku^{33} tap^{35} ndap^{32} ku^{33} ŋaːu^{55} xaːi^{13} ȵiə^{31}.

立 头 挑 推给 头 货物 给 你

我们给你送成挑的货物。

ndeu^{13} xai^{33} tjen^{13} wən^{13} tjen^{13} ti^{55} xaːi^{13} ȵiə^{31}!

我们 准备 立起 天 立起 地 给 你

我们准备给你立起天地啊！

tjen^{13} ndok^{55} au^{33} tjen^{13} pau^{33} liŋ^{33} xaːi^{13} ȵiə^{31}.

立 衣服 绸缎 立 宝 铃 给 你

我们给你送绸缎衣服、银制童铃帽。

ndeu^{13} xai^{33} tjen^{13} wən^{13} tjen^{13} ti^{55} xaːi^{13} ȵiə^{31}!

我们 准备 立起 天 立起 地 给 你

我们准备给你立起天地啊！

tjen^{13} au^{53} ŋaːu^{31} tjen^{13} tau^{13} liŋ^{33} xaːi^{13} ȵiə^{31}.

立 饭 拌 立 锅 旱 给 你

我们给你送糯饭、小铁锅。

ndeu^{13} xai^{3} tjen^{13} wən^{13} tjen^{13} ti^{55} xaːi^{13} ȵiə^{31}!

我们 准备 立起 天 立起 地 给 你

我们准备给你立起天地啊！

tjen^{13} pa:k^{35} li^{31} tjen^{13} li^{31} kha:i^{35} xa:i^{13} ȵiə^{31}.

立 把 犁 立 犁 耙 给 你

我们给你送犁耙。

ndeu^{13} xai^{33} tjen^{13} wən^{13} tjen^{13} ti^{55} xa:i^{13} ȵiə^{31}!

我们 准备 立起 天 立起 地 给 你

我们准备给你立起天地啊!

tjen^{13} ta:u^{53}la:u^{53} ndai^{13} ndi^{33} tjen^{13} ta:u^{53}xi^{35} ndai^{13} mai^{31} xa:i^{13} ȵiə^{31}.

立 芒筒 好 听 立 芦笙 好 好玩 给 你

我们给你吹奏动听的芒筒和悦耳的芦笙。

ndeu^{13} ɦai^{13} soŋ^{13} khai^{35}, ljai^{35} soŋ^{13} ɣan^{31}.

我们 开启 角落 篱笆 撕 角落 房子

我们给你拉开篱笆墙,开启屋角的壁板。

ndeu^{13} te^{35} qa:u^{13} qa:u^{13} ma^{33},

我们 砍 猫头鹰 猫头鹰 软

作恶的猫头鹰被我们砍软,

ndeu^{13} xa^{33} qa:u^{13} qa:u^{13} tai^{13}.

我们 杀 猫头鹰 猫头鹰 死

作恶的猫头鹰被我们杀死。

tai^{13} pai^{13} ha:m^{13} wan^{13} lan^{55},

死 去 三 天 烂

(猫头鹰)三天即烂掉,

tai^{13} pai^{13} xi^{35} wan^{13} ŋam^{31}.
死　去　四　天　　腐
（猫头鹰）四天即腐化。

mən^{13} ndau^{33} lum^{13} pai^{13} na^{33},
它　　随　　风　去　前
它被风吹走了，

mən^{13} ndau^{33} xua^{33} pai^{13} wən^{13}.
它　　随　　云　去　天
它飞上天去了。

wei^{13} ȵiə^{31} wə^{35} tun^{53} ȵiə^{31} xua^{3}.
未　你　完　断　你　化
因为啊，你的生命已经终了，你已经蝶化成仙。

wei^{13} sə^{33} paːi^{13} xən^{31} leu^{53},
未　才　去　地方　啦
你将撒到地方的江山上，

wei^{13} sə^{33} paːi^{13} ɦe^{53} tɕi^{31}.
未　才　去　做　旗
你将是阴间的一面旗帜。

paːi^{13} li^{13} faːŋ^{13} paːi^{13} lən^{53} tɕa^{31}.
去　利　方　去　尽头　则
我们朝着吉利的方向送去，直到尽头。

tɕa^{31} pu^{31} leu^{13}.
则 也 完
这一则至此结束。①

（三）

ndeu^{13} xai^{33} tjen^{13} wən^{13} tjen^{13} ti^{55} xaːi^{13} n̥iə^{31}!
我们 准备 立起 天 立起 地 给 你
我们准备给你立起天地啊！

tjen^{13} to^{31} lam^{13} tjaːu^{53} xaːi^{13} n̥iə^{31}.
立 一 个 牛桩 给 你
我们给你栽起捆牛的木桩。

ndeu^{13} xai^{33} tjen^{13} wən^{13} tjen^{13} ti^{55} xaːi^{13} n̥iə^{31}!
我们 准备 立起 天 立起 地 给 你
我们准备给你立起天地啊！

tjen^{13} to^{31} po^{53} xo^{53} na^{33} tjen^{13} to^{31} ma^{53} wa^{33} lən^{31} xaːi^{13} n̥iə^{31}.
立 头 黄牛 在 前 立 匹 马 告 后 给 你
我们牵一头牛在前、拉一匹马在后给你。

ndeu^{13} xai^{33} tjen^{13} wən^{13} tjen^{13} ti^{55} xaːi^{13} n̥iə^{31}!
我们 准备 立起 天 立起 地 给 你
我们准备给你立起天地啊！

① 念诵至此，持刀斧的人第二次对穿枋击砍。

tjen^{13} to^{31} mom^{55} tən^{33} tjaːu^{53} tjen^{13} to^{31} mau^{53} ku^{33} kaːm^{33} xaːi^{13} ȵiə^{31}.
立 条 鱼 根 牛桩 立 只 毛 顶 杈 给 你
我们在牛桩根挂上一条母鱼、在牛桩顶上放一只“毛”给你。

ndeu^{13} xai^{33} tjen^{13} wən^{13} tjen^{13} ti^{55} xaːi^{13} ȵiə^{31}!
我们 准备 立起 天 立起 地 给 你
我们准备给你立起天地啊!

tjen^{13} tjum^{13} xan^{33} ku^{33} tjaːu^{53} tjen^{13} tjum^{13} nduə^{33} ku^{33} kaːm^{33} xaːi^{13} ȵiə^{31}.
立 伞 红 顶 牛桩 立 伞 白 顶 杈 给 你
我们在牛桩上给你挂把红伞和一吊白花伞。

ndeu^{13} xai^{33} tjen^{13} wən^{13} tjen^{13} ti^{55} xaːi^{13} ȵiə^{31}!
我们 准备 立起 天 立起 地 给 你
我们准备给你立起天地啊!

tjen^{13} phaːu^{53} laːu^{53} ndai^{13} ndi^{33} tjen^{13} phaːu^{53} tɕi^{33} ndai^{13} mai^{31} xaːi^{13} ȵiə^{31}.
立起 铁炮 好 听 立起 爆竹 好 玩 给 你
我们给你鸣放铁炮、燃放鞭炮。

ndeu^{13} xai^{33} tjen^{13} wən^{13} tjen^{13} ti^{55} xaːi^{13} ȵiə^{31}!
我们 准备 立起 天 立起 地 给 你
我们准备给你立起天地啊!

tjen^{13} laːk^{42} jau^{33} ɣa^{31} kha^{13} tjen^{13} laːk^{42} lja^{13} ɣa^{31} tɕoŋ^{53} xaːi^{13} ȵiə^{31}.
立 个 篓 两 耳 立 个 篮 两 拱 给 你
我们给你送个两耳的篓、有两拱的篮子。

tai^{13} pai^{13} xi^{35} wan^{13} ŋam^{31}.
死 去 四 天 腐
(猫头鹰)四天即腐化。

mən^{13} ndau^{33} lum^{13} pai^{13} na^{33},
它 随 风 去 前
它被风吹走了,

mən^{13} ndau^{33} xua^{33} pai^{13} wən^{13}.
它 随 云 去 天
它飞上天去了。

wei^{13} ȵiə^{31} wə^{35} tun^{53} ȵiə^{31} xua^{33}.
未 你 完 断 你 化
因为啊,你的生命已经终了,你已经蝶化成仙。

wei^{13} sə^{33} paːi^{13} xən^{31} leu^{53},
未 才 去 地方 啦
你将撒到地方的江山上,

wei^{13} sə^{33} paːi^{13} ȟe^{53} tɕi^{31}.
未 才 去 做 旗
你将是阴间的一面旗帜。

paːi^{13} li^{13} faːŋ^{13} paːi^{13} lən^{53} tɕa^{31}.
去 利 方 去 尽头 则
我们朝着吉利的方向送去,直到尽头。

tɕa^{31} pu^{31} leu^{13}.

则　也　完

这一则至此结束。[①]

第四节　砍伐牛桩[②]

a:u^{13} tja:u^{53}，音译“熬调”，意译“去要牛桩”，水族丧葬有砍杀牛马祭奠亡人的习俗，在砍杀之前先把牛马牵到室外的控场上，拴到固定的牛桩上，并能使牛马灵活地围着桩转动。“tja:u^{53}”指的就是这个牛马桩，一般构皮树和五倍子树为首选，杉树次之。要选择枝繁叶茂的树，并且其树根要分蘖有小树才行。牛桩的打制也有讲究，根部要钉入一小点银片，说是可以辟邪。而桩的顶部则打制为杈状，在栽立牛桩的时候，杈要朝向大利方。这为后面砍牛时确定了方位，砍牛者按杈所朝方向撒白米，再驱赶牛马使其头朝杈所指方向再行砍杀。这种习俗，在清光绪《荔波县志》卷十三有记载：“奏控者，九阡等里土俗之丧祭也……。竖竿于地，以大绳穿牛鼻于竿侧，或百十头，或数十头不等，每牛以一人持长刀立于牛侧，视巫指挥，次第立断牛颈，流血若泉，观者莫不股栗。其肉丧家不食，尽以散诸亲友，此赠彼投，相习成风，有至鬻产破家而不悔云。”[③]

把牛砍死之后，随即把牛桩撬开连根拔起，按顶部的杈所指的方向放倒；有的宗枝没有撬开，而是用斧砍或直接锯掉。放倒牛桩时，人忌站在牛桩倒下的方位。此外，放倒的牛桩不能再抬到主人家。

“熬调”和下文的“熬埋万”，还有一个功能是祭斧头，以表达感谢斧头的

---

① 念诵至此，持刀斧的人第三次对穿枋击砍，此仪式结束。

② 在诵唱此部分之前要先念唱第一节第一则，再到此部分唱词。

③ 苏忠廷编著《清光绪荔波县志（点校本）》，何羡坤点校，内部印刷，2017，第164页。

砍伐之功。祭斧头是在主祭桌的旁边放置一把斧头，备有一碗酒、一碗糯饭和一块豆腐，焚香化纸。

（一）

xe^{31} ni^{53} ɦjan^{35} xe^{31} man^{31} mau^{53}.
做 母 冷 做 油 毛
我们准备了与亡人有关的东西。

xe^{31} ljap^{55} au^{53} xe^{31} kaːu^{33} wy^{13}, xe^{31} pjəŋ^{31} kun^{13}.
做 剁 饭 做 火把 做 平 斧头
我们准备了糯饭、火把、斧头。

pai^{13} ɦi^{31} ku^{33} tɕai^{55} laːu^{53}, pai^{13} ɦi^{31} au^{53} tɕai^{55} ti^{33},
去 到 顶 竹细大坡 去 到 里面 竹细小坡
到竹细大坡去找上好的树木来做牛桩，

au^{13} tjaːu^{53} mai^{53} ɣək^{55} phje^{13} pja^{13},
要 牛桩 树木 五倍子 前沿 石
选取石头上的五倍子树做牛桩，

au^{13} tjaːu^{53} mai^{53} xa^{13} ta^{55} tɕum^{55},
要 牛桩 树 麻树 中间 处所
选取树干可以做牛桩的构皮树，

wut^{32} wa^{35} na^{13} ɦa^{33} wa^{35} ɣaːi^{33}.
甩掉 叶 厚 削 叶 长
剔掉又长又厚的叶子。

wa^{35} qaːm^{35} qut^{55} jut^{55} ɕu^{13} jiu^{33}.
叶　　苍翠　树梢　绿油油
这树啊枝繁叶茂，绿叶葱茏。

pu^{33} qai^{33} ndai^{33} taːu^{35} pan^{35} tɕaːn^{31} fan^{55} piu^{13} tɕhiu^{33}.
没　也　得　留下　半　坡　返　灰溜溜
我们到山上没有找到好的材料来做牛桩，结果扫兴而归。

（二）

xe^{31} ni^{53} ɦjan^{35} xe^{31} man^{31} mau^{53}.
做　母　冷　做　油　毛
我们准备了与死人有关的东西。

xe^{31} ljap^{55} au^{53} xe^{31} kaːu^{33} wy^{13}, xe^{31} pjəŋ^{31} kun^{13}.
做　剁　饭　做　火把　做　平　斧头
我们准备糯饭、火把、斧头。

pai^{13} ɦi^{31} tin^{13} pja^{13} ke^{33},
去　到　脚　石　一排排
来到悬崖脚下，

pai^{13} ɦi^{31} te^{33} pja^{13} tjum^{13},
去　到　下　石　斗笠
来到“斗笠”山下，

pai^{13} ɦi^{31} tin^{13} lum^{33} ljeu^{53},
去　到　脚　六辽
来到六辽寨脚，

au^{13} tjaːu^{53} mai^{53} ɣək^{55} phje^{13} pja^{13},
要 牛桩 树木 五倍子 前沿 石
选取石头上的五倍子树做牛桩，

au^{13} tjaːu^{53} mai^{53} xa^{13} ta^{55} ʨot^{32},
要 牛桩 树 麻树 中间 段
选取树干可以做牛桩的构皮树，

wut^{32} wa^{35} na^{13} ȟa^{33} wa^{35} ɣaːi^{33}.
甩掉 叶 厚 削 叶 长
剔掉又长又厚的叶子。

wa^{35} qaːm^{35} qut^{55} jut^{55} ɕu^{13} jiu^{33}.
叶 苍翠 树梢 绿油油
这树啊枝繁叶茂，绿叶葱茏。

pu^{33} qai^{33} ndai^{33} taːu^{35} pan^{35} ʨaːn^{31} fan^{55} piu^{13}ʨhiu^{33}.
没 也 得 留下 半 坡 返 灰溜溜
我们到山上没有找到好的材料来做牛桩，结果扫兴而归。

（三）

xe^{31} ni^{53} ȟjan^{35} xe^{31} man^{31} mau^{53}.
做 母 冷 做 油 毛
我们准备了与亡人有关的东西。

xe^{31} ljap^{55} au^{53} xe^{31} kaːu^{33} wy^{13}, xe^{31} pjəŋ^{31} kun^{13}.
做 剁 饭 做 火把 做 平 斧头
我们准备糯饭、火把、斧头。

pai^{13} lin^{35} ɣa^{35} pai^{13} pau^{53} thu^{33}.
去 坎 田 去 里面 墙
到田坎边，到墙壁里面。

tjau^{53} mai^{53} ɣək^{55} a^{31} ȵaːu^{55} pan^{35} pja^{13},
牛桩 树 五倍子 啊 在 半 石
做牛桩的五倍子树啊长在崖壁上，

tjaːu^{53} mai^{53} xa^{13} ȵaːu^{55} pan^{35} thu^{33}.
牛桩 树 麻树 在 半 墙
做牛桩的构皮树啊长在靠墙的地方。

mjan^{13} tɕhi^{53} sə^{33} paŋ^{31} pja^{13},
手 左 才 扶 石
用左手抓住石头，

mjan^{13} wa^{13} sə^{33} ħuŋ^{35} kun^{13}.
手 右 才 放 斧头
用右手举斧砍伐。

qat^{55} pu^{33} ȵan^{33} a^{31} kəŋ^{33} pu^{33} ndai^{13},
锯 也 好 啊 砍 也 好
或砍或锯都很好，

qat^{55} qaŋ^{35} tən^{33} pu^{33} ȵan^{33},
锯 段 根部 也 好
锯下树的根部也很好，

laŋ^{13} qaŋ^{35} phjɛ^{13} pu^{33} ndai^{13}.
竖 段 梢 也 好
树梢那一截也很好。

mai^{53} som^{33} la^{13} ɦa^{13} som^{33} un^{13}.
树 才 安装 肩 才 扛
用棍子支起来，用肩膀扛起来。

lui^{35} lin^{35} ɣa^{35} lui^{35} paːu^{53} thu^{33}.
下 坎 田 下 里面 墙
抬下田坎，抬下石墙。

au^{53} taŋ^{13} tɕjə^{13} ɕjan^{33} ɦa^{13} tuk^{55}.
饭 来 吃 晌午饭 来 包
拿糯饭来祭祀，让它吃晌午饭。

sə^{33} maŋ^{31} ɣo^{53} sə^{31} xo^{53} ȵan^{33}.
才 有意 让 知 才 放 银
这样他才知道，还要放上银子。

ɦi^{31} jin^{13} ɣa^{35} ɦi^{31} paːk^{35} kui^{33}.
到 埂 田 到 口 溪
抬过田埂来到溪口。

ɦi^{31} nuk^{55} ɦin^{35} ɦi^{31} tin^{13} sai^{55}.
到 外面 寨门 到 脚 竹壕
抬过寨门外面，到了竹林下面。

ɦi^{31} tɕai^{35} wan^{33} ɦi^{31} ɣan^{31} ȵiə^{31}.
到 边 寨 到 房子 你
抬过寨边，到了你家。

tai^{31} ɦa^{13} niŋ^{33} ɣan^{31} ɦuai^{53},
拿 来 靠 家 兄
拿来靠着哥哥家的房子，

xiu^{13} laːu^{33} ɕoŋ^{13} ɣan^{31} ɦuai^{53}.
怕 只 凶 家 兄
只怕伤及哥哥家。

tai^{31} ɦa^{13} niŋ^{33} ɣan^{31} nu^{53},
拿 来 靠 房子 弟
拿来靠着弟弟家的房子，

xiu^{13} laːu^{33} ɕoŋ^{13} ɣan^{31} nu^{53}.
怕 只 凶 家 弟
只怕伤及弟弟家。

tai^{31} ɦa^{13} xe^{53} tjau^{53} mai^{53} ɦjan^{35} xai^{13} ȵiə^{31},
拿 来 做 条 树 冷 给 你
拿来做成牛桩给你，

aːu^{13} xaːi^{13} ȵiə^{31} ɣam^{55} ta^{13} ɦik^{55} pai^{13} xe^{53} tɕa^{13},
要 给 你 窜 中间 茅草 去 做 价
（这些）是你清理路障的资本，

aːu^{13} xaːi^{13} ȵiə^{31} ɣam^{55} ta^{13} ja^{13} pai^{13} xe^{53} tɕu^{33}.
要 给 你 窜中间野草去 做 九
（这些）是你排除障碍的财富。

xe^{53} tɕu^{33} na^{33} xə^{53} tɕa^{13} laːu^{4}.
做 九 份 做 价 大
（送给你的这些东西）我们是按最好的标准来做。

xe^{53} tɕu^{33} na^{33} xə^{53} tɕa^{13} wuəŋ^{13}.
做 九 份 做 价 高
（送给你的这些东西）我们是按最高的标准来做。

wei^{13} ȵiə^{31} wə^{35} tun^{53} ȵiə^{31} xua^{33}.
未 你 完 断 你 化
因为啊，你的生命已经终了，你已经蝶化成仙。

wei^{13} sə^{33} paːi^{13} xən^{31} leu^{53},
未 才 去 地方 啦
你将撒到地方的江山上，

wei^{13} sə^{33} paːi^{13} ĥe^{53} tɕi^{31}.
未 才 去 做 旗
你将是阴间的一面旗帜。

paːi^{13} li^{13} faːŋ^{13} paːi^{13} lən^{53} tɕa^{31}.
去 利 方 去 尽头 则
我们朝着吉利的方向送去，直到尽头。

tɕa^{31} pu^{31} leu^{13}.
则　也　完
这一则至此结束。

第五节　砍伐寿枋

这个环节所念唱的歌词，主要讲述到山上选择并砍伐上好的材料来制作棺材的过程。

ndeu^{13} xai^{33} pak^{35} mai^{53} fok^{35} a^{33} xe^{53} ɣan^{31} ɣaːu^{13}.
我们 准备 砍伐　树　　杉　啊　做　房子　旧
我们准备去砍杉树给你做房子（棺材）。

ndeu^{13} xai^{33} pak^{35} mai^{53} fok^{35} a^{33} xe^{53} ɣan^{31} ɣuə^{13}.
我们 准备 砍伐　树　　杉　啊　做　房子　荒
我们准备去砍杉树给你做房子（棺材）。

ɣan^{31} liu^{31} ljat^{32} wat^{55} phje^{13} wa^{35}.
房子 溜 泥鳅　扭　稍　叶
空荡荡的房子，柱子如泥鳅的尾巴。

ɣan^{31} liu^{31} lja^{53} tɕu^{33} tɕa^{13} ɣaːm^{13}.
房子 溜　亚　九　价　深
空荡荡的房子多么阴森。

ai^{33} xe^{53} tɕaːŋ^{35} sə^{33} pai^{13} ndo^{33},
位 做 告状 才 去 见
去告状的人才会看到，

ai^{33} xe^{53} xo^{33} sə^{33} pai^{13} ndeŋ^{13}.
位 做 穷 才 去 遇到
贫穷的人才会遇到。

xuai^{53} ħa^{13} sot^{35} xai^{13} nu^{53},
兄 来 告诉 给 弟
哥哥告诉弟弟，

pu^{53} ħa^{13} sot^{35} xai^{13} laːk^{42}.
父亲 来 告诉 给 孩子
父亲告诉孩子。

tu^{33} jum^{13} kun^{13} pai^{13} ndaːu^{33} ta^{35},
互相 用 斧 去 符合 野外
带上斧头到野外去，

tu^{33} jum^{13} mja^{53} pai^{13} ndaːu^{33} ndoŋ^{13}.
互相 用 柴刀 去 符合 山林
带上柴刀到森林里去。

mja^{53} xo^{53} fak^{55} kun^{13} xjap^{55} quon^{13}.
柴刀 放 刀鞘 斧 别在 背后
柴刀插入刀鞘，斧头别在背后。

pja^{13} ɣai^{33} paːn^{31} au^{13} ɦjaŋ^{13},
石　长　磨　要　刀背
在长的磨刀石上磨刀背，

pja^{13} ndjaːn^{13} lju^{33} au^{13} paːk^{35}.
石　滑　清　要　口
用细嫩的磨刀石来磨刀口。

tɕau^{53} ndeu^{13} pai^{13} ȵiə^{31} xo^{53} na^{33}.
要是 我们 去 你 在 前
我们出发的时候，你在前面引路。①

ka^{33} ndeu^{13} ɦa^{13} ȵiə^{31} xo^{53} lən^{31}.
等待 我们 回来 你 在 后
我们返回的时候，你走在最后面。

tɕau^{53} ndeu^{13} pai^{13} ȵiə^{31} xo^{53} wa^{13}.
要是 我们 去 你 在 右
我们准备出发的时候，你走在路的右边。

ka^{33} ndeu^{13} ɦa^{13} ȵiə^{31} xo^{53} tɕhi^{53}.
等待 我们 回来 你 在 左
我们返回的时候，你走在路的左边。

---

①指的是亡人的灵魂。民间认为，每当去请各种祭祀用具的时候，奉请亡人的灵魂引路才能更快地找到适合的东西。

pai^{13} ɦi^{31} ta^{35} ndoŋ^{13} laːu^{53},
去　到 中间 森林　大
来到大森林里，

pai^{13} ɦi^{31} au^{53} ndoŋ^{13} ɕu^{13}.
去　到 里面 森林　绿
来到苍翠的森林里。

pjek^{35} laːk^{42} ni^{53} mai^{53} fok^{35},
砍　孩子　棵　树　杉
砍了棵杉树，

pjek^{35} laːk^{42} ni^{53} mai^{53} jui^{55}.
砍了　孩子 棵　树　松柏
砍了棵松柏树。

mai^{53} ta^{35} ndaːm^{35} kiŋ^{35} fum^{55} fum^{55},
树　中间　阴　枝　葱　葱
是一棵树枝葱茏的大树，

mai^{53} ta^{35} tɕum^{55} kiŋ^{35} fom^{13} fom^{13}.
树　中间 处所　枝　摇曳
是一棵枝头摇曳的大树。

kiŋ^{35} pai^{13} kiŋ^{35} ȵe^{33} ȵe^{33} pən^{33} ndai^{13} to^{13}.
枝　去　枝　齐　齐　真　好　多
枝繁叶茂，非常好。

pa^{13} toi^{55} pa^{13} ndai^{13} la^{13} ndai^{33} ɣa^{31} əŋ^{33},
枝 对 枝 得 啊 好 两 边
前后两边的枝叶都非常好，

kiŋ^{35} won^{35} na^{33} ndai^{13} ʨa:m^{31} fən^{13},
枝 边 前 好 躲 雨
前面的枝叶好躲雨，

kiŋ^{35} wa^{33} lən^{31} ndai^{13} ʨa:m^{31} xjeŋ^{13}.
枝 靠近 后面 好 躲 阳光
后面的枝叶好遮阴。

la:k^{42} kiŋ^{35} wuaŋ^{13} ɦiu^{13} lau^{33} mai^{53} qai^{33} kham^{35}.
孩子 枝 高 怕 只 树 不 摔倒
枝头高的树木啊，砍伐时担心它靠到其他树而没有倒下来。

la:k^{42} kiŋ^{35} ndam^{35} ɦiu^{13} lau^{33} mai^{53} qai^{33} pa:ŋ^{13}.
孩子 枝 矮 怕 只 树 不 垮
枝头低矮的树木啊，砍伐时担心被架空而无法锯下。

mai^{53} sə^{33} kham^{35} a^{31} pai^{13} mu^{55} tu^{31},
树 才 摔倒 啊 去 墓 头
砍伐的这棵树才倒向坟墓，

mai^{53} sə^{33} kham^{35} a^{31} pai^{13} mu^{55} tan^{33}.
树 才 摔倒 啊 去 墓 坍
砍伐的这棵树才倒向墓穴。

ai^{33} u^{13} sə^{33} phja^{33} ȵa^{33},
位 上 才 翻 脸
站在上面的人侧身让开，

ai^{33} na^{33} sə^{33} ɦoŋ^{35} kun^{13}.
位 前面 才 放 斧
站在前面的人才举斧砍伐。

qat^{55} pu^{33} ȵan^{33} a^{31} kəŋ^{33} pu^{33} ndai^{13},
割 也 好 啊 砍 也 好
锯割斧砍都很好，

qat^{55} qaŋ^{35} tən^{33} pu^{33} ȵan^{33},
割 段 根部 也 好
锯下的树根也很好，

laŋ^{13} qaŋ^{35} phjɛ^{13} pu^{33} ndai^{13}.
立起 段 树梢 也 好
截取的树梢也很好。

la^{55} mai^{53} tɕan^{13} ɦa^{13} xe^{53} qui^{35},
找 树 硬 来 做 锤
找坚硬的树木来做木锤，

la^{55} mai^{53} xim^{33} ɦa^{13} xe^{53} lim^{53},
找 树 块 来 做 楔
找柴块来做楔子，

qui^{35} mai^{53} xim^{33} lim^{33} mai^{53} tɕan^{13}.
锤　树　块　楔　树　硬
木锤和楔子都做好了。

la^{35} xe^{53} wuaŋ^{35} kuaŋ^{35} xe^{53} xim^{33},
劈 做　边　掰　做 块
劈开成块状，

mai^{53} som^{33} la^{13} ħa^{13} som^{33} un^{13}.
木　才 架 肩　才　扛
找来木料做成支架才好扛上肩。

lui^{35} ku^{33} ta^{35} ndoŋ^{13} laːu^{53},
走下 头 中间 森林 大
从大森林里抬出来，

lui^{35} ku^{33} au^{53} ndoŋ^{13} ɕu^{13}.
走下 头 里面 森林 绿
从葱茏的森林里抬出来。

ħi^{31} ku^{33} luə^{35} mjo^{31} ku^{33} tɕan^{31}.
到　头　歇　达　头 坡头
抬到了歇气堂，到达陡坡的坡头。

au^{53} taŋ^{13} tɕjə^{13} ɕjan^{33} ħa^{13} tuk^{55}.
饭　来 吃 晌午饭 来　包
打开从家里带来的午饭补充能量。

sə^{33} maŋ^{31} ɣo^{53} sə^{31} xo^{53} ȵan^{33}.
才 有意让 知 才 放 银
这样他才知道，还要放上银子。

ɦi^{31} jan^{13} ɣa^{35} ɦi^{31} tɕai^{35} kui^{33},
到 埂 田 到 边 溪
过了田埂到了溪边，

ɦi^{31} nuk^{55} ɦin^{35} ɦi^{31} tin^{13} sai^{55},
到 外面 寨门 到 脚 竹壕
过了寨门外面到了竹林下面，

ɦi^{31} tɕai^{35} wan^{33} ɦi^{31} ɣan^{31} ȵiə^{31}.
到 边 寨子 到 家 你
过寨边到了你家。

第六节 请师制棺

此部分讲的是亡人所用的棺材是如何打制而成的。水族可以提前准备棺材，没有人死之后才能准备棺材的禁忌。从外面搬运寿枋材料到家的时候，按水书条目“论短”禁忌，不能把枋子倚壁竖立，只能平放于地上，今日看来，这应是前人从安全的角度规定的一条禁忌。日常开斧打制棺材的时候，根据劈下的第一块木屑飞出的远近来判断用到此副棺材的时间，即飞得远说明要很久才会用到这副棺材，最忌的是木屑落到枋子的下面，如若这样，预示着这家人在不久之后会有人死去，用到这副棺材。深夜家里的棺材发出叫声，当地视为怪异现象，说是即将有人用到这副棺材，但不一定是家里人，有可能是他人借用。

（一）孝子

ndai^{33} ai^{33} nau^{13}? la:k^{42} to^{31} ȵiə^{31}.
得　个　哪　孩子 的　你
有哪个呢？哦，你的孩子。

pai^{13} xən^{31} khət^{55} xa:ŋ^{55} xiu^{35},
去　地方　请　会　乖
去请地方上的能工，

pai^{13} xən^{31} khət^{55} nu^{53} ɦai^{13}.
去　地方　请　弟　贤
去请地方上的巧匠。

xuai^{53} ɦai^{13} xiu^{35} tɕum^{31} ku^{33},
兄　开　凿子　处　头
哥哥凿开木头的根部，

nu^{53} hiu^{33} xiu^{35} tɕum^{31} tin^{13}.
弟　乖　凿子　处　脚
弟弟凿开木头的尾部。

tai^{31} ɣa^{31} ni^{53} ɦa^{13} tu^{33} ta^{31},
拿　两　根　来 互相 合
拿来两根木头合在一起，

tai^{31} ɣa^{31} laːk^{42} ɦa^{13} tu^{33} tiŋ^{33} ndiŋ^{33},
拿 二 孩子 来 互相 钉 靠
将两根木头钉在一起，

ndam^{33} mai^{53} ŋai^{13} ndam^{33} xai^{53} tau^{33},
装 木 耐 装 木 搁置
装成耐用便于搁置的棺材，

ndam^{33} mai^{53} ŋai^{13} ndam^{33} mai^{53} ljum^{33}.
装 木 耐 装 木 拢
装成耐用又合拢在一起的棺材。

mom^{55} mən^{13} qum^{35} xum^{53} mən^{13} ndi^{33}.
鱼 他 盖 卧室 他 粘
棺盖画成鱼鳞瓦片，棺椁密不透风。

mən^{13}au^{13} njan^{13} ni^{13}njop^{55}.
他 要 响动 齐集
大家齐集过来一起动手做。

mən^{13} au^{13} nuk^{32} ni^{13} au^{53}.
他 要 花 颤动
大家聚拢过来给棺材画上花草。

lam^{53} mən^{13} xo^{53} qo^{33} mən^{13} tɕon^{13}.
绳子 他 放 项圈 他 转
他拿缎带来比试，拿出项圈来比试。

kun^{13} ta:k^{35} na^{33} lim^{53} wa^{33} lən^{31}.
斧头 敲 前 楔 靠 后
用斧头击打前面，用楔子插入缝隙。

ta:k^{35} lim^{53} tɕhi^{53} ju^{35} qai^{33} ʱa^{13}.
敲 楔子 左 取 不 来
插入左边的楔子很紧，不会脱落。

ta:k^{35} lim^{53} wa^{13} ju^{35} qai^{33} xuan^{55}.
敲 楔子 右 取 不 返
插入右边的楔子也取不下。

ta:k^{35} lim^{53} laŋ^{35} ȵiə^{31} ndai^{33} pai^{13} wan^{55} xjan^{13}.
敲 楔 竖 你 得 去 万 千
插入的竖楔让你受用千年。

ta:k^{35} lim^{53} wjan^{13} ȵiə^{31} ndai^{33} pai^{13} wan^{55} ti^{55}.
敲 楔 横 你 得 去 万 代
插入的横楔让你受用万代。

ȵiə^{31} ȵam^{13} kun^{13} pai^{13} na^{33},
你 拿 斧头 去 前
你拿着斧头往前，

ȵiə^{31} ȵam^{13} mja^{53} pai^{13} wən^{13}.
你 拿着 柴刀 去 天
你拿着柴刀上天。

wei^{13} ȵiə^{31} wə^{35} tun^{53} ȵiə^{31} xua^{33}.
未 你 完 断 你 化
因为啊，你的生命已经终了，你已经蝶化成仙。

wei^{13} sə^{33} paːi^{13} xən^{31} leu^{53},
未 才 去 地方 啦
你将撒到地方的江山上，

wei^{13} sə^{33} paːi^{13} ɦe^{53} tɕi^{31}.
未 才 去 做 旗
你将是阴间的一面旗帜。

paːi^{13} li^{13} faːŋ^{13} paːi^{13} lən^{53} tɕa^{31}.
去 利 方 去 尽头 则
我们朝着吉利的方向送去，直到尽头。

tɕa^{31} pu^{31} leu^{13}.
则 也 完
这一则至此结束。

（二）三老

ndai^{33} ai^{33} nau^{13}, ndai^{33} haːm^{13} qoŋ^{35}.
得 个 哪 得 三 公
有哪个呢？哦，有三老。

pai^{13} xən^{31} khət^{55} xaːŋ^{55} xiu^{35},
去 地方 请 会 乖
去请地方上的能工，

pai^{13} xən^{31} khət^{55} nu^{53} ħai^{13}.
去 地方 请 弟 贤
去请地方上的巧匠。

xuai^{53} ħai^{13} xiu^{35} ʨum^{31} ku^{33},
兄 开 凿子 处 头
哥哥凿开木头的根部，

nu^{53} hiu^{33} xiu^{35} ʨum^{31} tin^{13}.
弟 乖 凿子 处 脚
弟弟凿开木头的尾部。

tai^{31} ɣa^{31} ni^{53} ħa^{13} tu^{33} ta^{31},
拿 两 根 来 互相 合
拿来两根木头合在一起，

tai^{31} ɣa^{31} la:k^{42} ħa^{13} tu^{33} tiŋ^{33} ndiŋ^{33},
拿 二 孩子 来 互相 钉 靠
将两根木头钉在一起，

ndam^{33} mai^{53} ŋai^{13} ndam^{33} xai^{53} tau^{33},
装 木 耐 装 木 搁置
装成耐用便于搁置的棺材，

ndam^{33} mai^{53} ŋai^{13} ndam^{33} mai^{53} ljum^{33}.
装 木 耐 装 木 拢
装成耐用又合拢在一起的棺材。

mom^{55} mən^{13} qum^{35} xum^{53} mən^{13} ndi^{33}.
鱼 他 盖 卧室 他 粘
棺盖画成鱼鳞瓦片，棺椁密不透风。

mən^{13} au^{13} njan^{13} ni^{13}njop^{55},
他 要 响动 齐集
大家齐集过来一起动手做，

mən^{13} au^{13} nuk^{32} ni^{13} au^{53}.
他 要 花 颤动
大家聚拢过来给棺材画上花草。

lam^{55} mən^{13} xo^{53} qo^{33} mən^{13} ʨon^{13}.
绳子 他 放 项圈 他 转
他拿缎带来比试，拿出项圈来比试。

kun^{13} taːk^{35} na^{33} lim^{53} wa^{33} lən^{31}.
斧头 敲 前 楔 靠 后
用斧头击打前面，用楔子插入缝隙。

taːk^{35} lim^{53} ʨhi^{53} ju^{35} qai^{33} ɦa^{13}.
敲 楔子 左 取 不 来
插入左边的楔子很紧，不会脱落。

taːk^{35} lim^{53} wa^{13} ju^{35} qai^{35} xuan^{55}.
敲 楔子 右 取 不 返
插入右边的楔子也取不下。

taːk^{35} lim^{53} laŋ^{35} ȵiə^{31} ndai^{33} pai^{13} wan^{55} xjan^{13}.

敲 楔 竖 你 得 去 万 千

插入的竖楔让你受用千年。

taːk^{35} lim^{53} wjan^{13} ȵiə^{31} ndai^{33} pai^{13} wan^{55} ti^{55}.

敲 楔 横 你 得 去 万 代

插入的横楔让你受用万代。

ȵiə^{31} ȵam^{13} kun^{13} pai^{13} na^{33},

你 拿 斧头 去 前

你拿着斧头往前，

ȵiə^{31} ȵam^{13} mja^{53} pai^{13} wən^{13}.

你 拿着 柴刀 去 天

你拿着柴刀上天。

wei^{13} ȵiə^{31} wə^{35} tun^{53} ȵiə^{31} xua^{33}.

未 你 完 断 你 化

因为啊，你的生命已经终了，你已经蝶化成仙。

wei^{13} sə^{33} paːi^{13} xən^{31} leu^{53},

未 才 去 地方 啦

你将撒到地方的江山上，

wei^{13} sə^{33} paːi^{13} ɦe^{53} tɕi^{31}.

未 才 去 做 旗

你将是阴间的一面旗帜。

pa:i^{13} li^{13} fa:ŋ^{13} pa:i^{13} lən^{53} tɕa^{31}.
去 利 方 去 尽头 则
我们朝着吉利的方向送去，直到尽头。

tɕa^{31} pu^{31} leu^{13}.
则 也 完
这一则至此结束。

（三）女儿

ndai^{33} ai^{33} nau^{13}? la:k^{42} mjek^{35} ȵiə^{31}.
得 个 哪 孩子 女 你
有哪个呢？哦，你的女儿。

pai^{13} xən^{31} khət^{55} xa:ŋ^{55} xiu^{35},
去 地方 请 会 乖
去请地方上的能工，

pai^{13} xən^{31} khət^{55} nu^{53} ɦai^{13}.
去 地方 请 弟 贤
去请地方上的巧匠。

xuai^{53} ɦai^{13} xiu^{35} tɕum^{31} ku^{33},
兄 开 凿子 处 头
哥哥凿开木头的根部，

nu^{53} hiu^{33} xiu^{35} tɕum^{31} tin^{13}.
弟 乖 凿子 处 脚
弟弟凿开木头的尾部。

tai^{31} ɣa^{31} ni^{53} ħa^{13} tu^{33} ta^{31},
拿　两　根　来　互相合
拿来两根木头合在一起，

tai^{31} ɣa^{31} laːk^{42} ħa^{13} tu^{33} tiŋ^{33} ndiŋ^{33},
拿　二　孩子　来　互相钉　靠
将两根木头钉在一起，

ndam^{33} mai^{53} ŋai^{13} ndam^{33} xai^{53} tau^{33},
装　木　耐　装　木　搁置
装成耐用便于搁置的棺材，

ndam^{33} mai^{53} ŋai^{13} ndam^{33} mai^{53} ljum^{33}.
装　木　耐　装　木　拢
装成耐用又合拢在一起的棺材。

mom^{55} mən^{13} qum^{35} xum^{53} mən^{13} ndi^{33}.
鱼　他　盖　卧室　他　粘
棺盖画成鱼鳞瓦片，棺椁密不透风。

mən^{13} au^{13} njan^{13} ni^{13}njop^{32},
他　要　响动　齐集
大家齐集过来一起动手做，

mən^{13} au^{13} nuk^{32} ni^{13} au^{53}.
他　要　花　颤动
大家聚拢过来给棺材画上花草。

lam^{55} mən^{13} xo^{53} qo^{33} mən^{13} tɕon^{13}.
绳子 他 放 项圈 他 转
他拿缎带来比试，拿出项圈来比试。

kun^{13} taːk^{35} na^{33} lim^{53} wa^{33} lən^{31}.
斧头 敲 前 楔 靠 后
用斧头击打前面，用楔子插入缝隙。

taːk^{35} lim^{53} tɕhi^{53} ju^{35} qai^{33} ɦa^{13}.
敲 楔子 左 取 不 来
插入左边的楔子很紧，不会脱落。

taːk^{35} lim^{53} wa^{13} ju^{35} qai^{33} xuan^{55}.
敲 楔子 右 取 不 返
插入右边的楔子也取不下。

taːk^{35} lim^{53} laŋ^{35} ȵiə^{31} ndai^{33} pai^{13} wan^{55} xjan^{13}.
敲 楔 竖 你 得 去 万 千
插入的竖楔让你受用千年。

taːk^{35} lim^{53} wjan^{13} ȵiə^{31} ndai^{33} pai^{13} wan^{55} ti^{55}.
敲 楔 横 你 得 去 万 代
插入的横楔让你受用万代。

ȵiə^{31} ȵam^{13} kun^{13} pai^{13} na^{33},
你 拿 斧头 去 前
你拿着斧头往前，

ȵiə^{31} ȵam^{13} mja^{53} pai^{13} wən^{13}.
你　拿着 柴刀　去　天
你拿着柴刀上天。

wei^{13} ȵiə^{31} wə^{35} tun^{53} ȵiə^{31} xua^{33}.
未　你　完　断　你　化
因为啊，你的生命已经终了，你已经蝶化成仙。

wei^{13} sə^{33} paːi^{13} xən^{31} leu^{53},
未　才　去　地方　啦
你将撒到地方的江山上，

wei^{13} sə^{33} paːi^{13} ɦe^{53} tɕi^{2}.
未　才　去　做　旗
你将是阴间的一面旗帜。

paːi^{13} li^{13} faːŋ^{13} paːi^{13} lən^{53} tɕa^{31}.
去　利　方　去　尽头 则
我们朝着吉利的方向送去，直到尽头。

tɕa^{31} pu^{31} leu^{13}.
则　也　完
这一则至此结束。

第七节　请棺入宅

此节歌词内容讲的是如何将制好的棺材抬到家中，将亡人入殓的过程。

水族入殓有其特色之处，先是在棺底铺上一层绵纸，再铺三层纸钱，才把亡人抬入棺中，使其居中，并用布帛将其尸体固定好。再举行“买水银”的仪式，把银片剪成细小碎片，由德高望重的老人向亡人交待是谁给他（她）的“买水银”，作何用处。孝子孝女送其两片，留下一片作为孝子或孝女的回手钱。然后孝子孝女逐一给亡人一床盖单，盖单使用的是白色土布，长短与棺椁相等，并从盖单的一侧撕下一条作孝子的腰带。已婚孝子，撕下的腰带要一分为二，儿与媳各一条。孝女的腰带不分与女婿，即当地水族的女婿没有为岳父岳母戴孝的习俗，女婿也不在忌油圈之列。盖好盖单即封棺，不能再开启。

ndai^{33} ai^{33} nau^{13}? la:k^{42} to^{31} ȵiə^{31}.
得　个　哪　孩子 的 你
有哪个呢？哦，你的孩子。

tjat^{55} ndai^{33} si^{31} fən^{31} qau^{35}.
扫　得 时辰 竹子 根
选得吉时，如竹子般分蘖的时辰。

qau^{35} ndai^{33} si^{31} ha:ŋ^{13} fən^{13}.
看　得 时辰 根 竹子
选得吉时，如竹根一样发达的时辰。

tjat^{55} ndai^{33} si^{31} la:k^{42} jan^{13}.
扫　得　时辰 孩子 人
选得人丁兴旺的时辰。

qau^{35} ndai^{33} si^{31} lan^{55} tjan^{31}.
看　得　时辰 烂　电
选得“烂电”的吉利时辰。

ndai^{33} si^{31} nda:i^{13} mən^{13} ta:ŋ^{13} au^{13} mai^{53} ɦa^{13} ɣoŋ^{53}.
得　时辰　好　他　来　要　木　来　笼
吉时到了，把棺材抬到家里来。

ndai^{33} si^{31} nda:i^{13} mən^{13} ta:ŋ^{13} tjoŋ^{55} mai^{53} ɦa^{13} ɣan^{31}.
得　时辰　好　他　来　抬　木　来　家
吉时到了，抬棺材抬到房间里来。

ai^{33} la:k^{35} ndai^{13} ta:ŋ^{13} tjoŋ^{55} uŋ^{33},
位　骨　好　来　抬 峰包
骨骼好的人来抬着你后颈的峰包，

ai^{33} la:k^{35} wuŋ^{33} ta:ŋ^{13} tjoŋ^{55} tin^{13}.
位　骨　好　来　抬　脚
骨骼好的人来抬着你的脚跟。

mən^{13} ta:ŋ^{13} tjoŋ^{55} ta:k^{35} ȵiə^{31} xo^{53} xa:i^{31},
他　来　抬 胸膛　你　放　骸
他来抬着你的胸膛放入棺材里，

mən^{13} taːŋ^{13} tjoŋ^{55} laːi^{13} n̥iə^{31} xo^{53} mai^{53}.
他 来 抬 背上 你 放 木
他来抬着你的背放入棺木中。

ndam^{33} mai^{53} ŋai^{13} ndam^{33} xai^{53} tau^{33},
装 木 耐 装 木 搁置
装成耐用便于搁置的棺材，

ndam^{33} mai^{53} ŋai^{13} ndam^{33} mai^{53} ljum^{33}.
装 木 耐 装 木 拢
装成耐用又合拢在一起的棺材。

mom^{55} mən^{13} qum^{35} xum^{53} mən^{13} ndi^{33}.
鱼 他 盖 卧室 他 粘
棺盖画成鱼鳞瓦片，棺椁密不透风。

mən^{13} au^{13} njan^{13} ni^{13}njop^{55},
他 要 响动 齐集
大家齐集过来一起动手做，

mən^{13} au^{13} nuk^{32} ni^{13} au^{53}.
他 要 花 颤动
大家聚拢过来给棺材画上花草。

lam^{55} mən^{13} xo^{53} qo^{33} mən^{13} tɕon^{13}.
绳子 他 放 项圈 他 转
他拿缎带来比试，拿出项圈来比试。

kun^{13} ta:k^{35} na^{33} lim^{53} wa^{33} lən^{31}.
斧头 敲 前 楔 靠 后
用斧头击打前面，用楔子插入缝隙。

ta:k^{35} lim^{53} tɕhi^{53} ju^{35} qai^{33} ħa^{13}.
敲 楔子 左 取 不 来
插入左边的楔子很紧，不会脱落。

ta:k^{35} lim^{53} wa^{13} ju^{55} qai^{33} xuan^{55}.
敲 楔子 右 取 不 返
插入右边的楔子也取不下。

ta:k^{35} lim^{53} laŋ^{35} ȵiə^{31} ndai^{33} pai^{13} wan^{55} xjan^{13}.
敲 楔 竖 你 得 去 万 千
插入的竖楔让你受用千年。

ta:k^{35} lim^{53} wjan^{13} ȵiə^{31} ndai^{33} pai^{13} wan^{55} ti^{55}.
敲 楔 横 你 得 去 万 代
插入的横楔让你受用万代。

ȵiə^{31} ȵam^{13} kun^{13} pai^{13} na^{33},
你 拿 斧头 去 前
你拿着斧头往前，

ȵiə^{31} ȵam^{13} mja^{53} pai^{13} wən^{13}.
你 拿着 柴刀 去 天
你拿着柴刀上天。

wei^{13} ȵiə^{31} wə^{35} tun^{53} ȵiə^{31} xua^{33}.
未　你　完　断　你　化
因为啊，你的生命已经终了，你已经蝶化成仙。

wei^{13} sə^{33} paːi^{13} xən^{31} leu^{53},
未　才　去　地方 啦
你将撒到地方的江山上，

wei^{13} sə^{33} paːi^{13} ɦe^{53} tɕi^{31}.
未　才　去　做　旗
你将是阴间的一面旗帜。

paːi^{13} li^{13} faːŋ^{13} paːi^{13} lən^{53} tɕa^{31}.
去　利　方　去　尽头 则
我们朝着吉利的方向送去，直到尽头。

tɕa^{31} pu^{31} leu^{13}.
则　也　完
这一则至此结束。

第八节　亲属祭灵

这是一个祭奠亡人的仪式，主人家在灵柩前摆上酒、鱼和糯米饭，请亡人享用。而家门族下的家家户户也带来一瓶酒和一碗糯米饭一起摆放，一方面是为了祭奠亡人；另一方面是因为自己家的先人也会过来，他们也要有享用的酒醴菜肴。按传统，灵柩还在，供品就摆在前面，那么菜肴就只能是鱼和豆腐。如亡人已经入土，就会用其他菜肴代替。

（一）孝子

ndai^{33} ai^{33} nau^{13}? laːk^{42} to^{31} ȵiə^{31}.
得 个 哪 孩子 的 你
有哪个呢？哦，你的孩子。

xe^{53} mom^{55} laːu^{53} xe^{53} haːu^{33} qau^{35}.
做 鱼 大 做 酒 旧
喂养了大鱼，酿制多年的好酒。

mom^{55} haːm^{13} huot^{35} haːu^{33} pet^{35} mbe^{13}.
鱼 三 水 酒 八 年
大鱼啊，已经喂了三年；美酒啊，八年前就烤好了。

uŋ^{55} haːu^{33} ɣen^{55} a^{33} mom^{55} wjan^{13} ɕu^{13}.
坛 酒 斟 啊 鱼 齿 绿
斟上美酒啊，鱼的牙齿都绿了。

uŋ^{55} haːu^{33} thu^{33} mom^{55} tɕu^{33} ȵot^{32}.
坛 酒 垛 鱼 九 月
堆垛在一起的酒瓮，喂养了九年的鱼。

ɣam^{13} pu^{33} jiŋ^{53} mom^{55} fu^{13}.
深 也 如 鱼 虎
桌上的鱼啊，它在幽深的水里。

çu^{13} pu^{33} jiŋ^{53} ȵau^{55} nam^{33}.
绿 也 如 在 水
烹饪好的鱼啊，还像是在水里一样鲜活。

lo^{53} au^{53} qau^{35} laːk^{35} au^{53} tiu^{33},
箩 米 旧 骨 米 糯
箩筐里的糯饭是多年的好米煮成，

au^{53} sam^{35} su^{33} au^{53} tiu^{33} nok^{35}.
米 亮晶晶 米 黏稠
糯饭啊又亮又黏。

laːk^{42} mən^{13} pu^{33} qai^{33} tau^{35},
孩子 他 没 也 舍弃
他的孩子也没有舍弃他，

laːk^{42} mən^{13} pu^{33} qai^{33} mai^{35},
孩子 他 没 也 吝啬
他的孩子也没有吝啬，

qai^{33} mai^{35} au^{53} qai^{33} tau^{35} ɣo^{31}.
没 吝啬 饭 没 让 空
没有吝啬，也没有让你饿着。

qai^{33} tau^{35} paːk^{35} ȵiə^{31} ɣo^{31},
没 让 嘴巴 你 空
没有让你的嘴巴得不到吃，

qai^{33} tau^{35} lu^{35} n̥iə^{31} khiu^{35}.
没　让　汤　你　干涸
没有让你的汤汁干涸。

ham^{13} mən^{13} xe^{53} au^{53} n̥e^{33} xai^{13} n̥iə^{31}.
早　他　做　饭　哭　给　你
早上，他蒸好哭丧的饭给你。

mbe^{13} mən^{13} xe^{53} au^{53} toŋ^{53} xai^{13} n̥iə^{31}.
晚上　他　做　饭　恸哭　给　你
晚上，他蒸好恸哭的饭给你。

xe^{53} au^{53} tən^{35} taːŋ^{13} tik^{55} nduŋ^{33},
做　饭　主家　来　满　簸箕
用于仪式的糯饭摆满簸箕，

xe^{53} au^{53} toŋ^{53} taːŋ^{13} tik^{55} ɣan^{31}.
做　饭　恸　来　满　家
用于仪式的糯饭摆满家里。

au^{13} xai^{13} n̥iə^{31} pai^{13} kuə^{35} ndai^{33} ɦən^{13}.
要　给　你　去　前面　得　成
你得到了，你去另外的天地做得成。

ku^{33} mbe^{13} ndeu^{13} n̥au^{55} lən^{31} ndai^{13} ndu^{33}.
头　年　我们　在　后面　得　暖
我们拥有旺盛的生命力过着往后的生活。

ku^{33} lai^{31} puə^{13} wjan^{13} lai^{31} ɣa^{13}.
头 早 白 牙 早 锈
（你的）头发已白，牙齿已锈。

tɕa^{31} pu^{31} ljeu^{13}.
则 也 完
这则到此也结束了。

（二）三老

ndai^{33} ai^{33} nau^{13}, xuai^{53} nu^{53} koŋ^{31}, o^{35} nuk^{32} joŋ^{53}.
得 个 哪 兄 弟 多 啊 映山红
有哪个呢？哦，家门族下的人很多，像映山红一样到处都是。

ȵau^{55} xaːm^{13} wan^{33}, ȵau^{55} tɕu^{33} xən^{31}.
在 三 寨子 在 九 地方
他们散居在三个寨子、九个地方。

xe^{53} mom^{55} laːu^{53} xe^{53} haːu^{33} qau^{35}.
做 鱼 大 做 酒 旧
喂养了大鱼，酿制多年的好酒。

mom^{55} haːm^{13} huot^{35} haːu^{33} pet^{35} mbe^{13}.
鱼 三 水 酒 八 年
大鱼啊，已经喂了三年；美酒啊，八年前就烤好了。

uŋ^{55} haːu^{33} ɣen^{55} a^{33} mom^{55} wjan^{13} ɕu^{13}.
坛 酒 斟 啊 鱼 齿 绿
斟上美酒啊，鱼的牙齿都绿了。

uŋ^{55} haːu^{33} thu^{33} mom^{55} tɕu^{33} n̥ot^{32}.

坛 酒 垛 鱼 九 月

堆垛在一起的酒瓮，喂养了九年的鱼。

ɣam^{13} pu^{33} jiŋ^{53} mom^{55} fu^{13}.

深 也 如 鱼 虎

桌上的鱼啊，它在幽深的水里。

ɕu^{13} pu^{33} jiŋ^{53} n̥au^{55} nam^{33}.

绿 也 如 在 水

烹饪好的鱼啊，还像是在水里一样鲜活。

lo^{53} au^{53} qau^{35} laːk^{35} au^{53} tiu^{33},

箩 米 旧 骨 米 糯

箩筐里的糯饭是多年的好米煮成，

au^{53} sam^{35} su^{33} au^{53} tiu^{33} nok^{35}.

米 亮晶晶 米 黏稠

糯饭啊又亮又黏。

laːk^{42} mən^{13} pu^{33} qai^{33} tau^{35},

孩子 他 没 也 舍弃

他的孩子也没有舍弃他，

laːk^{42} mən^{13} pu^{33} qai^{33} mai^{35},

孩子 他 没 也 吝啬

他的孩子也没有吝啬，

qai^{33} mai^{35} au^{53} qai^{33} tau^{35} ɣo^{31}.
没 吝啬 饭 没 让 空
没有吝啬，也没有让你饿着。

qai^{33} tau^{35} paːk^{35} ȵiə^{31} ɣo^{31},
没 让 嘴巴 你 空
没有让你的嘴巴得不到吃，

qai^{33} tau^{35} lu^{35} ȵiə^{31} khiu^{35},
没 让 汤 你 干涸
没有让你的汤汁干涸。

ham^{13} mən^{13} xe^{53} au^{53} ȵe^{33} xai^{13} ȵiə^{31}.
早 他 做 饭 哭 给 你
早上，他蒸好哭丧的饭给你。

mbe^{13} mən^{13} xe^{53} au^{53} toŋ^{53} xai^{13} ȵiə^{31}.
晚上 他 做 饭 恸哭 给 你
晚上，他蒸好恸哭的饭给你。

xe^{53} au^{53} tən^{35} taːŋ^{13} tik^{55} nduŋ^{33},
做 饭 主家 来 满 簸箕
用于仪式的糯饭摆满簸箕，

xe^{53} au^{53} tuŋ^{53} taːŋ^{13} tik^{55} ɣan^{31}.
做 饭 恸 来 满 家
用于仪式的糯饭摆满家里。

au^{13} xai^{13} ȵiə^{31} pai^{13} kuə^{35} ndai^{33} ɦən^{13}.
要 给 你 去 前面 得 成
你得到了，你去另外的天地做得成。

ku^{33} mbe^{13} ndeu^{13} ȵau^{55} lən^{31} ndai^{13} ndu^{33}.
头 年 我们 在 后面 得 暖
我们拥有旺盛的生命力过着往后的生活。

ku^{33} lai^{31} puə^{13} wjan^{13} lai^{31} ɣa^{13}.
头 早 白 牙 早 锈
（你的）头发已白，牙齿已锈。

ʨa^{31} pu^{31} ljeu^{13}.
则 也 完
这则到此也结束了。

（三）孝女

ha:u^{33} poŋ^{53} ndai^{33} ha:u^{33} nda:t^{35},
酒 池 得 酒 醪
水酒通过酒醪酿制出来，

ha:u^{33} nda:t^{35} ndai^{33} ha:u^{33} poŋ^{53}.
酒 醪 得 酒 池
先是酿了酒醪才能烤出酒。

mom^{55} ha:m^{13} huot^{35} ha:u^{33} pet^{35} mbe^{13}.
鱼 三 水 酒 八 年
大鱼啊，已经喂了三年；美酒啊，八年前就烤好了。

uŋ^{55} haːu^{33} ɣen^{55} a^{33} mom^{55} wjan^{13} ɕu^{13}.
坛　酒　斟　啊　鱼　　齿　绿
斟上美酒啊，鱼的牙齿都绿了。

uŋ^{55} haːu^{33} thu^{33} mom^{55} tɕu^{33} ȵot^{32}.
坛　酒　垛　　鱼　九　　月
堆垛在一起的酒瓮，喂养了九年的鱼。

ɣam^{13} pu^{33} jiŋ^{53} mom^{55} fu^{13}.
深　　也　如　　鱼　　虎
桌上的鱼啊，它在幽深的水里。

ɕu^{13} pu^{33} jiŋ^{53} ȵau^{55} nam^{33}.
绿　也　如　　在　　水
烹饪好的鱼啊，还像是在水里一样鲜活。

lo^{53} au^{53} qau^{35} laːk^{35} au^{53} tiu^{33},
箩　米　旧　　骨　　米　　糯
箩筐里的糯饭是多年的好米煮成，

au^{53} sam^{35} su^{33} au^{53} tiu^{33} nok^{35}.
米　　亮晶晶　米　　黏稠
糯饭啊又亮又黏。

laːk^{42} mən^{13} pu^{33} qai^{33} tau^{35},
孩子　他　　没　也　舍弃
他的孩子也没有舍弃他，

la:k^{42} mən^{13} pu^{33} qai^{33} mai^{35},
孩子 他 没 也 吝啬
他的孩子也没有吝啬，

qai^{33} mai^{35} au^{53} qai^{33} tau^{35} ɣo^{31}.
没 吝啬 饭 没 让 空
没有吝啬，也没有让你饿着。

qai^{33} tau^{35} pa:k^{35} ȵiə^{31} ɣo^{31},
没 让 嘴巴 你 空
没有让你的嘴巴得不到吃，

qai^{33} tau^{35} lu^{35} ȵiə^{31} khiu^{35}.
没 让 汤 你 干涸
没有让你的汤汁干涸。

ham^{13} mən^{13} xe^{53} au^{53} ȵe^{33} xai^{13} ȵiə^{31}.
早 他 做 饭 哭 给 你
早上，他蒸好哭丧的饭给你。

mbe^{13} mən^{13} xe^{53} au^{53} toŋ^{53} xai^{13} ȵiə^{31}.
晚上 他 做 饭 恸哭 给 你
晚上，他蒸好恸哭的饭给你。

xe^{53} au^{53} tən^{35} ta:ŋ^{13} tik^{55} nduŋ^{33},
做 饭 主家 来 满 簸箕
用于仪式的糯饭摆满簸箕，

xe^{53} au^{53} $tuŋ^{53}$ $taːŋ^{13}$ tik^{55} $ɣan^{31}$.
做 饭 饬 来 满 家
用于仪式的糯饭摆满家里。

au^{13} xai^{13} $ȵiə^{31}$ pai^{13} $kuə^{35}$ $ndai^{33}$ $ɦən^{13}$.
要 给 你 去 前面 得 成
你得到了，你去另外的天地做得成。

ku^{33} mbe^{13} $ndeu^{13}$ $ȵau^{55}$ $lən^{31}$ $ndai^{13}$ ndu^{33}. 头 年 我们 在 后面 得 暖
我们拥有旺盛的生命力过着往后的生活。

ku^{33} lai^{31} $puə^{13}$ $wjan^{13}$ lai^{31} $ɣa^{13}$.
头 早 白 牙 早 锈
（你的）头发已白，牙齿已锈。

$tɕa^{31}$ pu^{31} $ljeu^{13}$.
则 也 完
这则到此也结束了。

第九节 制作埋万

$ndeu^{13}$ xai^{33} $pjam^{33}$ mai^{53} fok^{7} a^{33} xe^{53} $ɣan^{31}$ $ɣaːu^{13}$.
我们 准备 砍伐 树 杉 啊 做 房子 旧
我们准备去砍杉树给你做房子（棺材）。

ndeu^{13} xai^{33} pjam^{33} mai^{53} fok^{7} a^{33} xe^{53} ɣan^{31} ɣuə^{13}.
我们 准备 砍伐 树 杉 啊 做 房子 荒
我们准备去砍杉树给你做房子（棺材）。

ɣan^{31} liu^{31} ljat^{32} wat^{55} phje^{13} wa^{35}.
房子 溜 泥鳅 扭 稍 叶
空荡荡的房子，柱子如泥鳅的尾巴。

ɣan^{31} liu^{31} lja^{53} tɕu^{33} tɕa^{13} ɣaːm^{13},
房子 溜 亚 九 价 深
空荡荡的房子多么阴森，

ai^{33} xe^{53} tɕaːŋ^{35} sə^{33} pai^{13} ndo^{33},
位 做 告状 才 去 见
去告状的人才会看到，

ai^{33} xe^{53} xo^{33} sə^{33} pai^{13} ndeŋ^{13}.
位 做 穷 才 去 遇到
贫穷的人才会遇到。

xuai^{53} ħa^{13} sot^{35} xai^{13} nu^{53},
兄 来 告诉 给 弟
哥哥告诉弟弟，

pu^{53} ħa^{13} sot^{35} xai^{13} laːk^{42},
父亲 来 告诉 给 孩子
父亲告诉孩子，

tu^{33} jum^{13} kun^{13} pai^{13} nda:u^{33} ta^{35},
互相 用　斧　去　符合 野外
带上斧头到野外去，

tu^{33} jum^{13} mja^{53} pai^{13} nda:u^{33} ndoŋ^{13}.
互相 用　柴刀　去　符合　山林
带上柴刀到森林里去。

mja^{53} xo^{53} fak^{55} kun^{13} xjap^{55} quon^{13}.
柴刀 放 刀鞘　斧　别在　背后
柴刀插入刀鞘，斧头别在背后。

pja^{13} ɣai^{33} pa:n^{31} au^{13} ħjaŋ^{13},
石　长　磨　要 刀背
在长的磨刀石上磨刀背，

pja^{13} ndja:n^{13} lju^{33} au^{13} pa:k^{35},
石　滑　清　要　口
用细嫩的磨刀石来磨刀口，

tɕau^{53} ndeu^{13} pai^{13} ȵiə^{31} xo^{53} na^{33}.
要是 我们 去　你　在　前
我们出发的时候，你在前面引路。

ka^{33} ndeu^{13} ħa^{13} ȵiə^{31} xo^{53} lən^{31}.
等待 我们 回来 你　在　后
我们返回的时候，你走在最后面。

tɕau^{53} ndeu^{13} pai^{13} n̥iə^{31} xo^{53} wa^{13}.
要是 我们 去 你 在 右
我们准备出发的时候，你走在路的右边。

ka^{33} ndeu^{13} ɦa^{13} n̥iə^{31} xo^{53} tɕhi^{53}.
等待 我们 回来 你 在 左
我们返回的时候，你走在路的左边。

pai^{13} ɦi^{31} ta^{35} ndoŋ^{13} laːu^{53},
去 到 中间 森林 大
来到大森林里，

pai^{13} ɦi^{31} au^{53} ndoŋ^{13} ɕu^{13}.
去 到 里面 森林 绿
来到苍翠的森林里。

pjek^{35} laːk^{42} ni^{53} mai^{53} fok^{35},
砍 孩子 棵 树 杉
砍了棵杉树，

pjek^{35} laːk^{42} ni^{53} mai^{53} jui^{55}.
砍了 孩子 棵 树 松柏
砍了棵松柏树。

mai^{53} ta^{35} ndaːm^{35} kiŋ^{35} fum^{55} fum^{55},
树 中间 阴 枝 葱 葱
是一棵树枝葱茏的大树，

mai^{53} ta^{35} tɕum^{55} kiŋ^{35} fom^{13} fom^{13}.
树 中间 处所 枝 摇曳
是一棵枝头摇曳的大树。

kiŋ^{35} pai^{13} kiŋ^{35} ɳe^{33} ɳe^{33} pən^{33} ndai^{13} to^{13}.
枝 去 枝 齐 齐 真 好 多
枝繁叶茂，非常好。

pan^{13} ndai^{13} pan^{13} ndai^{13} la^{13} ndai^{33} ɣa^{31} əŋ^{33},
办 啦 办 啦 好 两 边
前后两边的枝叶都非常好，

kiŋ^{35} won^{35} na^{33} ndai^{13} tɕaːm^{31} fən^{13},
枝 边 前 好 躲 雨
前面的枝叶好躲雨，

kiŋ^{35} wa^{33} lən^{31} ndai^{13} tɕaːm^{31} xjeŋ^{13}.
枝 靠近 后面 好 躲 阳光
后面的枝叶好遮阴。

laːk^{42} kiŋ^{35} wuaŋ^{13} ħiu^{13} lau^{33} mai^{53} qai^{33} kham^{35}.
孩子 枝 高 怕 只 树 不 摔倒
枝头高的树木啊，砍伐时担心它靠着其他树而没有倒下来。

laːk^{42} kiŋ^{35} ndam^{35} ħiu^{13} lau^{33} mai^{53} qai^{33} paːŋ^{13}.
孩子 枝 矮 怕 只 树 不 垮
枝头低矮的树木啊，砍伐时担心被架空而无法锯下。

mai^{53} sə^{33} kham^{35} a^{31} pai^{13} mu^{55} tu^{31},
树　才　摔倒　啊　去　墓　头
砍伐的这棵树才倒向坟墓，

mai^{53} sə^{33} kham^{35} a^{31} pai^{13} mu^{55} tan^{33}.
树　才　摔倒　啊　去　墓　坍
砍伐的这棵树才倒向墓穴。

ai^{33} u^{13} sə^{33} phja^{33} ȵa^{33},
位 上 才 翻 脸
站在上面的人侧身让开，

ai^{33} na^{33} sə^{33} ɦoŋ^{35} kun^{13}.
位 前面 才 放 斧
站在前面的人才举斧砍伐。

qat^{55} pu^{33} ȵan^{33} a^{31} kəŋ^{33} pu^{33} ndai^{13},
割 也 好 啊 砍 也 好
锯割斧砍都很好，

qat^{55} qaŋ^{35} tən^{33} pu^{33} ȵan^{33},
割 段 根部 也 好
锯下的树根也很好，

laŋ^{13} qaŋ^{35} phjɛ^{13} pu^{33} ndai^{13}.
立起 段 树梢 也 好
截取的树梢也很好。

la^{55} mai^{53} tɕan^{13} ɦa^{13} xe^{53} qui^{35},
找 树 硬 来 做 锤
找坚硬的树木来做木锤，

la^{55} mai^{53} xim^{33} ɦa^{13} xe^{53} lim^{53},
找 树 块 来 做 楔
找柴块来做楔子，

qui^{35} mai^{53} xim^{33} lim^{33} mai^{53} tɕan^{13}.
锤 树 块 楔 树 硬
木锤和楔子都做好了。

la^{35} xe^{53} wuaŋ^{35} kuaŋ^{35} xe^{53} xim^{33},
劈 做 边 掰 做 块
劈开成块状，

mai^{53} som^{33} la^{13} ɦa^{13} som^{33} un^{13}.
木 才 架 肩 才 扛
找来木料做成支架才好扛上肩。

lui^{35} ku^{33} ta^{35} ndoŋ^{13} laːu^{53},
走下 头 中间 森林 大
从大森林里抬出来，

lui^{35} ku^{33} au^{53} ndoŋ^{13} ɕu^{13}.
走下 头 里面 森林 绿
从葱茏的森林里抬出来。

ɦi^{31} ku^{33} luə^{35} mjo^{31} ku^{33} tɕan^{31}.
到 头 歇 达 头 坡头
抬到了歇气堂，到达陡坡的坡头。

au^{53} taŋ^{13} tɕjə^{13} ɕjan^{33} ɦa^{13} tok^{55}.
饭 来 吃 晌午饭 来 包
打开从家里带来的午饭补充能量。

sə^{33} maŋ^{31} ɣo^{53} sə^{31} xo^{53} ȵan^{33}.
才 有意 让 知 才 放 银
这样他才知道，还要放上银子。

ɦi^{31} jan^{13} ɣa^{35} ɦi^{31} tɕai^{35} kui^{33}.
到 埂 田 到 边 溪
过了田埂到了溪边。

ɦi^{31} nok^{55} ɦin^{35} ɦi^{31} tin^{13} sai^{55}.
到 外面 寨门 到 脚 竹壕
过了寨门外面到了竹林下面。

ɦi^{31} tɕai^{35} wan^{33} ɦi^{31} ɣan^{31} ȵiə^{31}.
到 边 寨子 到 家 你
过寨边到了你家。

wuə^{31} mei^{53} ndai^{33} wan^{13} te^{33} tɕhə^{31},
前① 未 得 日子 下面 雪
前面还没有找到吉日，

① wuə^{31}：疑为“kuə^{35}”的音变，即“前面”的意思。

nai55 ndeu13 ndai33 wan13 te33 tɕhə31.
现　我们　得　日子 下面 雪
现在我们找到了吉日。

wuə31 mei53 ndai33 wan13 ka33 wa13,
前　未　得　日子　等　万
前面尚未到迎接“万”的吉日，

nai55 ndeu13 ndai33 wan13 ka33 wa13.
现　我们　得　日子 等　万
现在我们找到了迎接“万”的吉日。

te35 ɦjən13 haːm13 sop32 ɕep55,
砍　成　三　十　花样
砍成了三十种花样，

kak55 ɦjən13 ljok42 lam13 wa13.
削　成　六　个　万
削成了六个“万”。

təŋ33 ndeu13 wa35 tɕiyŋ31 quk55,
根部 我们　写　爪　野鸡
我们在“万”的根部画上野鸡的脚爪，

phje13 ndeu13 wa35 nuk32 kiu33.
末尾　我们　写　花草
我们在“万”的末尾画上花草。

ndeu^{13} wa^{35} ndai^{13} ndjan^{13} jiŋ^{53} mum^{53} au^{53} nduŋ^{13},
我们 写 好 光滑 如 老虎 里 森林
我们画得像森林里的老虎，

ndeu^{13} wa^{35} ndai^{13} ndjan^{13} jiŋ^{53} ndjuŋ^{13} au^{53} nam^{33}.
我们 写 好 光滑 如 蝌蚪 里 水
我们画得像水里的蝌蚪。

ndeu^{13} wa^{35} ndai^{13} wa^{35} wa^{13} laːu^{53},
我们 写 好 写 万 大
我们画的“万”又大又好，

xai^{13} xən^{31} ndo^{33} xən^{31} ɣo^{53} me^{13}.
给 地方 看见 地方 知道 认识
（这些又大又好的“万”）人们都看到了。

aːu^{13} xaːi^{13} ȵiə^{31} ɣam^{55} ta^{13} ɦik^{55} pai^{13} xe^{53} tɕa^{13},
要 给 你 窜 中间 茅草 去 做 价
（这些）是你清理路障的资本，

aːu^{13} xaːi^{13} ȵiə^{31} ɣam^{55} ta^{13} ja^{13} pai^{13} xe^{53} tɕu^{3}.
要 给 你 窜 中间 野草 去 做 九
（这些）是你排除障碍的财富。

xe^{53} tɕu^{33} na^{33} xə^{53} tɕa^{13} laːu^{53}.
做 九 份 做 价 大
（送给你的这些东西）我们是按最好的标准来做。

xe^{53} tɕu^{33} na^{33} xə^{53} tɕa^{13} wuəŋ^{13}.
做 九 份 做 价 高
（送给你的这些东西）我们是按最高的标准来做。

wei^{13} ȵiə^{31} wə^{35} tun^{53} ȵiə^{31} xua^{33}.
未 你 完 断 你 化
因为啊，你的生命已经终了，你已经蝶化成仙。

wei^{13} sə^{33} paːi^{13} xən^{31} leu^{53},
未 才 去 地方 啦
你将撒到地方的江山上，

wei^{13} sə^{33} paːi^{13} ɦe^{53} tɕi^{31}.
未 才 去 做 旗
你将是阴间的一面旗帜。

paːi^{13} li^{13} faːŋ^{13} paːi^{13} lən^{53} tɕa^{31}.
去 利 方 去 尽头 则
我们朝着吉利的方向送去，直到尽头。

tɕa^{31} pu^{31} leu^{13}.
则 也 完
这一则至此结束。

第十节　亲属立万

（一）孝子

ndai^{33} ai^{33} nau^{13}? laːk^{42} to^{31} ȵiə^{31}.
得 个 哪 孩子 的 你
有哪个呢？哦，你的孩子。

xe^{53} mom^{55} laːu^{53} xe^{53} haːu^{33} qau^{35}.
做 鱼 大 做 酒 旧
喂养了大鱼，酿制多年的好酒。

mom^{55} haːm^{13} huot^{35} haːu^{33} pet^{35} mbe^{13}.
鱼 三 水 酒 八 年
大鱼啊，已经喂了三年；美酒啊，八年前就烤好了。

uŋ^{55} haːu^{33} ɣen^{55} a^{33} mom^{55} wjan^{13} ɕu^{13}.
坛 酒 斟 啊 鱼 齿 绿
斟上美酒啊，鱼的牙齿都绿了。

uŋ^{55} haːu^{33} thu^{33} mom^{55} tɕu^{33} ȵot^{32}.
坛 酒 垛 鱼 九 月
堆垛在一起的酒瓮，喂养了九年的鱼。

ɣam^{13} pu^{33} jiŋ^{53} mom^{55} fu^{13}.
深　也　如　鱼　虎
桌上的鱼啊，它在幽深的水里。

ɕu^{13} pu^{33} jiŋ^{53} ȵau^{55} nam^{33}.
绿　也　如　在　水
烹饪好的鱼啊，还像是在水里一样鲜活。

lo^{53} au^{53} qau^{35} laːk^{35} au^{53} tiu^{33},
箩　米　旧　骨　米　糯
箩筐里的糯饭是多年的好米煮成，

au^{53} sam^{35} su^{33} au^{53} tiu^{33} nok^{35}.
米　亮晶晶　米　黏稠
糯饭啊又亮又黏。

laːk^{42} mən^{13} pu^{33} qai^{33} tau^{35},
孩子　他　没　也　舍弃
他的孩子也没有舍弃他，

laːk^{42} mən^{13} pu^{33} qai^{33} mai^{35},
孩子　他　没　也　吝啬
他的孩子也没有吝啬，

qai^{33} mai^{35} au^{53} qai^{33} tau^{35} ɣo^{31}.
没　吝啬　饭　没　让　空
没有吝啬，也没有让你饿着。

qai^{33} tau^{35} paːk^{35} ȵiə^{31} ɣo^{31},
没　让　嘴巴　你　空
没有让你的嘴巴得不到吃，

qai^{33} tau^{35} lu^{35} ȵiə^{31} khiu^{35}.
没　让　汤　你　干涸
没有让你的汤汗干涸。

ham^{13} mən^{13} xe^{53} au^{53} ȵe^{33} xai^{13} ȵiə^{31}.
早　他　做　饭　哭　给　你
早上，他蒸好哭丧的饭给你。

mbe^{13} mən^{13} xe^{53} au^{53} wa^{13} xai^{13} ȵiə^{31}.
晚上　他　做　饭　万　给　你
晚上，他蒸好举行“万”的糯饭给你。

xe^{53} au^{53} tən^{35} taːŋ^{13} tik^{55} nduŋ^{33},
做　饭　主家　来　满　簸箕
用于仪式的糯饭摆满簸箕，

xe^{53} au^{53} wa^{13} taːŋ^{13} tik^{55} ɣan^{31}.
做　饭　万　来　满　家
用于“万”仪式的糯饭摆满家里。

au^{13} xai^{13} ȵiə^{31} pai^{13} kuə^{35} ndai^{33} ħən^{13}.
要　给　你　去　前面　得　成
你得到了，你去另外的天地做得成。

ku^{33} mbe^{13} ndeu^{13} ȵau^{55} lən^{31} ndai^{13} ndu^{33}.
头 年 我们 在 后面 得 暖
我们得以旺盛的生命力过着往后的生活。

ku^{33} lai^{31} puə^{13} wjan^{13} lai^{31} ɣa^{13}.
头 早 白 牙 早 锈
（你的）头发已白，牙齿已锈。

tɕa^{31} pu^{31} ljeu^{13}.
则 也 完
这则到此也结束了。

（二）三老

ndai^{33} ai^{33} nau^{13}? xuai^{53} nu^{53} koŋ^{31}, o^{35} nuk^{32} joŋ^{53}.
得 个 哪 兄 弟 多 啊 映山红
有哪个呢？哦，家门族下的人很多，像映山红一样到处都是。

ȵau^{55} xaːm^{13} wan^{33}, ȵau^{55} tɕu^{33} xən^{31}.
在 三 寨子 在 九 地方
他们散居在三个寨子、九个地方。

xe^{53} mom^{55} laːu^{53} xe^{53} haːu^{33} qau^{35}.
做 鱼 大 做 酒 旧
喂养了大鱼，酿制多年的好酒。

mom^{55} haːm^{13} huot^{35} haːu^{33} pet^{35} mbe^{13}.
鱼 三 水 酒 八 年
大鱼啊，已经喂了三年；美酒啊，八年前就烤好了。

uŋ^{55} haːu^{33} ɣen^{55} a^{33} mom^{55} wjan^{13} ɕu^{13}.
坛　酒　斟 啊　鱼　 齿　绿
斟上美酒啊，鱼的牙齿都绿了。

uŋ^{55} haːu^{33} thu^{33} mom^{55} tɕu^{33} ȵot^{32}.
坛　酒　 垛　 鱼　九　月
堆垛在一起的酒瓮，喂养了九年的鱼。

ɣam^{13} pu^{33} jiŋ^{53} mom^{55} fu^{13}.
深　 也 如　 鱼　虎
桌上的鱼啊，它在幽深的水里。

ɕu^{13} pu^{33} jiŋ^{53} ȵau^{55} nam^{33}.
绿 也 如　在　水
烹饪好的鱼啊，还像是在水里一样鲜活。

lo^{53} au^{53} qau^{35} laːk^{35} au^{53} tiu^{33},
箩 米 旧　 骨 米 糯
箩筐里的糯饭是多年的好米煮成，

au^{53} sam^{35} su^{33} au^{53} tiu^{33} nok^{35}.
米　 亮晶晶 米　 黏稠
糯饭啊又亮又黏。

laːk^{42} mən^{13} pu^{33} qai^{33} tau^{35},
孩子 他　没 也　舍弃
他的孩子也没有舍弃他，

laːk^{42} mən^{13} pu^{33} qai^{33} mai^{35},
孩子 他 没 也 吝啬
他的孩子也没有吝啬，

qai^{33} mai^{35} au^{53} qai^{33} tau^{35} ɣo^{31}.
没 吝啬 饭 没 让 空
没有吝啬，也没有让你饿着。

qai^{33} tau^{35} paːk^{42} ȵiə^{31} ɣo^{31},
没 让 嘴巴 你 空
没有让你的嘴巴得不到吃，

qai^{33} tau^{35} lu^{35} ȵiə^{31} khiu^{35}.
没 让 汤 你 干涸
没有让你的汤汁干涸。

ham^{13} mən^{13} xe^{53} au^{53} ȵe^{33} xai^{13} ȵiə^{31}.
早 他 做 饭 哭 给 你
早上，他蒸好哭丧的饭给你。

mbe^{13} mən^{13} xe^{53} au^{53} wa^{13} xai^{13} ȵiə^{31}.
晚上 他 做 饭 万 给 你
晚上，他蒸好举行“万”的糯饭给你。

xe^{53} au^{53} tən^{35} taːŋ^{13} tik^{55} nduŋ^{33},
做 饭 主家 来 满 簸箕
用于仪式的糯饭摆满簸箕，

xe^{53} au^{53} wa^{13} taːŋ^{13} tik^{55} ɣan^{31}.
做 饭 万 来 满 家
用于“万”仪式的糯饭摆满家里。

au^{13} xai^{13} ȵiə^{31} pai^{13} kuə^{35} ndai^{33} ɦən^{13}.
要 给 你 去 前面 得 成
你得到了，你去另外的天地做得成。

ku^{33} mbe^{13} ndeu^{13} ȵau^{55} lən^{31} ndai^{13} ndu^{33}.
头 年 我们 在 后面 得 暖
我们得以旺盛的生命力过着往后的生活。

ku^{33} lai^{31} puə^{13} wjan^{13} lai^{31} ɣa^{13}.
头 早 白 牙 早 锈
（你的）头发已白，牙齿已锈。

tɕa^{31} pu^{31} ljeu^{13}.
则 也 完
这则到此也结束了。

（三）孝女

haːu^{33} poŋ^{53} ndai^{33} haːu^{33} ndaːt^{35},
酒 池 得 酒 醪
水酒通过酒醪酿制出来，

haːu^{33} ndaːt^{35} ndai^{33} haːu^{33} poŋ^{53}.
酒 醪 得 酒 池
先是酿了酒醪才能烤出酒。

mom^{55} haːm^{13} huot^{35} haːu^{33} pet^{35} mbe^{13}.
鱼 三 水 酒 八 年
大鱼啊，已经喂了三年；美酒啊，八年前就烤好了。

uŋ^{56} haːu^{33} ɣen^{55} a^{33} mom^{55} wjan^{13} ɕu^{13}.
坛 酒 斟 啊 鱼 齿 绿
斟上美酒啊，鱼的牙齿都绿了。

uŋ^{55} haːu^{33} thu^{33} mom^{55} tɕu^{33} ȵot^{32}.
坛 酒 垛 鱼 九 月
堆垛在一起的酒瓮，喂养了九年的鱼。

ɣam^{13} pu^{33} jiŋ^{53} mom^{55} fu^{13}.
深 也 如 鱼 虎
桌上的鱼啊，它在幽深的水里。

ɕu^{13} pu^{33} jiŋ^{53} ȵau^{55} nam^{33}.
绿 也 如 在 水
烹饪好的鱼啊，还像是在水里一样鲜活。

lo^{53} au^{53} qau^{35} laːk^{35} au^{53} tiu^{33},
箩 米 旧 骨 米 糯
箩筐里的糯饭是多年的好米煮成，

au^{53} sam^{35} su^{33} au^{53} tiu^{33} nok^{35}.
米 亮晶晶 米 黏稠
糯饭啊又亮又黏。

laːk^{42} mən^{13} pu^{33} qai^{33} tau^{35},
孩子 他 没 也 舍弃
他的孩子也没有舍弃他，

laːk^{42} mən^{13} pu^{33} qai^{33} mai^{35},
孩子 他 没 也 吝啬
他的孩子也没有吝啬，

qai^{33} mai^{35} au^{53} qai^{33} tau^{35} ɣo^{31}.
没 吝啬 饭 没 让 空
没有吝啬，也没有让你饿着。

qai^{33} tau^{35} paːk^{35} ȵ̥iə^{31} ɣo^{31},
没 让 嘴巴 你 空
没有让你的嘴巴得不到吃，

qai^{33} tau^{35} lu^{35} ȵ̥iə^{31} khiu^{35}.
没 让 汤 你 干涸
没有让你的汤汗干涸。

ham^{13} mən^{13} xe^{53} au^{53} ȵ̥e^{33} xai^{13} ȵ̥iə^{31}.
早 他 做 饭 哭 给 你
早上，他蒸好哭丧的饭给你。

mbe^{13} mən^{13} xe^{53} au^{53} wa^{13} xai^{13} ȵ̥iə^{31}.
晚上 他 做 饭 万 给 你
晚上，他蒸好举行“万”的糯饭给你。

xe^{53} au^{53} tən^{35} taːŋ^{13} tik^{55} nduŋ^{33},
做　饭　主家　来　满　簸箕
用于仪式的糯饭摆满簸箕，

xe^{53} au^{53} wa^{13} taːŋ^{13} tik^{55} ɣan^{31}.
做　饭　万　来　满　家
用于“万”仪式的糯饭摆满家里。

au^{13} xai^{13} ȵiə^{31} pai^{13} kuə^{35} ndai^{33} ɦən^{13}.
要　给　你　去　前面　得　成
你得到了，你去另外的天地做得成。

ku^{33} mbe^{13} ndeu^{13} ȵau^{55} lən^{31} ndai^{13} ndu^{33}.
头　年　我们　在　后面　得　暖
我们得以旺盛的生命力过着往后的生活。

ku^{33} lai^{31} puə^{13} wjan^{13} lai^{31} ɣa^{13}.
头　早　白　牙　早　锈
（你的）头发已白，牙齿已锈。

tɕa^{31} pu^{31} ljeu^{13}.
则　也　完
这则到此也结束了。

（四）鸭子

ndai^{33} si^{31} ndaːi^{13} ndeu^{13} taːŋ^{13} tjem^{13} ȵiə^{31} xo^{53} taŋ^{55}.
得　时辰　好　我们　来　立　你　放　党
到了吉时，我们把你安到堂上。

ndai^{33} si^{31} nda:i^{13} ndeu^{13} ta:ŋ^{13} taŋ^{55} ȵiə^{31} xo^{53} wa^{13}.
得 时辰 好 我们 来 党 你 放 万
到了吉时，我们在你不躺的地方立起花木块。

ep^{35} tin^{13} tja^{55} ep^{35} wa^{35} wan^{33}.
鸭子 脚 张开 鸭子 翅膀 飞
给你送了一只脚掌好、翅膀硬的好鸭子。

a:u^{13} xa:i^{13} ȵiə^{31} ɣam^{55} ta^{13} ɦik^{55} pai^{13} xe^{53} tɕa^{13},
要 给 你 窜 中间 茅草 去 做 价
（这些）是你清理路障的资本，

a:u^{13} xa:i^{13} ȵiə^{31} ɣam^{55} ta^{13} ja^{13} pai^{13} xe^{53} tɕu^{33}.
要 给 你 窜 中间 野草 去 做 九
（这些）是你排除障碍的财富。

xe^{53} tɕu^{33} na^{33} xə^{53} tɕa^{13} la:u^{53}.
做 九 份 做 价 大
（送给你的这些东西）我们是按最好的标准来做。

xe^{53} tɕu^{33} na^{33} xə^{53} tɕa^{13} wuəŋ^{13}.
做 九 份 做 价 高
（送给你的这些东西）我们是按最高的标准来做。

wei^{13} ȵiə^{31} wə^{35} tun^{53} ȵiə^{31} xua^{33}.
未 你 完 断 你 化
因为啊，你的生命已经终了，你已经蝶化成仙。

wei^{13} sə^{33} paːi^{13} xən^{31} leu^{53},
未　才　去　地方　啦
你将撒到地方的江山上，

wei^{13} sə^{33} paːi^{13} ɦe^{53} tɕi^{31}.
未　才　去　做　旗
你将是阴间的一面旗帜。

paːi^{13} li^{13} faːŋ^{13} paːi^{13} lən^{53} tɕa^{31}.
去　利　方　去　尽头 则
我们朝着吉利的方向送去，直到尽头。

tɕa^{31} pu^{31} leu^{13}.
则　也　完
这一则至此结束。

（五）结尾

waːn^{13} ndai^{33} tai^{31} tik^{55} xak^{35},
男　得　带　满　屋基
男儿站满了宅基地上，

wjek^{35} ndai^{33} xak^{32} xən^{31} ɦjan^{31}.
女　得　屋基 地方 成
女儿嫁出散居各个地方。

waːn^{13} ndai^{33} nduə^{33} jiŋ^{53} wjek^{35}.
男　得　白　如　女
男儿戴的孝帕白如女人包的头帕。

wjek^{35} ndai^{33} nduə^{33} jiŋ^{53} jan^{13}.
女　得　白　如　人
女儿戴的孝帕也像别人家的一样白。

wjek^{35} ndai^{33} nduə^{33} jiŋ^{53} wa^{35} ɣaːn^{13},
女　得　白　如　叶子　苎麻
女儿的孝帕如苎麻一样白，

waːn^{13} ndai^{33} nduə^{33} jiŋ^{53} wa^{35} mai^{53}.
男　得　白　如　叶子　树木
男儿戴的孝帕白如构皮树。

mai^{53} na^{13} pjaːk^{35} puə^{35} na^{13} ʨa^{13}.
树木　厚　办　崩　厚　价
构皮树的皮很厚，去绿皮之后非常白。

ku^{33} lai^{31} puə^{35} wjen^{35} lai^{31} ɣa^{13}.
头　早　白　被子　早　蘑菇
孝子孝女的头早就白了，他们站在一起像一大片的蘑菇一样。

ʨa^{31} pu^{31} ljeu^{13}.
则　也　完
这一则到此结束。

（六）纸钱①

tɕi^{33} ɦjen^{31} nai^{55} nok^{42} na^{33} nai^{55}.
纸 钱 这 弄 前 这
这纸钱，摆放在这里。

tɕi^{33} ɦjen^{31} nai^{55} ndai^{13} jai^{35} te^{33}.
纸 钱 这 好 侍 下
这纸钱好送给阴曹地府（的人）。

haːm^{13} wan^{13} paːi^{13} la^{55} xa^{31},
三 天 去 找 皮树
三天去找来构皮树，

ɣa^{31} wan^{13} paːi^{13} la^{55} ndjat^{55},
二 天 去 找 柴
两天去找柴，

xjat^{55} wan^{13} paːi^{13} la^{55} qui^{31}.
七 天 去 找 竹子
七天去找了干枯的竹子。

taːi^{31} ɦa^{13} kui^{33} ljok^{42} mok^{35},
拿 来 溪 六 埋
拿到溪里浸泡，

①“纸钱”和“吉日颂”两部分唱词为下文的第十四、十五、十六节的重章。

ta:i^{31} ɦa^{13} ɣa^{35} tau^{35} xjuŋ^{13},
拿 来 田 烧 煮
拿到石灰田里浸泡，

xjuŋ^{13} ɦjen^{13} ma^{33} ma^{33} ɦjen^{31} nda:u^{13}.
煮 成 软 软 成 苔藓
让它浸泡，软如苔藓。

a:u^{13} xo^{53} xje^{33}, te^{33} xo^{53} ɦjan^{31}.
要 放 网兜 舀 放 钱
用网兜捞起，制成纸钱。

ta:p^{35} ɦa^{13} tin^{13} kje^{53} su^{33},
抬 来 脚 场坝 丑
抬到赶“丑”日的集市，

ta:p^{35} ɦa^{13} ku^{33} kje^{53} jan^{31}.
抬 来 头 场坝 寅
抬到赶“寅”日的集市。

wa^{35} ai^{33} ndai^{33} ha:m^{13} na:u^{13},
翅膀 我 得 三 次
我画了三次，

mjek^{32} ai^{33} ndai^{33} ha:m^{13} nam^{33}.
手 我 得 三 水
我请了三次水。

wa^{35} toi^{35} wa^{35} toi^{35} haːŋ^{53} ma^{53},
张 对 张 对 养 马
一张叠一张成一垛，

wa^{35} toi^{35} wa^{35} toi^{35} haːŋ^{53} ȟjən^{13},
张 对 张 对 养 成
一张叠一张很好用，

wan^{13} ndai^{33} maːn^{35} ɣe^{33} ɣe^{33} kuai^{35} tɕi^{33} ȟjen^{31},
日 得 帕 齐 齐 块 纸 钱
一堆一堆的纸钱齐齐整整，

wan^{13} ndai^{33} maːn^{35} ɣe^{33} ɣe^{33} paːt^{35} tɕi^{33} ȟjen^{31}.
日 得 帕 齐 齐 八 纸 钱
八大捆的纸钱齐齐整整。

tɕi^{33} ȟjen^{31} nai^{55} xo^{53} khuŋ^{13} pja^{13} pu^{33} qai^{33} lan^{55},
纸 钱 这 放 侧 石 也 不 烂
这纸钱放在石头边上也不烂，

tɕi^{33} ȟjen^{31} nai^{55} xo^{53} pan^{35} mai^{53} pu^{33} qai^{33} joŋ^{13}.
纸 钱 这 放 半 树 也 不 溶
这纸钱放到树上也不化。

tɕi^{33} ȟjen^{31} nai^{55} xo^{53} te^{33} laːŋ^{55} ȟi^{31} xən^{31} qaːu^{35},
纸 钱 这 放 下面 坝 到 地方 旧
这纸钱放到水坝到达祖宗居住的地方，

xo^{53} te^{33} la:ŋ^{55} ɦi^{31} xən^{31} tɕjeŋ^{13}.
放 下面 坝 到 地方 件
放到水坝漂到一个叫“件”的地方。

tɕjeŋ^{13} ha:m^{13} kho^{33} tɕjeŋ^{13} ŋo^{53} xu^{35}.
件 三 科 件 五 富
举行的仪式择了“三科”日、“五富”日。

tɕjeŋ^{13} ha:m^{13} kho^{33} nda:u^{13} xai^{33} pan^{13} la:k^{42} wa:n^{13},
件 三 科 我们 准备 盘 孩子 男
“三科”日 利于男孩子，

tɕjeŋ^{13} ndiu^{13} a:n^{13} nda:u^{13} xai^{33} pan^{13} la:k^{42} wjek^{35}.
件 幽 鞍 我们 准备 盘 孩子 女
“大安”日利于女孩子。

tɕi^{33} ɦjen^{31} nai^{55} tɕhok^{32} ki^{31} ki^{31}.
纸 钱 这 利 急 急
这纸钱大吉大利。

ȵan^{31} pa:n^{35} nda:u^{35} tɕjə^{13} au^{53} ŋau^{55} ŋau^{55} pa:n^{35} ȵiŋ^{13},
银 半 柱 吃 米 咬 咬 半 坡
这纸钱就是你家里的银钱和粮食，

pa:n^{35} ȵiŋ^{13} au^{53} pa:n^{35} ŋau^{55} ȵan^{31}.
半 坡 米 半 银 器
这纸钱价同你家里的银器。

tɕhok^{32} jan^{13} qau^{35} jan^{13} ɦuai^{35},
利 人 旧 人 新
利于新人旧人，

tɕhok^{32} qui^{31} xai^{35} qui^{31} taːk^{32},
利 水牛 雌 水牛 雄
对雌雄水牛都有利，

tɕhok^{32} leu^{53} ɦu^{35} kap^{55} kha^{13},
利 完 猪 连 耳
利于圈里的猪，

tɕhok^{32} leu^{53} ɦua^{13} kap^{55} ɕiu^{33},
利 完 狗 连 爪
利于梯下的狗，

tɕhok^{32} ɕiu^{33} ɦua^{13} tɕhok^{32} wa^{35} qaːi^{35}.
利 爪 狗 利 翅 鸡
利于鸡犬。

ɦu^{35} jiŋ^{53} laːi^{35} qaːi^{35} jiŋ^{53} tjuŋ^{53} tjuŋ^{53} jiŋ^{53} xa^{13}.
猪 如 熊 鸡 如 杖 杖 如 药
猪大如熊，鸡脚硬如杖，杖可入药。

tɕi^{33} ɦjen^{31} nai^{55} xe^{13} tɕjə^{13} haːu^{33}.
纸 钱 这 别人 吃 酒
这纸钱，别人吃酒。

niə^{31} pu^{33} tai^{31} paːi^{13} ȶjə^{13} haːu^{33}.
你　也　带　去　吃　酒
你也来去买酒吃。

ȶi^{33} ɦjen^{31} nai^{55} xe^{13} ɣaːu^{33} xek^{35}.
纸　钱　这 别人 陪　客
这纸钱，别人陪客。

niə^{31} pu^{33} tai^{31} paːi^{13} ɣaːu^{33} xek^{35}.
你　也　带　去　陪　客
你也带去走亲访友。

wek^{35} mde^{13} xən^{31} xe^{53} qoŋ^{13}.
百　年　地方 做　活
拿到地方上去请人来干活。

niə^{31} pu^{33} tai^{31} paːi^{13} xe^{53} qoŋ^{13}.
你　也　带　去　做　活
你也带去干活。

xe^{13} pje^{13} ndam^{13} ȵiə^{31} pu^{33} aːu^{13} xe^{53} ma^{53}.
别人 卖　塘　你　也　要　做　码
别人卖塘，你也拿（这纸钱）去买。

xe^{13} pje^{13} ɣa^{35} ȵiə^{31} pu^{33} aːu^{13} xe^{53} ɦjen^{31}.
别人 卖　田　你　也　要　做　钱
这也是你买田庄的钱。

pje^{13} ɣa^{35} ndoŋ^{13} ȵiə^{31} na^{33} tɕiŋ^{33},
卖 田 森林 你 别 请
靠近山林的田你别买，

pje^{13} ɣa^{35} liŋ^{33} ȵiə^{31} na^{33} aːu^{13}.
卖 田 旱 你 别 要
干旱的田你别要。

xuŋ^{35} aːu^{13} ɣa^{35} pum^{55} pjeu^{31},
放 要 田 浮藻
要买有浮藻的水田，

xuŋ^{35} aːu^{13} ɣa^{35} liu^{31} li^{53},
放 要 田 绿 离
要买绿油油的田，

xuŋ^{35} aːu^{13} ɣa^{35} tɕap^{35} xi^{33}（ta^{35} kui^{33}），
放 要 田 甲 子 大 溪
要买溪边的田，

xuŋ^{35} aːu^{13} ɣa^{35} xaːi^{53} ma^{53}.
放 要 田 肠子 马
要买土地肥沃的田。

tɕi^{33} ɦjen^{31} nai^{55} ȵiə^{31} me^{31} aːu^{13} paːk^{35} ai^{31} xaːi^{13}.
纸 钱 这 你 不 要 嘴 我 给
这纸钱，即使你不要，我的嘴巴也要念给你。

tɕi^{33} ɦjen^{31} nai^{55} ȵiə^{31} me^{31} aːu^{13} mjə^{13} ai^{31} naːp^{55}.
纸 钱 这 你 不 要 手 我 递
这纸钱，即使你不要，我的手也要递给你。

naːp^{55} mjə^{13} wa^{13} aːi^{31} qat^{55} poəŋ^{55} tɕi^{33},
递 手 右 我 剪 幡 纸
我右手递给你纸幡，

naːp^{55} mjə^{13} tɕhi^{53} aːi^{31} qat^{55} tɕi^{33} ɦjen^{31},
递 手 左 我 剪 纸 钱
我左手递给你纸钱，

tɕi^{33} ɦjen^{31} nai^{55} aːu^{13} xaːi^{13} ȵiə^{31}.
纸 钱 这 要 给 你
这纸钱是非要给你不可的。

sa^{35} tɕan^{13} pu^{55} ɦi^{31} ku^{33} xe^{33},
爬 坡 普 到 头 嘿
爬了普山到了“嘿”的坡头，

tɕi^{33} ɦjen^{31} nai^{55} aːu^{13} xaːi^{13} ȵiə^{31}.
纸 钱 这 要 给 你
这纸钱是非要给你不可的。

sa^{35} ɕiŋ^{31} maːŋ^{13} xuə^{35} tɕeu^{31} xaːŋ^{13},
爬 城 鬼 换 桥 根
这纸钱是你上鬼门关的盘缠，

tɕi^{33} ɦjen^{31} nai^{55} aːu^{13} xaːi^{13} ȵiə^{31} paːi^{13} kuə^{35} tɕuan^{55} paːi^{13} maːŋ^{13}.
纸 钱 这 要 给 你 去 前 缩 去 鬼
这纸钱是你遁入阴间的路费。

ndeu^{13} ȵau^{55} lən^{13} wə^{13} haːŋ^{53} lən^{31},
我们 在 后 为 养 后
我们的日子还在后面，

ndeu^{13} ma^{33} ȵiə^{31} ma^{33} jiŋ^{53} tɕa^{31}.
我们 容忍 你 容忍 如 则
我们就这样容忍着你。

tɕa^{31} pu^{31} leu^{53}.
则 也 完
这一则到此结束。

（七）吉日颂

ndeu^{13} xai^{33} tai^{31} haːm^{13} hap^{55} su^{33}.
我们 准备 带 三 对 丑日
我们准备在地支丑日三遇的时候。

ndeu^{13} xai^{33} tai^{31} tɕu^{33} hap^{55} jan^{31}.
我们 准备 带 九 对 寅日
我们准备在地支寅日九遇的时候。

ndeu^{13} xai^{33} tai^{31} haːm^{13} hap^{55} xət^{55}.
我们 准备 带 三 对 戌日
我们准备在地支戌日三遇的时候。

ndeu^{13} xai^{33} tai^{31} tɕu^{33} hap^{55} sən^{13}.
我们 准备 带 九 对 申日
我们准备在地支申日九遇的时候。

ndeu^{13} xai^{33} tai^{31} ka^{33} njan^{31} xuə^{13},
我们 准备 带 等 月 缓
我们在等待适合的月份,

ndeu^{13} xai^{33} tai^{31} ka^{33} xuə^{13} u^{13},
我们 准备 带 等 缓 上
我们在等待吉利的日子,

ndai^{13} xiu^{13} miu^{13} tɕan^{13} na^{33},
好 怕 苗族 军队 前面
恐怕苗族的军队在前面拦截,

ndai^{13} xiu^{13} ka^{53} tɕan^{13} lən^{31},
好 怕 汉族 军队 后面
恐怕汉族的军队在后面追杀,

xiu^{13} wi^{13} khut^{55} xiu^{13} ȵap^{55} khiu^{33}.
怕 火 烫 怕 夹 求
恐怕遭遇火攻,恐怕遭遇夹击。

naːŋ^{13} haːm^{13} wan^{13} naːŋ^{13} ɦi^{31} ɕjek^{32},
有 三 天 有 到 雪
还有三天才赶“雪”场,

naːŋ^{13} paːt^{35} wan^{13} naːŋ^{13} ɦi^{31} jaːu^{53},
有 八 天 有 到 八寨
还有八天才赶八寨场，

naːŋ^{13} laːu^{33} wan^{13} ɦa^{13} ɦi^{31} ndaːu^{13}.
有 一 天 来 到 我们
才有一天就到我们这里了。

ndeu^{13} tin^{13} tja^{55} ȵiə^{31} qə^{55} me^{31} tin^{13} tja^{55}.
我们 脚 伸开 业 也 不 脚 伸开
我们的脚自然伸开，你的脚却不会伸开。

ndeu^{13} wa^{35} waːn^{33} ȵiə^{31} qə^{55} me^{31} wa^{35} waːn^{33}.
我们 翅膀 飞 你 也 不 翅膀 飞
我们的翅膀会飞，你的翅膀却不会飞。

ndeu^{13} xaːŋ^{55} tɕam^{31} ȵiə^{31} qə^{55} me^{31} xaːŋ^{55} tɕam^{31}.
我们 会 躲 你 自己 不 会 躲
大家都会躲，而你却不会躲。

ȵiə^{31} naːŋ^{13} qhaːŋ^{33} haːm^{13} ni^{53} to^{31} qhun^{13} mok^{42},
你 有 克 三 种 只 路 重
有三种灾厄克住了你，

ȵiə^{31} naːŋ^{13} qhaːŋ^{33} ljok^{42} ni^{53} to^{31} qhun^{13} xai^{13}.
你 有 克 六 种 只 路 害
有六种灾厄祸害你。

qhun^{13} mok^{42} ȵiə^{31} naːŋ^{13} mei^{53} pai^{13},
路 重 你 有 没 去
灾厄来了你不会走开，

qhun^{13} xai^{13} ȵiə^{31} naːŋ^{13} mei^{53} laŋ^{55}.
路 害 你 有 没 离开
祸害来了你不会离开。

ndeu^{13} pai^{13} te^{33} sai^{33} xən^{31},
我们 去 下面 问 地方
我们到下面去问人家，

xən^{31} sə^{33} wan^{13} ndai^{55} ndaːi^{13}.
地方 日子 这 好
地方上的人都说今天是吉日。

ndeu^{13} pai^{13} te^{33} sai^{33} xən^{31},
我们 去 下面 问 地方
我们到下面去问人家，

xən^{31} sə^{33} wan^{13} ndai^{55} ndjə^{13}.
地方 日子 好 剩下
地方上的人说，选去选来就剩下这一天吉利。

ndeu^{13} pai^{13} te^{33} sai^{33} njə^{13},
我们 去 下面 问 河
我们随河下去问，

njə^{13} sə^{33} wan^{13} ndai^{55} səŋ^{31}.
河 日 这 成
河两岸的人说，这一天吉利。

wan^{13} nai^{55} xən^{31} ɦjai^{13} le^{13} tik^{55} ta^{35}.
日 今 地方 开 书 满 野外
今天是吉日，可以翻开水书公开于内外。

wan^{13} nai^{55} xən^{31} ja^{35} le^{13} tik^{55} tɕan^{31}.
日 今 地方 晒 书 满 坡头
今天是吉日，可以翻开水书公开于上下。

wan^{13} nai^{55} wan^{13} mjaːŋ^{31} pu^{31}, wan^{13} ndiu^{13} khum^{33}, wan^{13} tɕum^{13} taːŋ^{31}, wan^{13} mok^{32} taːŋ^{31}.
日 今 日 穗 抽穗 日 茹空 日 金 堂 日 木 堂
今天是廉辅日、茹空日、金堂日、木堂日。

wan^{13} tɕum^{13} taːŋ^{31} xo^{53} na^{33}, wan^{13} mok^{32} taːŋ^{31} wa^{33} lən^{31}.
日 金 堂 放 前 日 木 堂 靠 后
金堂日在前，木堂日在后。

wan^{13} tɕum^{13} taːŋ^{31} au^{13} ɣa^{35}, wan^{13} mok^{32} taːŋ^{31} sa^{35} jan^{13}.
日 金 堂 要 田 日 木 堂 上 人
金堂日广置田庄，木堂日人丁兴旺。

xo^{53} wan^{13} nai^{55} woən^{55} pu^{31} pjau^{31} niu^{13} pu^{53} sau^{33}.
放 日 今 好 也 保 秀 也 主
择今日能保佑主人家。

xo^{53} wan^{13} nai^{55} woən^{55} au^{53} ɣan^{31} woən^{55} soŋ^{13} tau^{31}.

放 今 日 好 里 家 好 边 伴

择今日全家吉利，家族吉祥。

xo^{53} wan^{13} nai^{55} woən^{55} leu^{53} huai^{53} ɣan^{31} u^{13}.

放 今 日 好 了 兄 家 上

择今日，上面的哥哥家安好。

woən^{55} leu^{53} nu^{53} ɣan^{31} te^{33}.

好 了 弟 家 下

下面的弟弟家平安。

xo^{53} wan^{13} nai^{55} woən^{55} wjek^{35} qau^{33}, woən^{55} haːu^{53} ɣan^{31}.

放 今 日 好 女 眷 好 婿 家

择今日女儿女婿都平安。①

xo^{53} wan^{13} nai^{55} woən^{55} tɕiu^{35} kai^{13}, woən^{55} kai^{13} ȵan^{2}.

放 今 日 好 伙计 亲家 好 亲家 银

择今日，同庚伙计、儿女亲家都平安。

xo^{53} wan^{13} nai^{55} woən^{55} te^{33} tuŋ^{55} tɕu^{31}, woən^{55} u^{13} tuŋ^{55} nai^{55}.

放 今 日 好 下面 串 舅 好 上面 串 这

择今日，舅舅等外家亲戚平安。

① 在水族丧葬习俗中，有关于已经出嫁的女子及女婿的禁忌，水书上也有专门的禁忌条目。可参见拙文《水族丧葬忌讳习俗的文化解读》，载《黔南民族师范学院学报》2010 年第 1 期。

xo^{53} wan^{13} nai^{55} na:ŋ^{13} ha:m^{13}qha:u^{33} xa:k^{35} au^{53}.
放 今 日 有 三 仆 舂 米
择今日，有三个仆人帮忙舂米①。

na:ŋ^{13} tɕu^{33} qha:u^{33} sau^{35} wi^{13}.
有 九 佣 烧 火
有九个佣人帮忙烧火。

xa:k^{35} au^{53} jiŋ^{53} tam^{55} tuk^{55}.
舂 米 如 爆米花
舂碓声如爆米花一样。

ta:n^{33} ȵan^{31} jiŋ^{53} nok^{32} khiu^{33}.
穿 银 如 花 球
穿金戴银如白花。

qai^{35} tɕa:n^{31} jat^{55} tɕi^{33} la:k^{42} ȵiə^{31},
鸡 打鸣 一 几 孩子 你
公鸡第一次打鸣的时候，你的几个儿子，

tɕjat^{32} tjau^{53} mai^{53} xjan^{35} mei^{53} ɦjen^{13} xai^{13} ȵiə^{31}.
挖 牛桩 树 冷 没 成 给 你
还没有挖好坑，还没有栽好牛桩给你。

qai^{35} tɕa:n^{31} ȵi^{55} tɕi^{33} la:k^{42} ȵiə^{31},
鸡 打鸣 二 几 孩子 你
公鸡第二次打鸣的时候，你的几个儿子，

① 舂米：在水碾问世之前，人们用舂碓的方式使稻谷去壳。

khoŋ^{33} to^{31} po^{53} xo^{53} na^{33},
牵　头 黄牛 放 前
牵头黄牛在前，

khoŋ^{33} to^{31} ma^{53} wa^{33} lən^{31} xai^{13} ȵiə^{31}.
牵　匹 马 靠 后 给 你
牵匹马在后给你。①

aːu^{13} xaːi^{13} ȵiə^{31} ɣam^{55} ta^{13} ɦik^{55} pai^{13} xe^{53} tɕa^{13},
要 给 你 窜 中间 茅草 去 做 价
（这些）是你清理路障的资本，

aːu^{13} xaːi^{13} ȵiə^{31} ɣam^{55} ta^{13} ja^{13} pai^{13} xe^{53} tɕu^{33}.
要 给 你 窜 中间 野草 去 做 九
（这些）是你排除障碍的财富。

xe^{53} tɕu^{33} na^{33} xə^{53} tɕa^{13} laːu^{53}.
做 九 份 做 价 大
（送给你的这些东西）我们是按最好的标准来做。

xe^{53} tɕu^{33} na^{33} xə^{53} tɕa^{13} wuəŋ^{13}.
做 九 份 做 价 高
（送给你的这些东西）我们是按最高的标准来做。

wei^{13} ȵiə^{31} wə^{35} tun^{53} ȵiə^{31} xua^{33}.
未 你 完 断 你 化
因为啊，你的生命已经终了，你已经蝶化成仙。

① 此处的牲口视当时的情况而定。

wei^{13} sə^{33} paːi^{13} xən^{31} leu^{53},
未　　才　　去　地方　啦
你将撒到地方的江山上，

wei^{13} sə^{33} paːi^{13} ȟe^{53} tɕi^{31}.
未　　才　去　　做　旗
你将是阴间的一面旗帜。

paːi^{13} li^{13} faːŋ^{13} paːi^{13} lən^{53} tɕa^{31}.
去　　利　　方　　去　尽头　则
我们朝着吉利的方向送去，直到尽头。

tɕa^{31} pu^{31} leu^{13}.
则　　也　　完
这一则至此结束。

第十一节　开簖寻宗

开簖，翁条称 ljan^{35} phu^{35}，即展开宗支簖来朗读的意思；翁降称 tok^{32} pa^{13} pu^{53}，即朗读各分支祖先名字的意思。中国人传统的入谱观念是只登记男丁，笔者见到的都匀市归兰水族乡宗支簖也是如此。按传统，宗支簖的登记有严格的规定，即为父亲举行葬礼的时候才能把儿子的名字登记上去，至今都匀市归兰水族乡的乌约、榔木韦氏依然恪此不悖。其他宗支观念已经改变，只要是新生的男丁都可以上簖。这两种观念各有利弊，传统观念确保了入谱的严肃性，巩固了家谱管理者的权威性。然而家谱管理者往往是史诗的传承人、掌管本宗支葬礼的司仪，凡有丧事得请他们主持并将男丁的名字登记入谱。在历史发展的过程中，有相当一部分人因多方面的因素未能按传统程式举行葬礼，难免存在漏记的缺憾，代际拉大，后人查找不便。传统的观念认为男丁刚出生就入谱是不可取的，这带有诅咒的意思。至于入谱用学名还是乳名的问题也有争论，因为水族地区教育相对落后，大多数人入学时间短，文化不高，学名的影响不大，因此，学名不大为人们所知，乳名却为周边人所熟知，所以传统上入谱登记的是乳名。由此可知，水族地区启用字辈谱韵的时间相对较晚。而学名则是易于辨辈分、知长幼。从笔者见到的几种水族家谱看，父子连名的情况不明显。笔者在调查中了解到，现在迁移散居在外的人比较多，有的家族约定在春节或清明节进行集中登记。但在新的入谱观念中存在一个问题，就是家谱登记者根据当前情况，如尚在世的某人可能没有男丁了，就在其名字之后画圆圈，以表示终结，这有失严肃性。笔者认为对于这一类人，应当在其过世之后再行画圈。自实行计划生育后，有的家族在后人入谱问题上已经不限男丁，其子女的名字都要登记，笔者认为理应如此，值得倡导。

朗读家谱时，首先诵读宗根部分①，然后逐渐收束到亡人所在的宗支，较为亲近的几个祖公及亡人留到最后念唱，念唱到这几个人的时候，增加“大地多”数行歌词。

大地多

na:ŋ^{13} qoŋ^{35} n̥iə^{53} pu^{33} qa:ŋ^{53} ti^{55} to^{33}，jo^{13} ti^{55} ta^{33}.

有　　公　那　也　大　地　多　大　田产

有某某公也是有自己的后裔，也是有自己的田产。

o^{35} ku^{33} la:ŋ^{35} ku^{33} xa^{13},

哦　渐　立起　渐　来

他的后裔啊瓜瓞延绵，

---

① 宗根部分见第六章第一节。诵读家谱的时候，备有豆腐一块，酒一碗和筷子一支，每读到一位先人即蘸一下酒滴于地上。

xa^{13} ku^{33} laːŋ^{35} ku^{33} xe^{35}.
来 渐 立起 渐 破开
不断分蘖发展。

toi^{13} pai^{13} ti^{33} ɣan^{31} xek^{35},
落 去 一 家 客人
到客人家去，①

au^{13} to^{31} ja^{53} xai^{13} men^{13}.
要 一 奶 给 他
讨得一姑娘为妻。

muk^{55} ɦjan^{13} tɕa^{13}, ta^{31} ɦjan^{13} ɣan^{31},
开启 成 价 搭 成 家
让他成家立业，

ɦjan^{13} tɕa^{31} xje^{35}, ɦjen^{13} ȵe^{33} san^{31}.
成 价 破 成 哭 晚上
让他家有了哭笑声。

xe^{53} au^{53} phjuŋ^{13}, xjuŋ^{13} ma^{33} laːk^{42}.
做 饭 出蒸气 煮 软 骨
让他家炊烟袅袅，一团和气。

---

① 此处通常分两种情况，一种是已经不知道其妻从何而来、姓甚名谁者，则使用这样的唱法；一种是掌握其妻子情况者，如其妻姓韦名花，即这样唱："toi^{13} pai^{13} ti^{33} ɣan^{31} wei^{35}（姓氏），au^{13} ja^{53} xua^{33}（名字）xai^{13} men^{13}。"译为到韦姓人家，讨得名叫"花"的女人给他为妻。

haːŋ^{53} laːk^{42} ɦjan^{13}.

生　孩子　成

生出孩子，长大成人。

按翁条宗支簕记载有四种类型。

第一种是有后人，按后人名字念唱，唱词为问答式。

naːŋ^{13} qoŋ^{35} ×× mei^{53} xaːŋ^{53} ai^{33} nau^{13}?

有　公　某某 没　生　个　哪

某某公生了哪个呢？

xaːŋ^{53} qoŋ^{35} ×× xaːŋ^{53} qoŋ^{35} ××.

生　公　某某　生　公　某某

生某某公、生某某公。

第二种是失踪，对于失踪人员，谱上用“去苗”或“拜苗”两字记载，此两字的音义为 paːi^{13} miu^{13}，是到苗族地区去的意思，对于这种情况唱词如下：

men^{13} paːi^{13} miu^{13} phjaːm^{13} na^{33}.

他　去　苗族　找不到　脸

这个人已经到苗族地区去了，我们已经没有人认清他的面目了。

men^{13} paːi^{13} ka^{53} phjaːm^{13} ndaːn^{13}.

他　汉族　找不到　名字

这个人到汉族地区去了，我们已经记不起他的名字了。

ljeu^{53} pi^{31} lau^{53} pai^{13} ɕa^{33}? tɕa^{31} pu^{33} ljeu^{53}!

全部 批　大　去　哪里 则　也　结束

这位祖公去哪里了呢？先讲到这里吧！

第三种情况是有个男孩子，但是孩子夭折没有长大成人，在其名之后注明“生小”字样。

haːŋ^{53} nu^{53} ti^{33},
生 孥 小
他也是生有小孩子，

haːŋ^{53} ȵi^{55} ȵot^{31}.
生 知了
只是他的小孩子如同树林里的知了，只听到声音看不到人了。

ljeu^{53} pi^{31} lau^{53} pai^{13} ɕa^{33}? tɕa^{31} pu^{33} ljeu^{53}!
全部 批 大 去 哪里 则 也 结束
这位祖公去哪里了呢？先讲到这里吧！

第四种情况是没有生男孩子，或者没有结婚没有孩子，直接在名字之后画上“○”。

naːŋ^{13} qoŋ^{35} ×× maːi^{53} tun^{53} hua^{33}.
有 公 某某 木 结束 价值
有某某祖公的这棵树没有枝杈了。

hua^{33} tun^{53} lim^{53}.
价值 结束 楔
树干也朽坏，做不了楔子。

ljeu^{53} pi^{31} lau^{53} pai^{13} ɕa^{33}? tɕa^{31} pu^{33} ljeu^{53}!
全部 批 大 去 哪里 则 也 结束
这位祖公去哪里了呢？先讲到这里吧！

诵读宗支簿到亡人处为止，然后加上一段结尾的歌词。结尾歌词如下：

ndai^{55} naːŋ^{13} ȵiə^{31}，ȵiə^{31} tɕok^{32} qhun^{13}.
现　有　你　你　跪　路
现在的你啊，你朝大路上跪着。

ndai^{55} qhun^{13} tiu^{35}，ȵiə^{31} tɕok^{32} lu^{31}.
现　路　断　你　跪　灶
现在路断了，你跑到灶上跪。

ndai^{55} lu^{31} paːŋ^{13}，ȵiə^{31} tɕok^{32} pja^{13}.
现　灶　垮　你　跪　石
现在灶垮了，你跑到石板上跪。

ndai^{55} pja^{13} tjak^{55}，ȵiə^{31} tɕok^{32} hak^{32}.
现　石　断　你　跪　基础
现在石板断了，你跑到宅基地跪。

ndai^{55} hak^{32} wuŋ^{13}，ȵiə^{31} tɕok^{32} fən^{13} tai^{13} ȵai^{33}.
现　基础　松垮　你　跪　竹　死　枝
宅基地也松垮了，你跑到枯死的竹枝上跪。

ȵiə^{31} tɕok^{32} mai^{53} tai^{13} pje^{13}.
你　跪　树　死　梢
你还跑到枯萎的树梢上去跪。

ȵiə^{31} tɕok^{32} mom^{55} tai^{13} tɕjau^{33}.
你　跪　鱼　死　筊
你跪的鱼，鱼死在筊笼里。

ȵiə^{31} tɕok^{32} mau^{53} tai^{13} xam^{13}.
你 跪 毛 死 早
你跪的毛鱼，它死得更早。

pje^{13} mai^{53} ju^{35} pu^{31} qai^{33} ɦa^{13}.
梢 树 请 也 不 来
我们到树梢去请，因为树梢枯萎，也随之枯萎了。

pje^{13} pja^{13} ju^{35} pu^{31} qai^{33} fan^{55}.
前沿 石 请 也 不 返
我们到大石板上去请，因为石板断裂了，你也不知所终了。

wei^{13} ȵiə^{31} wə^{35} tun^{53} ȵiə^{31} xua^{33}.
未 你 完 断 你 化
因为啊，你的生命已经终了，你已经蝶化成仙。

wei^{13} sə^{33} paːi^{13} xən^{31} leu^{53},
未 才 去 地方 啦
你将撒到地方的江山上，

wei^{13} sə^{33} paːi^{13} ɦe^{53} tɕi^{31}.
未 才 去 做 旗
你将是阴间的一面旗帜。

paːi^{13} li^{13} faːŋ^{13} paːi^{13} lən^{53} tɕa^{31}.
去 利 方 去 尽头 则
我们朝着吉利的方向送去，直到尽头。

tɕa^{31} pu^{31} leu^{13}.
则　也　完
这一则至此结束。

第十二节　驱逐降棒

（一）

na:ŋ^{13} lau^{33} ni^{53} wjek^{35} ma:ŋ^{53} a^{31} pai^{13} ndoŋ^{13}.
有　只　母　女　高兴　啊　去　森林
女人啊，高高兴兴地到树林里去。

pa:k^{35} wja^{33} wja^{33}, men^{13} pai^{13} na^{33}.
嘴巴　口无遮拦　她　去　前面
她的嘴巴无所顾忌地说，她的脚不断朝前走去。

pa:k^{35} wja:ŋ^{13} wja:ŋ^{13}, sa^{35} jiŋ^{35} njap^{55}, xəp^{32} wa^{35} mai^{53}.
嘴巴　不停地说　上　山垭　窄　吹　叶　树
她的嘴巴不停地说，来到了“jiŋ^{35} njap^{55}”这个山垭口，口里还吹着树叶。

sa^{35} loŋ^{31} sa:u^{33} , nda:u^{33} wa^{35} mai^{53}.
上　八山　对　叶　树
爬八山的时候，她吹树叶的兴头正欢。

o^{35} loŋ^{31} sa:u^{33}, ma^{33} xa:i^{53} ɣoi^{31}.
到了 八山 软 心肠 放下
到了八山垭口，总算放下了心。

tɕum^{31} mai^{53} fa:ŋ^{13}, sa:ŋ^{31} mai^{53} qa:u^{33},
处所 树 桃 挂 树 桑
到了栽有桃树和桑树的地方，

wuk^{55} tu^{33} xa^{33}, tai^{13} leu^{53} to^{31} ai^{33} nda:u^{13}.
朽 互相 杀 死 了 一 个 我们
互相打杀，我们死了一个人。

nda:u^{13} pu^{33} ku^{33} qai^{33} sa:ŋ^{31},
我们 也 头 没 垂
我们也没有垂头，

nda:u^{13} pu^{33} na:ŋ^{13} qai^{33} ŋap^{32}.
我们 也 鼻子 没 关
我们也不丧气。

qai^{33} ŋap^{32} au^{53}, qai^{33} ta:u^{33} men^{13}.
没有 关 米 没有 找 他
粮食不受影响，也就没有去找他（敌人）。

mai^{53} xo^{53} xjat^{55}, xjat^{55} xo^{53} xe^{13}.
木 放 铁 铁 放 他人
木棍的顶头加上铁梭镖，用梭镖戳到了敌人。

wuk^{55} tu^{33} xa^{33}, tai^{13} leu^{53} ɣa^{31} ai^{33} men^{13}.
朽 互相 杀 死 了 两 个 他们
互相打杀，他们死了两个人。

men^{13} tai^{31} haːm^{13}, ɦa^{13} ho^{53} ku^{33},
他 带 三 来 放 头
他带三来放头上，

men^{13} tai^{31} tɕu^{33}, ɦa^{13} ho^{53} u^{13}.
他 带 九 来 放 上面
带九来放上面。

u^{13} sa^{13} ta^{55}, u^{13} sa^{13} tjeŋ^{13}.
上面 爬上 捶 上面 爬上 钉子
在上面打，在上面钉。

paːi^{13} mbe^{13} mi^{55}, sa^{35} mbe^{13} sən^{13}.
过 年 未 到 年 申
过了未年，到了申年。

qoŋ^{35} naːŋ^{13} jan^{13}, naːŋ^{13} mei^{53} pan^{13} ai^{33} naːu^{13} xe^{53} xaːŋ^{55} tu^{33} xa^{33}.
公 有 人 有 没 培养 个 谁 学 技能 互相 杀
我们的祖公有人，但是还没有培养出掌握杀人技能的人来。

qoŋ^{35} naːŋ^{13} jan^{13}, naːŋ^{13} mei^{53} pan^{13} ai^{33} naːu^{13} xe^{53} xaːŋ^{55} xe^{53} xuŋ^{13}.
公 有 人 有 没 培养 个 谁 学 技能 做 诉讼
我们的祖公有人，但是还没有培养出学会诉讼的人来。

qoŋ^{35} tu^{33} tɕeŋ^{13} ti^{55} ta^{33}, ja^{53} tu^{33} tɕeŋ^{13} xua^{33} xuo^{13}.
公 互相 争抢 地盘 奶 互相 争抢 花合①
男人互相争夺地盘，女人互相争夺花合山。

qoŋ^{35} tu^{33} tɕeŋ^{13} mai^{53} laːn^{55} mai^{53} ɣo^{53},
公 互相 争 木 烂 木 空
男人们争抢着烂木头，

ja^{53} tu^{33} tɕeŋ^{13} mai^{53} ɣo^{53} mai^{53} laːn^{55}.
奶 互相 争 木 空 木 烂
女人们也争抢着烂木头。

qoŋ^{35} tu^{33} tɕeŋ^{13} paːk^{35} xjuŋ^{31},
公 互相 争抢 把 织布机
男人们互相争抢织布机，

ja^{53} tu^{33} tɕeŋ^{13} xjuŋ^{31} xjə^{33}.
奶 互相 争抢 织布机 布
女人们互相争抢织布机上的布匹。

wuk^{55} tu^{33} xa^{33}, tai^{13} leu^{53} ɣa^{31} ai^{33} ndaːu^{13}.
朽 互相 杀 死 了 两 个 我们
互相打杀，我们死了两个人。

① xua^{33} xuo^{13}：水语地名，音译“花合”，今在都匀市归兰水族乡翁高村，是碧泉寨、毫六寨等水族村寨的后山。

ndaːu^{13} pu^{33} ku^{33} qai^{33} saːŋ^{31},
我们 也 头 没 垂
我们也没有垂头，

ndaːu^{13} pu^{33} naːŋ^{13} qai^{33} ŋap^{32}.
我们 也 鼻子 没 关
我们也不丧气。

qai^{33} ŋap^{32} au^{53}, qai^{33} taːu^{33} men^{13}.
没有 关 米 没有 找 他
粮食不受影响，也就没有去找他（敌人）。

mai^{53} xo^{53} xjat^{55}, xjat^{55} xo^{53} xe^{13}.
木 放 铁 铁 放 他人
木棍的顶头加上铁梭镖，用梭镖戳到了敌人。

wuk^{55} tu^{33} xa^{33}, tai^{13} leu^{53} haːm^{13} ai^{33} men^{13}.
朽 互相 杀 死 了 三 个 他们
互相打杀，他们死了三个人。

men^{13} tai^{31} haːm^{13}, ɦa^{13} ho^{53} ku^{33},
他 带 三 来 放 头
他带三来放头上，

men^{13} tai^{31} tɕu^{33}, ɦa^{13} ho^{53} u^{13}.
他 带 九 来 放 上面
带九来放上面。

u^{13} sa^{13} ta^{55}, u^{13} sa^{13} $tjeŋ^{13}$.
上面 爬上 捶 上面 爬上 钉子
在上面打，在上面钉。

$pa:i^{13}$ mbe^{13} mi^{55}, sa^{35} mbe^{13} $sən^{13}$.
过 年 未 到 年 申
过了未年，到了申年。

$qoŋ^{35}$ $na:ŋ^{13}$ jan^{13}, $na:ŋ^{13}$ mei^{53} pan^{13} ai^{33} $na:u^{13}$ $xe^{53}xa:ŋ^{55}$ tu^{33} xa^{33}.
公 有 人 有 没 培养 个 谁 学 技能 互相 杀
我们的祖公有人，但是还没有培养出掌握杀人技能的人来。

$qoŋ^{35}$ $na:ŋ^{13}$ jan^{13}, $na:ŋ^{13}$ mei^{53} pan^{13} ai^{33} $na:u^{13}$ xe^{53} $xa:ŋ^{55}$ xe^{53} $xuŋ^{13}$.
公 有 人 有 没 培养 个 谁 学 技能 做 诉讼
我们的祖公有人，但是还没有培养出学会诉讼的人来。

ni^{53} qui^{31} $pə^{31}$, $la:k^{42}$ qui^{31} $ljem^{53}$,
雌 水牛 白 崽 水牛 连
老母牛连着小牛崽，

qui^{31} nun^{31} ta^{35} $phja:ŋ^{33}$ ni^{53}.
水牛 睡 野外 坏死 母
放在野外的水牛啊，母牛无缘无故地死了。

ni^{53} nun^{31} ta^{35} $phja:ŋ^{33}$ $la:k^{42}$.
母 睡 野外 坏死 崽
放在野外的牛啊，牛崽无缘无故地死了。

wuk^{55} tu^{33} xa^{33}, tai^{13} leu^{53} haːm^{13} ai^{33} ndaːu^{13}.
朽 互相 杀 死 了 三 个 我们
互相打杀，我们死了三个人。

ndaːu^{13} pu^{33} ku^{33} qai^{33} saːŋ^{31},
我们 也 头 没 垂
我们也没有垂头，

ndaːu^{13} pu^{33} naːŋ^{13} qai^{33} ŋap^{32}.
我们 也 鼻子 没 关
我们也不丧气。

qai^{33} ŋap^{32} au^{53}, qai^{33} taːu^{33} men^{13}.
没有 关 米 没有 找 他
粮食不受影响，也就没有去找他（敌人）。

mai^{53} xo^{53} xjat^{55}, xjat^{55} xo^{53} xe^{13}.
木 放 铁 铁 放 他人
木棍的顶头加上铁梭镖，用梭镖戳到了敌人。

wuk^{55} tu^{33} xa^{33}, tai^{13} leu^{53} xi^{35} ai^{33} men^{13}.
朽 互相 杀 死 了 四 个 他们
互相打杀，他们死了四个人。

men^{13} tai^{31} haːm^{13}, ɦa^{13} ho^{53} ku^{33},
他 带 三 来 放 头
他带三来放头上，

men^{13} tai^{31} tɕu^{33}, ɦa^{13} ho^{53} u^{13}.
他 带 九 来 放 上面
带九来放上面。

u^{13} sa^{13} ta^{55}, u^{13} sa^{13} tjeŋ^{13}.
上面 爬上 捶 上面 爬上 钉子
在上面打，在上面钉。

pa:i^{13} mbe^{13} mi^{55}, sa^{35} mbe^{13} sən^{13}.
过 年 未 到 年 申
过了未年，到了申年。

qoŋ^{35} na:ŋ^{13} jan^{13}, na:ŋ^{13} mei^{53} pan^{13} ai^{33} na:u^{13} xe^{53} xa:ŋ^{55} tu^{33} xa^{33}.
公 有 人 有 没 培养 个 谁 学 技能 互相 杀
我们的祖公有人，但是还没有培养出掌握杀人技能的人来。

qoŋ^{35} na:ŋ^{13} jan^{13}, na:ŋ^{13} mei^{53} pan^{13} ai^{33} na:u^{13} xe^{53} xa:ŋ^{55} xe^{53} xuŋ^{13}.
公 有 人 有 没 培养 个 谁 学 技能 做 诉讼
我们的祖公有人，但是还没有培养出学会诉讼的人来。

la:k^{42} qai^{33} ndiu^{33}, tai^{13} pai^{13} tɕu^{33} pjen^{53} ljok^{42}.
崽 没 顺从 死 去 九 和 六
孩子没有顺从，死去六个和九个。

wuk^{55} tu^{33} xa^{33}, tai^{13} leu^{53} ljok^{42} ai^{33} nda:u^{13}.
朽 互相 杀 死 了 六 个 我们
互相打杀，我们死了六个人。

ndaːu^{13} pu^{33} ku^{33} qai^{33} saːŋ^{31},
我们 也 头 没 垂
我们也没有垂头，

ndaːu^{13} pu^{33} naːŋ^{13} qai^{33} ŋap^{32}.
我们 也 鼻子 没 关
我们也不丧气。

qai^{33} ŋap^{32} au^{53}, qai^{33} taːu^{33} men^{13}.
没有 关 米 没有 找 他
粮食不受影响，也就没有去找他（敌人）。

mai^{53} xo^{53} xjat^{55}, xjat^{55} xo^{53} xe^{13}.
木 放 铁 铁 放 他人
木棍的顶头加上铁梭镖，用梭镖戳到了敌人。

wuk^{55} tu^{33} xa^{33}, tai^{13} leu^{53} sop^{42} qa^{33} ȵi^{55} ai^{33} men^{13}.
朽 互相 杀 死 了 十 啊 二 个 他们
互相打杀，他们死了十二个人。

men^{13} tai^{31} haːm^{13}, ɦa^{13} ho^{53} ku^{33},
他 带 三 来 放 头
他带三来放头上，

men^{13} tai^{31} ʨu^{33}, ɦa^{13} ho^{53} u^{13}.
他 带 九 来 放 上面
带九来放上面。

u^{13} sa^{13} ta^{55}, u^{13} sa^{13} tjeŋ^{13}.
上面 爬上 捶 上面 爬上 钉子
在上面打，在上面钉。

paːi^{13} mbe^{13} mi^{55}, sa^{35} mbe^{13} sən^{13}.
过 年 未 到 年 申
过了未年，到了申年。

qoŋ^{35} naːŋ^{13} jan^{13}, au^{53} ȵaːu^{55} qam^{33} tɕuŋ^{13} qaːu^{33}.
公 有 人 米 在 盖子 处所 里面
祖公家有人又有米。

qoŋ^{35} naːŋ^{13} jan^{13}, au^{53} ȵaːu^{55} qam^{33} tɕuŋ^{13} sai^{55}.
公 有 人 米 在 盖子 处所 竹壕
祖公家有人又有财。

ȵiə^{31} ndai^{33} mom^{55} a^{31} ȵiə^{31} qə^{55} khaːu^{33}!
你 得 鱼 啊 你 自己 烤
送给你的鱼自己烤着吃吧！

ȵiə^{31} ndai^{33} mau^{53} a^{31} ȵiə^{31} qə^{55} xjuŋ^{13}!
你 得 毛 啊 你 自己 煮
送给你的毛鱼自己煮着吃吧！

ȵiə^{31} qə^{55} tɕiə^{13} nan^{53} ta^{55} lam^{13}.
你 自己 吃 肉 整 个
一大坨的肉，你是整个儿地吃。

ȵiə^{31} qə^{55} tɕiə^{13} lam^{13} ta^{55} tui^{53}.
你 自己 吃 个 整 碗
一大碗的饭，你也是整个儿地吃。

au^{13} wi^{13} ndap^{55} xai^{13} ȵiə^{31} pai^{13} xum^{35} xje^{53} xən^{31}.
要 火 熄灭 给 你 去 土 做 地方
我们把明火熄灭掉①，好让你带到阴曹地府里去。

taːu^{35} wi^{13} ndaːŋ^{13} xai^{13} ndeu^{13} ȵau^{55} lən^{31} ndai^{13} ndu^{33}.
让 火 明 给 我们 在 后 好 暖
留下明火给我们往后过着红火的日子。

ku^{33} lai^{31} puə^{13} wjan^{13} lai^{31} ɣa^{13}.
头 早 白 牙 早 锈
（你的）头发已白，牙齿已锈。

tɕa^{31} pu^{31} ljeu^{13}.
则 也 完
这则到此也结束了。

（二）鬼

au^{53} ɣan^{31} ȵiə^{31} ȵau^{55} ɣo^{31}, pu^{31} qə^{55} ndai^{33} sjeŋ^{31} saːi^{53}.
里面家 你 在 空 也 自己 得 杀伤 爬上
你的家啊，自己引来灾厄。

① 仪式中，诵唱到这里时，司仪人从火塘里夹出火子并用刀柄捣碎，使其熄灭。

au^{53} ɣan^{31} ȵiə^{31} ȵau^{55} mai^{53}, pu^{31} qə^{55} ndai^{33} ŋa:i^{53} tɕam^{13}.
里面 家 你 在 木 也 自己 得 遭到 鬼
你家的棺木啊，自己引来鬼怪。

mei^{53} ndai^{33} tɕam^{13} ta:ŋ^{31} ma:ŋ^{53}?
不 得 鬼 到 什么
招引了什么鬼呢？

tɕam^{13} tin^{13} kha:u^{35}, tɕam^{13} ɣau^{31} ɣan^{31}.
鬼 脚 叫吠 鬼 跟随 家
引来鬼怪到家里叫吠。

tɕam^{13} tin^{13} kha:u^{35}, tɕam^{13} ljok^{42} ɣan^{31}.
鬼 脚 叫吠 鬼 六 家
引来鬼怪到三家六房叫吠。

tɕam^{13} au^{53} xa:n^{13}, tjeu^{31} ta^{35} nduŋ^{33}.
鬼 米粒 跳 中间 簸箕
一种让米粒在簸箕中不停跳动的鬼。

tɕam^{13} au^{53} tuŋ^{53}, tjeu^{31} ta^{35} ɣan^{31}.
鬼 米 恸哭 跳 中间 房子
一种在房子中间哭丧的鬼。

tɕam^{13} ndiu^{13} an^{13}, tɕam^{13} ta^{35} khuk^{55}.
鬼 抽拉 马鞍 鬼 蜈蚣
抽拉风箱的鬼，蜈蚣鬼。

tɕam^{13} xui^{31} xum^{35}, tɕam^{13} qum^{55} kje^{53}.
鬼 蛇 土 鬼 甲壳 屎
老蛇鬼，屎壳郎①鬼。

tɕam^{13} xui^{31} xum^{35} sa^{35} ndje^{33}.
鬼 蛇 土 爬 梯子
老蛇鬼看上了楼梯。

tɕam^{13} qum^{55} kje^{53} ɦa^{13} ɣan^{31}.
鬼 甲壳 屎 来 家
屎壳郎鬼来到家里。

tɕam^{13} ni^{53} ɦu^{35} nun^{31} pən^{31}.
鬼 雌 猪 睡 喷
一种让母狗睡得甩头搭脑的鬼。②

tɕam^{13} ai^{33} jan^{13} nun^{31} xaːi^{31}.
鬼 个 人 睡 棺材
一种让人睡到棺材里去的鬼，即死鬼。

tɕam^{13} ni^{53} ɦo^{33}, tai^{13} lok^{35} u^{13}.
鬼 雌 鼠 死 仓楼 上
老鼠鬼，死在仓楼上。

---

① 屎壳郎：蜣螂的俗称，民间对其有屎蛇螂、屎比房、推丸、裹粪牛、滚粪牛、滚粪郎等多种称呼。

② 疑说的是母猪疯，即癫痫。这里指的是一种致人患上癫痫的鬼。

tɕam^{13} ni^{53} lu^{13}, tai^{13} lok^{35} te^{33}.
鬼 雌 马蜂 死 仓楼 下
马蜂鬼，死在仓楼之下。

tɕam^{13} ni^{53} ɦo^{33}, tai^{13} au^{53} khaːi^{35}.
鬼 雌 鼠 死 里面 篱笆
老鼠鬼就死在篱笆墙里面。

tɕam^{13} ni^{53} xui^{31}, ɣaːi^{35} ku^{33} xe^{13}.
鬼 雌 蛇 搭 头 捞网
老蛇鬼就在渔网之上。

tɕam^{13} ni^{53} tɕhek^{35} taːŋ^{55} taːu^{55}.
鬼 雌 喜鹊 来 站
喜鹊鬼来站。①

tɕam^{13} ni^{53} qaːu^{13} taːu^{55} ɣan^{31}.
鬼 雌 猫头鹰 来 家
猫头鹰到房顶上来。

tɕhek^{35} taːu^{55} qaːn^{55}, qaːu^{13} taːu^{55} ɣan^{31}.
喜鹊 站在 竹竿 猫头鹰 站在 房子
喜鹊站到竹竿上，猫头鹰站到房顶上。

① 水族民间认为大型的鸟类停在房顶上是一种不祥的预兆，尤其是夜间有猫头鹰等到房顶上叫更为不吉。

tɕam^{13} ljap^{55} li^{33}, tɕam^{13} xi^{33} taːu^{55}.
鬼 剁 狸 鬼 桌子 豆
狐狸鬼，痘疹鬼。①

tɕam^{13} ndju^{33} paːŋ^{13}, tɕam^{13} khaːi^{35} na^{33}.
鬼 翻锹 垮 鬼 篱笆 脸
垮塌鬼，麻子鬼。

tɕam^{13} lja^{31} paːŋ^{13}, tɕam^{13} khaːi^{35} xum^{53}, lum^{55} khaːi^{35} ɣan^{31}.
鬼 勒 垮 鬼 篱笆 土 穿 篱笆 房子
勒死鬼，泥墙鬼，穿过篱笆进到家里。

ai^{31} sə^{33} tɕam^{13} qə^{55} ȵiə^{31} sə^{33} me^{13},
我 是 鬼 啊 你 是 不
我说是鬼你却说不是，

ȵiə^{31} ndai^{33} tɕam^{13} qə^{55} tɕam^{13} ndai^{33} ȵiə^{31}.
你 得 鬼 啊 鬼 得 你
你和鬼怪是同一类了。

ȵiə^{31} ndai^{33} tɕam^{13} qə^{55} wət^{32} pai^{13} te^{33}!
你 得 鬼 啊 甩 去 下面
如果是你沾染了鬼怪，你就往下面甩去吧！

① 痘疹病传染性极强，痘、豆同音且与水语“taːu^{55}”（沾染疾病）的语音一样，而鬼作祟于人的时候，通常也说被鬼“撒了一把豆”，这成为语言禁忌。

ȵiə^{31} ndai^{33} tɕam^{13} qə^{55} li^{53} pai^{13} tin^{13}.

你　得　鬼　啊 整理 去　脚

如果是你沾染了鬼怪，请用脚将它踏下。

pai^{13} tin^{13} pan^{31}, pai^{13} lja:ŋ^{31} ɕe^{31}.

去　脚　斜　去　辽　西

让它到岩脚去，到辽西去。

pai^{13} ndjam^{35} ndjut^{55}, pai^{13} xuŋ^{13} tɕun^{55}.

去　阴森　去　凤啭

让它到阴森的地方去，到凤啭河①。

ndai^{33} ndai^{33} tɕun^{55} lən^{31} ȵiə^{31}.

得　得　挣扎 外面 你

这些鬼啊转去转来，还是围着你。

tɕa^{33} pu^{31} leu^{53}.

则　也　完

这一则也结束了。

（三）煞

au^{53} ɣan^{31} ȵiə^{31} ȵau^{55} ɣo^{31}, pu^{31} qə^{55} ndai^{33} ɕiə^{31} sa:i^{53}.

里面 家　你　在　空　也 自己　得　杀伤 爬上

你的家啊，自己引来灾厄。

① 凤啭河：位于都匀市平浪镇沙寨一带。

au^{53} ɣan^{31} ȵiə^{31} ȵau^{55} mai^{53}, pu^{31} qə^{55} ndai^{33} ŋa:i^{53} pa:ŋ^{13}.
里面 家　你　在　木　也 自己 得　遭到 煞
你家的棺木啊，自己引来恶煞。

mei^{53} ndai^{33} pa:ŋ^{13} ta:ŋ^{31} ma:ŋ^{53}?
不　得　煞　到　什么
招引了什么凶煞呢？

pa:ŋ^{13} tin^{13} kha:u^{35}, pa:ŋ^{13} ɣau^{31} ɣan^{31}.
煞　脚　叫吠　煞　跟随　家
引来凶煞到家里叫吠。

pa:ŋ^{13} tin^{13} kha:u^{35}, pa:ŋ^{13} ljok^{42} ɣan^{31}.
煞　脚　叫吠　煞　六　家
引来凶煞到三家六房叫吠。

pa:ŋ^{13} au^{53} xa:n^{13}, tjeu^{31} ta^{35} nduŋ^{33}.
煞　米粒　跳 中间 簸箕
一种让米粒在簸箕中不停跳动的凶煞。

pa:ŋ^{13} au^{53} tuŋ^{53}, tjeu^{31} ta^{35} ɣan^{31}.
煞　米 恸哭　跳 中间 房子
一种在房子中间哭丧的凶煞。

pa:ŋ^{13} ndiu^{13} an^{13}, pa:ŋ^{13} ta^{35} khuk^{55}.
煞　抽拉 马鞍　煞　蜈蚣
抽拉风箱的煞，蜈蚣煞。

paːŋ^{13} xui^{31} xum^{35}, paːŋ^{13} qum^{55} kje^{53}.
煞　蛇　土　　煞　甲壳　屎
老蛇煞，屎壳郎煞。

paːŋ^{13} xui^{31} xum^{35} sa^{35} ndje^{33}.
煞　蛇　土　爬　梯子
老蛇煞看上了楼梯。

paːŋ^{13} qum^{55} kje^{53} ħa^{13} ɣan^{31}.
煞　甲壳　屎　来　家
屎壳郎煞来到家里。

paːŋ^{13} ni^{53} ħu^{35} nun^{31} pən^{31}.
煞　雌　猪　睡　喷
一种让母狗睡得甩头搭脑的煞。

paːŋ^{13} ai^{33} jan^{13} nun^{31} xaːi^{31}.
煞　个　人　睡　棺材
一种让人睡到棺材里去的鬼。

paːŋ^{13} ni^{53} ħo^{33}, tai^{13} lok^{35} u^{13}.
煞　雌　鼠　死　仓楼　上
老鼠煞，死在仓楼上。

paːŋ^{13} ni^{53} lu^{13}, tai^{13} lok^{35} te^{33}.
煞　雌　马蜂　死　仓楼　下
马蜂煞，死在仓楼之下。

pa:ŋ^{13} ni^{53} ɦo^{33}, tai^{13} au^{53} kha:i^{35}.
煞　雌 鼠　死 里面 篱笆
老鼠煞就死在篱笆墙里面。

pa:ŋ^{13} ni^{53} xui^{31}, ɣa:i^{35} ku^{33} xe^{13}.
煞　雌　蛇　　搭　头　捞网
老蛇煞就在渔网之上。

pa:ŋ^{13} ni^{53} tɕhek^{35} ta:ŋ^{55} ta:u^{31}.
煞　雌　喜鹊　来　站
喜鹊煞来站。

pa:ŋ^{13} ni^{53} qa:u^{13} ta:u^{55} ɣan^{31}.
煞　雌 猫头鹰 来　家
猫头鹰到房顶上来。

tɕhek^{35} ta:u^{55} qa:n^{55}, qa:u^{13} ta:u^{55} ɣan^{31}.
喜鹊　站在 竹竿 猫头鹰 站在 房子
喜鹊站到竹竿上，猫头鹰站到房顶上。

pa:ŋ^{13} ljap^{55} li^{33}, pa:ŋ^{13} xi^{33} ta:u^{55}.
煞　剁　狸　煞　桌子 豆
狐狸煞，痘疹煞。

pa:ŋ^{13} ndju^{13} pa:ŋ^{13}, pa:ŋ^{13} kha:i^{35} na^{33}.
煞　翻锹　垮　煞　篱笆　脸
垮塌煞，麻子煞。

paːŋ^{13} lja^{31} paːŋ^{13}, paːŋ^{13} khaːi^{35} xum^{53}, lum^{55} khaːi^{35} ɣan^{31}.
煞 勒 垮 煞 篱笆 土 穿 篱笆 房子
勒死煞，泥墙煞，穿过篱笆进到家里。

ai^{31} sə^{33} paːŋ^{13} qə^{55} ȵiə^{31} sə^{33} me^{13},
我 是 煞 啊 你 是 不
我说是凶煞你却说不是，

ȵiə^{31} ndai^{33} paːŋ^{13} qə^{55} paːŋ^{13} ndai^{33} ȵiə^{31}.
你 得 煞 啊 煞 得 你
你和凶煞是同一类了。

ȵiə^{31} ndai^{33} paːŋ^{13} qə^{55} wət^{32} pai^{13} te^{33}!
你 得 煞 啊 甩 去 下面
如果是你沾染了凶煞，你就往下面甩去吧！

ȵiə^{31} ndai^{33} paːŋ^{13} qə^{55} li^{53} pai^{13} tin^{13}.
你 得 煞 啊 整理 去 脚
如果是你沾染了凶煞，请用脚将它踏下。

pai^{13} tin^{13} pan^{31}, pai^{13} ljaːŋ^{31} ɕe^{31}.
去 脚 斜 去 辽 西
让它到岩脚去，到辽西去。

pai^{13} ndjam^{35} nduk^{55}, pai^{13} xuŋ^{13} tɕun^{55}.
去 阴森 去 凤啭
让它到阴森的地方去，到凤啭河。

ndai^{33} ndai^{33} tɕun^{55} lən^{31} ȵiə^{31}.
得　　得　挣扎 外面 你
这些凶煞啊转去转来，还是围着你。

tɕa^{33} pu^{31} leu^{53}.
则　也　完
这一则也结束了。

（四）杀伤

au^{53} ɣan^{31} ȵiə^{31}sjeŋ^{13} ɣaːŋ^{55} ɣaːŋ^{55} ȵau^{55} tin^{13} ndje^{33}.
里面 家　你　杀伤　　充斥　　在　脚下 梯
你家里的楼梯脚下到处是杀伤[①]之气。

sjeŋ^{13} we^{53} ɣe^{53}, ȵau^{55} te^{33} njun^{13}.
杀伤　坐满状　在 下面 凳子
盒子下面全是杀伤。

ɦjem^{13} tin^{13} lak^{35}, la^{35} tin^{13} pjam^{13}.
粘　脚下 衣骨，挪移 脚 发
杀伤粘住衣骨，上移到头发。

ɦjem^{13} tin^{13} nduk^{55}, lət^{32} tin^{13} waːn^{33}.
粘　　脚　衣服　沿　脚　褶
粘住衣脚，沿着百褶裙摆。

①杀伤：水语音译，为水书条目名称，参见王品魁《水书正七卷壬辰卷》：“意为恶死恶伤，是导致人死于非命或招致凶祸的恶鬼。”

ai^{31} sə^{33} sjeŋ^{13} qə^{55} ȵiə^{31} sə^{33} me^{13},
我 是 伤 啊 你 是 不
我说是杀伤你却说不是，

ȵiə^{31} ndai^{33} sjeŋ^{13} qə^{55} sjeŋ^{13} ndai^{33} ȵiə^{31}.
你 得 伤 啊 煞 得 你
你和杀伤是同一类了。

ȵiə^{31} ndai^{33} sjeŋ^{13} qə^{55} wət^{32} pai^{13} te^{33}!
你 得 伤 啊 甩 去 下面
如果是你沾染了杀伤，你就往下面甩去吧！

ȵiə^{31} ndai^{33} sjeŋ^{13} qə^{55} li^{53} pai^{13} tin^{13}.
你 得 伤 啊 整理 去 脚
如果是你沾染了杀伤，请用脚将它踏下。

pai^{13} tin^{13} pan^{31}, pai^{13} lja:ŋ^{31} ɕe^{31}.
去 脚 斜 去 辽 西
让它到岩脚去，到辽西去。

pai^{13} ndjam^{35} ndjut^{55}, pai^{13} xuŋ^{13} tɕun^{55}.
去 阴森 去 凤啭
让它到阴森的地方去，到凤啭河。

ndai^{33} ndai^{33} tɕun^{55} lən^{31} ȵiə^{31}.
得 得 挣扎 外面 你
这些凶煞啊转去转来，还是围着你。

tɕa^{33} pu^{31} leu^{53}.
则　也　完
这一则也结束了。

第十三节　清除灾祸

ai^{31} tɕu^{31} sjeŋ^{13}, ȵiə^{31} tɕjai^{33} miŋ^{55} qə^{55} ɣan^{31} ai^{33} nau^{13}?
我 清理 杀伤　你　禳　命　才　家　个　哪
现在，我来清理凶神恶煞了，为谁家请命呢？

（历数孝子名）
pai^{13} ndok^{35} sjeŋ^{13}, pai^{13} qə^{55} ɣan^{31} ai^{33} nau^{13}?
去　撒　杀伤　去　啊　家　个　哪
拿凶神恶煞出去撒啦，撒到谁的家呢？

ɣan^{31} taːŋ^{55} waːŋ^{55}, nau^{13} wun^{55} ŋai^{13}.
家　党　网　在　翁　岩
撒到翁岩寨的党网家去。

pai^{13} ndok^{35} sjeŋ^{13}, pai^{13} qə^{55} ɣan^{31} ai^{33} nau^{13}?
去　撒　杀伤　去　啊　家　个　哪
拿凶神恶煞出去撒啦，撒到哪个家呢？

ɣan^{31} tɕu^{31} tɕiə^{31}, nau^{13} tɕai^{35} kam^{13}.
家 朱 杰 在 边上 篱笆
撒到篱笆边上的朱杰家。

pai^{13} ndok^{35} sjeŋ^{13}, pai^{13} qə^{55} ɣan^{31} ai^{33} nau^{13}?
去 撒 杀伤 去 啊 家 个 哪
拿凶神恶煞出去撒啦，撒到哪个家呢？

ɣan^{31} mau^{53} pə^{31}, nau^{13} pa:k^{35} sai^{55}.
家 毛 柏 在 嘴 竹林
撒到竹林口的毛柏家。

pai^{13} ndok^{35} sjeŋ^{13}, pai^{13} qə^{55} ɣan^{31} ai^{33} nau^{13}?
去 撒 杀伤 去 啊 家 个 哪
拿凶神恶煞出去撒啦，撒到哪个家呢？

ɣan^{31} tɕhiə^{53} sa:u^{53}, nau^{13} pa:k^{35} mjem^{31}.
家 钱 朝 在 嘴 蕨
撒到在长满毛蕨的钱朝家。

pai^{13} ndok^{35} sjeŋ^{13}, pai^{13} qə^{55} ɣan^{31} ai^{33} nau^{13}?
去 撒 杀伤 去 啊 家 个 哪
拿凶神恶煞出去撒啦，撒到哪个家呢？

ɣan^{31} lo^{53} tɕa^{33}, nau^{13} pa:k^{35} miŋ^{33}.
家 罗 家 在 嘴 明
撒到巴明寨的罗家。

pai^{13} ndok^{35} sjeŋ^{13}, pai^{13} qə^{55} ɣan^{31} ai^{33} nau^{13}?
去 撒 杀伤 去 啊 家 个 哪
拿凶神恶煞出去撒啦，撒到哪个家呢？

ɣan^{31} jaːŋ^{53} tɕa^{33}, nau^{13} uŋ^{35} tɕi^{53}.
家 杨 家 在 翁 记
撒到翁记的杨家。

pai^{13} ndok^{35} sjeŋ^{13}, pai^{13} qə^{55} ɣan^{31} ai^{33} nau^{13}?
去 撒 杀伤 去 啊 家 个 哪
拿凶神恶煞出去撒啦，撒到哪个家呢？

ɣan^{31} liu^{53} tɕa^{33}, nau^{13} tɕi^{55} tɕaːu^{33}.
家 刘 家 在 鸡 照
撒到鸡照坡的刘家。

ɦa^{13} ndaːu^{13} mai^{35}, ndai^{33} ndaːu^{13} ɣo^{53}.
来 我们 树木 得 我们 放
他们来了，我们拿棍子驱赶。

men^{13} ɦa^{13} ndaːu^{13} si^{31} lap^{55}.
他 来 我们 就 剁
他过来，我们就剁他。

men^{13} lap^{55} ndaːu^{13} si^{31} ndiə^{13}.
他 剁 我们 才 剩下
他想来剁我们做不到，我们活下来。

xun^{31} sjeŋ^{13} xun^{53}, pai^{13} xai^{13} taːu^{31}.
教 牲口 送 去 给 伴
我们教牲口送去给他的牲口。

xun^{31} sjeŋ^{13} wut^{32}, pai^{13} xai^{13} tun^{31}.
教 牲口 甩 去 给 端
我们教牲口端过去给他的牲口。

ɣan^{31} men^{13} woəŋ^{13}, saːŋ^{31} ku^{33} khaːi^{35}.
家 他 高 挂 头 篱笆
如果他家房子高，就挂在他的篱笆上。

ɣan^{31} men^{13} ndam^{35}, ɣai^{35} ku^{33} kha^{13}.
家 他 矮 搭 头 耳
如果他家房子矮，就搭在他家的椽头上。

laːk^{42} ħua^{13}nam^{13} men^{13} khaːu^{35} ȵiə^{31} na^{33} xan^{33}.
崽 狗 黑 他 叫 你 别 红
他家的小黑狗狂叫的时候，你别脸红。

laːk^{42} ħua^{13} xan^{31} men^{13} khaːu^{35} ȵiə^{31} na^{33} xiu^{13}.
崽 狗 红 他 叫 你 别 怕
他家的小红（黄）狗狂叫的时候，你别怕它。

ħua^{13} men^{13} ħua^{13} paːk^{35} ljak^{55}.
狗 他 狗 嘴 偷
他家的狗是偷东西的狗。

ħua^{13} men^{13} ħua^{13} pa:k^{35} ħo^{33}.

狗 他 狗 嘴 老鼠

他家的狗是老鼠嘴。

men^{13} khi^{13} ku^{33}, ja:u^{33} xo^{53} te^{33}.

他 梳 头 绕 放 下面

趁他梳头的时候，悄悄放到下面去。

men^{13} tɕiə^{31} nie^{13}, ja:u^{33} xo^{53} tui^{53}.

他 吃 东西 绕 放 碗

他在吃东西的时候，悄悄放到碗里。

men^{13} nun^{31} wjem^{13}, ja:u^{33} xo^{53} kha^{13}.

他 睡 横 绕 放 耳

他横着睡的时候，悄悄搁在他的耳朵上。

men^{13} nun^{31} wjem^{13}, ja:u^{33} xo^{53} nda^{13}.

他 睡 横 绕 放 眼睛

他横着睡的时候，悄悄放入他的眼睛。

tau^{35} ni^{53} tin^{13} qə^{55} tu^{33} liŋ^{13}.

让 只 肢 自己 互相 反

让他的两只脚互相绞在一起。

tau^{35} la:k^{42} tin^{13} qə^{55} tu^{33} qat^{55}.

让 崽 脚 自己 互相 割

让他的两只脚互相钳在一起。

men^{13} tu^{33} te^{35} au^{53} wa:n^{33}.
他 互相 砍 里面 寨子
让他们寨子里的人互相残杀。

men^{13} tu^{33} xa^{33} au^{53} ɣan^{31}.
他 互相 杀 里面 家
让他们家里互相杀戮。

ɣan^{31} u^{13} ȵe^{33}, ɣan^{31} te^{33} tai^{13}.
家 上 哭 家 下面 死
让他们上面的人家哭泣，下面的人家死人。

ɦjen^{13} tum^{13} tuə^{13}, ɦjen^{13} ma^{33} mjap^{32}.
成 互相矛盾 成 软 衰
让他们互相矛盾而衰败。

ɦjen^{13} tum^{13}tuə^{13}, ɦjen^{13} ma^{33} mjap^{32}.
成 互相矛盾 成 软 衰
让他们互相矛盾而衰败。

xiu^{13} men^{13} tai^{13}, tjeŋ^{33} tɕum^{31} xam^{31}.
怕 他 死 是 处所 水缸
巴不得他死在水缸边。

xiu^{13} men^{13} la:n^{55}, tjeŋ^{33} xam^{31} ȵum^{33}.
怕 他 烂 是 水缸 蓝靛
巴不得他腐烂在蓝靛缸里。

xiu^{13} men^{13} tai^{13}, tjeŋ^{33} ma^{13} jiu^{33}.

怕　他　死　是　菜　蕨

巴不得他像蕨菜一样蔫去。

xiu^{13} men^{13} tiu^{33}, tjeŋ^{33} wa^{35} qaːu^{35}.

怕　他　蔫　是　翅膀　猫头鹰

巴不得他死相如猫头鹰的羽毛一样模糊不清。

taːu^{35} tik^{55} xak^{32}, men^{13} pu^{31} ndai^{33} mjek^{32} to^{31}.

让　满　屋基　他　也　得　栽　蒜

让他的宅基地变成蒜地。

taːu^{35} pai^{53} to^{31}, men^{13} pu^{31} ndai^{33} wem^{13}.

让　门口　他　也　得　菜园

让他的门口院坝变成菜园。

men^{13} ndai^{33} tiu^{35} pən^{33} tɕeu^{53}.

他　得　断　种子　葱

让他断了葱种。

men^{13} ndai^{33} ljeu^{53} pən^{33} jan^{13}.

他　得　完　种　人

让他绝了人种。

ndau^{13} ndai^{33} tən^{33} lən^{53}qaːn^{55}.

我们　得　顿　极　竿

我们的鸡随着纹路走。

ndau^{13} ndai^{33} qaːn^{55} lən^{53} mjiu^{31}.
我们　得　竿　极　纹路
我们的蜜蜂顺着竹竿往上爬。

tɕa^{31} pu^{31} leu^{53}.
则　也　完
这则也结束了。

第十四节　告别招魂

这个环节水语称 ljau^{35} kun^{13}，汉字音译为“撂贯”。死亡的威胁令人们害怕无比，还想象出灵魂与肉体两个概念来。“灵魂在信仰中被视为居于人的躯体内而主宰和支配躯体的一种超自然体，它有超自然的神秘力量，并认为人的死亡就是灵魂脱离了躯体的结果。”① 水族人认为灵魂一旦离开了肉体，人就会疲惫困倦，无精打采，生命的鲜活度降低，进而有衰亡之虞。参加葬礼的人们惧怕落魂，如若某人在参加葬礼之后感到很累，脸色晦暗难看，往往被认为是他的魂魄被亡人勾走，故而在仪式上产生了撂贯这个环节。撂贯（ljau^{35} kun^{13}）是招魂的意思。通过此仪式把孝子、三老、主持仪式的人员和孝女的灵魂招回来，不要让他们的灵魂跟着亡人走掉。

每念唱一组名字之前，首先念道：

ndjeu^{13} ljau^{35} kun^{13}，ȵiə^{31} tɕjai^{33} miŋ^{55} qə^{33} ɣan^{31} ai^{33} nau^{13}?
我们　招　魂　你　禳　命　啊　家　个　哪
我们现在招魂，让你禳解到了哪个的家？

① 乌丙安：《中国民间信仰》，长春出版社，2014，第 230 页。

ɣan^{31} ×× ɣan^{31} ×× ɣan^{31} ××…

家　某某 家　某某 家　某某

某某家、某某家……

共四组名字，每一组名字数完之后，紧接着下面的唱词，下面的唱词为本仪式的重章复沓。

xie^{13} ȵam^{13} tɕi^{33} ai^{33} men^{13}, ȵiə^{31} xuŋ^{35} ɦa^{13}.

别人 抓　几 个 他们　你　放　来

别人看住他们几个，请你放回来。

xie^{13} ȵam^{13} tɕi^{33} ai^{33} men^{13}, ȵiə^{31} xuŋ^{35} faːn^{55}.

别人 抓　几 个 他们　你　放　返

别人抓住他们几个，请你把他们遣返。

woəŋ^{35} qə^{55} niə^{31}, ndeu^{13} taːŋ^{13} ka^{33}.

边　那　河　我们 来　等

河对岸，我们来等。

woəŋ^{35} nai^{55} ɣa^{35}, ȵiə^{31} xuŋ^{35} ɦa^{13}.

边　这　田　你　放　来

在这边的田野上，你放回来。

tai^{31} ɦa^{13} xuŋ^{35}, xuŋ^{35} ɦa^{13} ɣan^{31}.

带 来 放　放 来 家

你把他们放回家来。

mai^{53} miŋ^{55} men^{13} ɣai^{33} jiŋ^{53} qhun^{13}.
树 命 他 长 如 路
他的寿命如道路那么长。

mai^{53} miŋ^{55} men^{13} wa^{35} jiŋ^{53} wən^{13}.
树 命 他 宽 如 天
他的寿命与天齐。

jiŋ^{53} wən^{13} wa^{35}, jiŋ^{53} wa^{35} xua^{33}.
如 天 宽 如 宽 云
他的寿命高如天上的云朵。

ɣət^{55} ɣət^{55} tɕuŋ^{31} taːŋ^{33} lu^{53}.
漫 漫 如 当 路
他的寿命像道路一样漫长。

lu^{53} lu^{53} tɕuŋ^{31} taːŋ^{33} ndam^{13}.
绿 绿 如 当 潭
他的寿命如深潭绿幽幽。

lja^{55} lja^{55} tɕuŋ^{31} xət^{32} ma^{53}.
灿 灿 如 尾 马
他的寿命像马尾那么茂密。

lja^{55} lja^{55} tɕuŋ^{31} na^{33} ȵan^{31}.
灿 灿 如 面 铜鼓
他的寿命如铜鼓面般亮晃。

tjem^{13} pai^{13} u^{13}, qai^{33} ndai^{33} xuŋ^{13} lja^{31} ĥa^{13}.
立 去 上 没 得 口舌 压 来
竖立起来，没有引起口舌官非。

xuŋ^{35} ĥa^{13} te^{33}, qai^{33} ndai^{33} maːŋ^{13} lum^{35} tin^{13}.
放 来 下面 没 得 鬼 穿 脚
放下来，没有被恶鬼绊脚。

qai^{33} ndai^{33} xjeu^{35} taŋ^{55} kui^{33}.
没 得 孝帕 跨 溪
没有再披麻戴孝。

qai^{33} ndai^{33} xui^{13} si^{31} ȵau^{55}.
没 得 晦 气 在
这种晦气再没有了。

wei^{13} ȵiə^{31} wə^{35} tun^{53} ȵiə^{31} xua^{33}.
未 你 完 断 你 化
因为啊，你的生命已经终了，你已经蝶化成仙。

wei^{13} sə^{33} paːi^{13} xən^{31} leu^{53},
未 才 去 地方 啦
你将撒到地方的江山上，

wei^{13} sə^{33} paːi^{13} ĥe^{53} tɕi^{31}.
未 才 去 做 旗
你将是阴间的一面旗帜。

paːi^{13} li^{13} faːŋ^{13} paːi^{13} lən^{53} tɕa^{31}.
去　利　方　去　尽头 则
我们朝着吉利的方向送去，直到尽头。

tɕa^{31} pu^{31} leu^{13}.
则　也　完
这一则至此结束。

按四类人员的名字念唱完毕之后，还要加上“纸钱”和“吉日颂”两个重章，见第九节的第六和第七小点。

第十五节　控堂割耳①

割耳仪式就是将牲畜的左耳划出血作为送给亡人的标识。本环节是在开控仪式进行到第二天天亮的时候开展，前提条件是把用来祭奠亡人的牲畜牵到控场，捆在牛马桩上。待孝子绕控、绕牲完毕，把铜鼓、木鼓从家里搬运到控场上安好。同时安放一张祭桌，将主人家的“腊笼”放在祭桌上，主祭人肩扛砍刀，带领团队站在牲口的前面齐声念唱，在唱到割耳的时候，举刀在牲口的左耳划一下，使其淌出红血，这被视为将牲畜送给亡人的标记，任何鬼怪不得抢占。除了送亡人的牲畜要做标记外，还要在一小绺白纸条的下半部写上“某某某（亡人名字）的牛马”的字样，然后将纸条上半部捻为纸捻，捆到牲畜的尾巴上。

此部分的唱词如下：

① 此节的诵唱内容包括本章第一节的第一则，然后到本段唱词，后面加上“纸钱”和“吉日颂”。

（一）

ndeu^{13} ndai^{33} mom^{55} ħa^{13} xo^{53} xi^{33},
我们　得　鱼　来　放　桌
我们拿来鱼摆放到桌子上，

ndeu^{13} ndai^{33} xi^{33} ħa^{13} xo^{53} sai^{53}.
我们　得　桌　来　放　这
我们把桌子摆到这里。

ndeu^{13} taːn^{33} tok^{32} ni^{33} njum^{13},
我们　一直　读　轰轰烈烈
我们一直在为你轰轰烈烈地诵读，

ndeu^{13} taːn^{33} khum^{13} ni^{33} njok^{35}.
我们　一直　开控　热热闹闹
我们一直在为你热热闹闹地开控。

vua^{33} vua^{33} tɕoŋ^{33} laːk^{42} lu^{13}.
哇　哇　似　孩子　蜂
家里像蜂箱一样嗡嗡地响。

vua^{33} vua^{33} tɕoŋ^{33} laːk^{42} lu^{13}.
哇　哇　似　孩子　蜂
家里像蜂箱一样嗡嗡地响。

wei^{13} ȵ̥iə^{31} wə^{35} tun^{53} ȵ̥iə^{31} xua^{33}.
未　你　完　断　你　化
因为啊，你的生命已经终了，你已经蝶化成仙。

wei^{13} sə^{33} pa:i^{13} xən^{31} leu^{53},
未 才 去 地方 啦
你将撒到地方的江山上，

wei^{13} sə^{33} pa:i^{13} ȟe^{53} tɕi^{31}.
未 才 去 做 旗
你将是阴间的一面旗帜。

pa:i^{13} li^{13} fa:ŋ^{13} pa:i^{13} lən^{53} tɕa^{31}.
去 利 方 去 尽头 则
我们朝着吉利的方向送去，直到尽头。

tɕa^{31} pu^{31} leu^{13}.
则 也 完
这一则至此结束。

（二）

tai^{31} to^{31} mom^{55} ndu^{33} tən^{33} tja:u^{53} xa:i^{13} ȵiə^{31}.
拿 尾 鱼 祭 根 牛桩 给 你
我们拿一尾鲤鱼挂在牛桩根给你。

tai^{31} to^{31} mau^{53} ndu^{33} ku^{33} ka:m^{33} xa:i^{13} ȵiə^{31}.
拿 尾 青鱼 祭 头 杈 给 你
我们拿一条青鱼放在牛桩的顶上给你。

tai^{31} tjum^{13} xan^{33} ndu^{33} ku^{33} tja:u^{53} tai^{31} tjum^{13} nduə^{33} ndu^{33} ku^{33} ka:m^{33} xa:i^{13} ȵiə^{31}.
拿 立 伞 红 祭 顶 牛桩 拿 伞 白 祭 顶 杈 给你
我们在牛桩上给你挂一把红伞和一吊白花伞。

ndeu^{13} taːn^{33} tok^{32} ni^{33} njum^{13},
我们 一直 读 轰轰烈烈
我们一直在为你轰轰烈烈地诵读，

ndeu^{13} taːn^{33} khum^{13} ni^{33} njok^{35}.
我们 一直 开控 热热闹闹
我们一直在为你热热闹闹地开控。

vua^{33} vua^{33} tɕoŋ^{33} laːk^{42} lu^{13}.
哇 哇 似 孩子 蜂
家里像蜂箱一样嗡嗡地响。

vua^{33} vua^{33} tɕoŋ^{33} laːk^{42} lu^{13}.
哇 哇 似 孩子 蜂
家里像蜂箱一样嗡嗡地响。

wei^{13} ȵiə^{31} wə^{35} tun^{53} ȵiə^{31} xua^{33}.
未 你 完 断 你 化
因为啊，你的生命已经终了，你已经蝶化成仙。

wei^{13} sə^{33} paːi^{13} xən^{31} leu^{53},
未 才 去 地方 啦
你将撒到地方的江山上，

wei^{13} sə^{33} paːi^{13} ɦe^{53} tɕi^{31}.
未 才 去 做 旗
你将是阴间的一面旗帜。

paːi^{13} li^{13} faːŋ^{13} paːi^{13} lən^{53} tɕa^{31}.
去 利 方 去 尽头 则
我们朝着吉利的方向送去，直到尽头。

tɕa^{31} pu^{31} leu^{13}.
则 也 完
这一则至此结束。

（三）

xe^{53} jaːu^{33} loŋ^{55} xe^{53} oŋ^{35} tjoŋ^{13} xaːi^{13} ȵiə^{31}.
做 笈 笼 做 瓮 抬 给 你
我们将酒坛放入笼里抬给你。

xe^{53} tjum^{13} ɕu^{13} tik^{55} wan^{33} xe^{53} tjum^{13} xan^{33} tik^{55} ɣan^{31} xaːi^{13} ȵiə^{31}.
做 伞 绿 满 寨子 做 伞 红 满 家 给 你
送给你的绿花伞晃满寨子，送给你的红花伞塞满你家。

ndeu^{13} taːn^{33} tok^{32} ni^{33} njum^{13},
我们 一直 读 轰轰烈烈
我们一直在为你轰轰烈烈地诵读，

ndeu^{13} taːn^{33} khum^{13} ni^{33} njok^{35}.
我们 一直 开控 热热闹闹
我们一直在为你热热闹闹地开控。

vua^{33} vua^{33} tɕoŋ^{33} laːk^{42} lu^{13}.
哇 哇 似 孩子 蜂
家里像蜂箱一样嗡嗡地响。

vua^{33} vua^{33} tɕoŋ^{33} laːk^{42} lu^{13}.

哇 哇 似 孩子 蜂

家里像蜂箱一样嗡嗡地响。

wei^{13} ȵiə^{31} wə^{35} tun^{53} ȵiə^{31} xua^{33}.

未 你 完 断 你 化

因为啊，你的生命已经终了，你已经蝶化成仙。

wei^{13} sə^{33} paːi^{13} xən^{31} leu^{53},

未 才 去 地方 啦

你将撒到地方的江山上，

wei^{13} sə^{33} paːi^{13} ɦe^{53} tɕi^{31}.

未 才 去 做 旗

你将是阴间的一面旗帜。

paːi^{13} li^{13} faːŋ^{13} paːi^{13} lən^{53} tɕa^{31}.

去 利 方 去 尽头 则

我们朝着吉利的方向送去，直到尽头。

tɕa^{31} pu^{31} leu^{13}.

则 也 完

这一则至此结束。

（四）

xe^{53} phaːu^{53} laːu^{53} ndai^{13} ndi^{33} xe^{53} phaːu^{53} tɕi^{33} ndai^{13} mai^{31} xaːi^{13} ȵiə^{31}.

做 铁炮 好 听 做 爆竹 好 玩 给 你

我们给你鸣放铁炮、燃放鞭炮。

ndeu^{13} ta:n^{33} tok^{32} ni^{33} njum^{13},
我们 一直 读 轰轰烈烈
我们一直在为你轰轰烈烈地诵读，

ndeu^{13} ta:n^{33} khum^{13} ni^{33} njok^{35}.
我们 一直 开控 热热闹闹
我们一直在为你热热闹闹地开控。

vua^{33} vua^{33} tɕoŋ^{33} la:k^{42} lu^{13}.
哇 哇 似 孩子 蜂
家里像蜂箱一样嗡嗡地响。

vua^{33} vua^{33} tɕoŋ^{33} la:k^{42} lu^{13}.
哇 哇 似 孩子 蜂
家里像蜂箱一样嗡嗡地响。

wei^{13} ȵiə^{31} wə^{35} tun^{53} ȵiə^{31} xua^{33}.
未 你 完，断 你 化
因为啊，你的生命已经终了，你已经蝶化成仙。

wei^{13} sə^{33} pa:i^{13} xən^{31} leu^{53},
未 才 去 地方 啦
你将撒到地方的江山上，

wei^{13} sə^{33} pa:i^{13} ɦe^{53} tɕi^{31}.
未 才 去 做 旗
你将是阴间的一面旗帜。

paːi^{13} li^{13} faːŋ^{13} paːi^{13} lən^{53} tɕa^{31}.
去　利　方　去　尽头 则
我们朝着吉利的方向送去，直到尽头。

tɕa^{31} pu^{31} leu^{13}.
则　也　完
这一则至此结束。

（五）

to^{31} po^{53} ndau^{13}, naːŋ^{13} mei^{53} haːŋ^{53} tɕi^{33} ȵi^{13}.
头 水牛 我们　有　没　产　几　崽
我们的这头黄牛，还没有产下几只牛崽。

to^{31} po^{53} ndau^{13}, naːŋ^{13} mei^{53} haːŋ^{53} tɕi^{33} ȵot^{33}.
头 水牛 我们　有　没　产　几　窝
我们的这头黄牛，还没有生产几次。

kaːŋ^{13} xik^{55} sə^{33} taːŋ^{13} sa^{13}, kaːŋ^{13} ja^{13} sə^{33} taːŋ^{13} xo^{53},
草　芭茅 才　来　喂　草 野草 才　来　放
才拿最好的草来喂它，

to^{31} po^{53} ndau^{13} xi^{31} tɕoŋ^{31} kua^{13} pha^{13} tɕoŋ^{31} jot^{55}.
头 黄牛 我们　肥　似　黄瓜　膘　似 冬瓜
我们的这头牛像冬瓜一样膘肥体壮。

xi^{31} tɕoŋ^{31} man^{31} ndjan^{13} tɕoŋ^{31} kai^{35}.
肥　似　油　滑　似　蛋
肥得冒油，光滑如蛋。

sət^{55} ɣo^{53} ɦa^{13}, n̥am^{35} ɣo^{53} ndau^{33}.
早上 知道 回，晚上 知道 对
早上知道进家，晚上知道返回。

ɦa^{13} ɣuŋ^{55} çjan^{35}, ɦa^{13} la^{55} qau^{35}.
来 圈 原来 来 找 旧
回到原来的牛圈里。

wei^{13} n̥iə^{31} wə^{35} tun^{53} n̥iə^{31} xua^{33}.
未 你 完 断 你 化
因为啊，你的生命已经终了，你已经蝶化成仙。

wei^{13} sə^{33} paːi^{13} xən^{31} leu^{53},
未 才 去 地方 啦
你将撒到地方的江山上，

wei^{13} sə^{33} paːi^{13} ɦe^{53} tçi^{31}.
未 才 去 做 旗
你将是阴间的一面旗帜。

paːi^{13} li^{13} faːŋ^{13} paːi^{13} lən^{53} tça^{31}.
去 利 方 去 尽头 则
我们朝着吉利的方向送去，直到尽头。

tça^{31} pu^{31} leu^{13}.
则 也 完
这一则至此结束。

（六）

ndeu^{13} xai^{33} qat^{55} paːk^{35}, tau^{35} paːk^{35} tɕiə^{13} kaːŋ^{13}.

我们 准备 割 嘴 留 嘴 吃 草

我们想割它的嘴做标记，要让它的嘴吃草。

ndeu^{13} xai^{33} qat^{55} naːŋ^{13}, tau^{35} naːŋ^{13} koŋ^{33}.

我们 准备 割 鼻 留 鼻 牵

我们想割它的鼻做标记，要有鼻子才能牵它。

ndeu^{13} xai^{33} qat^{55} paːu^{13}, tau^{35} paːu^{13} taːu^{33} xum^{35}.

我们 准备 割 角 留 角 撬 土

我们想割它的角做标记，要让它的角去撬土。

ndeu^{13} xai^{33} qat^{55} tin^{13}, tau^{35} tin^{13} sam^{33}.

我们 准备 割 脚 留 脚 走

我们想割它的脚做标记，要让它的脚走路。

ndeu^{13} xai^{33} qat^{55} xət^{32} , tau^{35} xət^{32} lau^{53} ljan^{33}.

我们 准备 割 尾巴 留 尾巴 赶 蚊

我们想割它的尾巴做标记，要让它的尾巴赶蚊子。

qat^{55} kha^{13} wa^{13} xai^{13} xən^{31} ndo^{33}.

割 耳 右 给 地方 见

割它的右耳让地方上的人看见了知道是你的牛。

qat^{55} kha^{13} tɕhi^{53} xən^{31} ɣo^{53} me^{13}.

割 耳左 地方 知道 清楚

割左耳让地方上的人弄得更明白，这是你的牛。

a:u^{13} xa:i^{13} ȵiə^{31} ɣam^{55} ta^{13} ɦik^{55} pai^{13} xe^{53} tɕa^{13}.
要 给 你 窜 中间 茅草 去 做 价
（这些）是你清理路障的资本。

a:u^{13} xa:i^{13} ȵiə^{31} ɣam^{55} ta^{13} ja^{13} pai^{13} xe^{53} tɕu^{33}.
要 给 你 窜 中间 野草 去 做 九
（这些）是你排除障碍的财富。

xe^{53} tɕu^{33} na^{33} xə^{53} tɕa^{13} la:u^{53}.
做 九 份 做 价 大
（送给你的这些东西）我们是按最好的标准来做。

xe^{53} tɕu^{33} na^{33} xə^{53} tɕa^{13} wuəŋ^{13}.
做 九 份 做 价 高
（送给你的这些东西）我们是按最高的标准来做。

wei^{13} ȵiə^{31} wə^{35} tun^{53} ȵiə^{31} xua^{33}.
未 你 完 断 你 化
因为啊，你的生命已经终了，你已经蝶化成仙。

wei^{13} sə^{33} pa:i^{13} xən^{31} leu^{53},
未 才 去 地方 啦
你将撒到地方的江山上，

wei^{13} sə^{33} pa:i^{13} ɦe^{53} tɕi^{31}.
未 才 去 做 旗
你将是阴间的一面旗帜。

paːi^{13} li^{13} faːŋ^{13} paːi^{13} lən^{53} tɕa^{31}.
去　利　方　去　尽头 则
我们朝着吉利的方向送去，直到尽头。

tɕa^{31} pu^{31} leu^{13}.
则　也　完
这一则至此结束。

第十六节　砍碗诀别①

在灵柩移出室外准备抬上山的时候，向亡人举行的饯别仪式称为“砍碗”或“分碗”或“赐晌午饭”，其传统程序是将酒碗、饭碗、菜碗及一只空碗放置在灵柩之上，然后开始念唱。仪式结束，主祭挥刀将那只反扑的空碗击碎，表示亡人活着时所用的碗已经送给他，这样他在阴间也有碗使用。唱词比较长，这个诀别仪式包括主干部分的前三则、砍碗、清杀伤、数杀伤、摺贯、纸钱和吉日颂等。笔者在调查中发现，现在的丧葬仪式中没有举行这个仪式，经了解，进入 21 世纪后当地多按三天大葬，通常是人死后即在当天或第二天早上埋葬，出殡时一般只存其仪式，在灵柩上摆上祭品，祭祀结束即砍碗。按传统是须要正式开控启鼓鸣金之后才能念唱，如若在还未开控即抬上山则无法念唱，只能举行简略仪式。当地这种尚未举行仪式即提前安葬的方式为族外人士所不解。这得从水书说起，水书中禁忌太多，在短时间内很难选择出恰当的日子，这在无形中加长了治丧时间，为了适应当前社会发展的快速节奏，又不触碰水书禁忌，人们选择了“懵懂大吉”“百无禁忌”的方式来提

① 本部分先唱：第一节第一则，然后唱此节，即砍碗；后面接着唱第十三节、第十四节，最后加上“纸钱”和“吉日颂”。

前安葬。他们认为只要亡人已经入土再举行仪式，即便触犯到水书中的禁忌也不会应验。这虽然是因不掌握水书运用而派生的带有自欺欺人的思想观念，但是这样做切实减轻了很多因惧怕犯禁而带来的心理负担，为大众所接受。既缩短奔丧时间又减轻心理负担，当视为适应新时代发展的好的导向。

（一）

ti^{55} kuə^{35} tai^{31} tui^{53} xjat^{55},
前世　用　碗　铁
前世用的是铁碗，

ti^{55} nai^{55} tai^{31} tui^{53} xjat^{55}.
现世　用　碗　铁
现世也用铁碗。

ti^{55} kuə^{35} tai^{31} tjə^{31} n̥an^{31},
前世　用　碟　银
前世用的是银碟子，

ti^{55} nai^{55} tai^{31} tjə^{31} n̥an^{31}.
现 世　用　碟　银
现世也是用银碟子。

ti^{55} kuə^{35} tai^{31} tui^{53} ŋua^{53},
前世　用　碗　瓦
前世用的是土碗，

ndai^{55} ndeu^{13} nap^{32} tui^{53} ŋua^{53} xai^{13} n̥iə^{31}.
现在 我们　送　碗　瓦　给　你
我们现在也是送给你土碗。

a:u^{13} xa:i^{13} ȵiə^{31} ɣam^{55} ta^{13} ɦik^{55} pai^{13} xe^{53} tɕa^{13}.
要 给 你 窜 中间 茅草 去 做 价
(这些)是你清理路障的资本。

a:u^{13} xa:i^{13} ȵiə^{31} ɣam^{55} ta^{13} ja^{13} pai^{13} xe^{53} tɕu^{33}.
要 给 你 窜 中间 野草 去 做 九
(这些)是你排除障碍的财富。

xe^{53} tɕu^{33} na^{33} xə^{53} tɕa^{13} la:u^{53}.
做 九 份 做 价 大
(送给你的这些东西)我们是按最好的标准来做。

xe^{53} tɕu^{33} na^{33} xə^{53} tɕa^{13} wuəŋ^{13}.
做 九 份 做 价 高
(送给你的这些东西)我们是按最高的标准来做。

wei^{13} ȵiə^{31} wə^{35} tun^{53} ȵiə^{31} xua^{33}.
未 你 完 断 你 化
因为啊，你的生命已经终了，你已经蝶化成仙。

wei^{13} sə^{33} pa:i^{13} xən^{31} leu^{53},
未 才 去 地方 啦
你将撒到地方的江山上，

wei^{13} sə^{33} pa:i^{13} ɦe^{53} tɕi^{31}.
未 才 去 做 旗
你将是阴间的一面旗帜。

paːi^{13} li^{13} faːŋ^{13} paːi^{13} lən^{53} tɕa^{31}.
去 利 方 去 尽头 则
我们朝着吉利的方向送去，直到尽头。

tɕa^{31} pu^{31} leu^{13}.
则 也 完
这一则至此结束。

（二）

sjeŋ^{13} tu^{33} xa^{33}, ȵau^{55} na^{33} qhun^{13}.
伤 互相 杀 在 前面 路
被杀死的恶鬼就在前面的路上。

sjeŋ^{13} tu^{33} tie^{35}, ȵau^{55} te^{33} qhun^{13}.
伤 互相 砍 在 下面 路
被砍死的恶鬼就在路坎下面。

sjeŋ^{13} tu^{33} ȵak^{32}, ȵau^{55} ta^{35} qhun^{13}.
伤 互相 戮 在 中间 路
被长矛戳死的恶鬼就在路的中间。

sjeŋ^{13} tu^{33} ku^{31}, ȵau^{55} ku^{33} qhun^{13}.
伤 断 头 在 头 路
被砍断头而死的恶鬼就在路的那一头。

wei^{13} ȵiə^{31} wə^{35} tun^{53} ȵiə^{31} xua^{33}.
未 你 完 断 你 化
因为啊，你的生命已经终了，你已经蝶化成仙。

wei^{13} sə^{33} paːi^{13} xən^{31} leu^{53},
未　才　去　地方　啦
你将撒到地方的江山上，

wei^{13} sə^{33} paːi^{13} ɦe^{53} tɕi^{31}.
未　才　去　做　旗
你将是阴间的一面旗帜。

paːi^{13} li^{13} faːŋ^{13} paːi^{13} lən^{53} tɕa^{31}.
去　利　方　去　尽头　则
我们朝着吉利的方向送去，直到尽头。

tɕa^{31} pu^{31} leu^{13}.
则　也　完
这一则至此结束。

第十七节　合篰送祖

此节内容与第九节相同。

第十八节　放祼收控

此节内容与第二节相同。

第十九节　当华阻隔

ŋo^{53} tɕui^{33} taːŋ^{13} kek^{35}, ŋo^{53} tɕui^{33} kek^{35} maːŋ^{13}.
五　鬼　来　隔　五　鬼　隔　鬼
请五鬼来隔，请你五鬼来隔鬼。

tau^{35} xuai^{53} ɣan^{31} u^{13}, nu^{53} ɣan^{31} te^{33}.
让　兄　家　上　弟　家　下
（保佑）让上面的哥哥家和下面的弟弟家。

ai^{33} lau^{53} laːk^{42} ti^{33}, laːk^{42} woəŋ^{13} laːk^{42} ndam^{35}.
位　老　孩子　小　孩子　高　孩子　矮
老人小孩子，高大的孩子和矮小的孩子。

laːk^{42} am^{35} laːk^{42} um^{33}.
孩子　背　孩子　抱
背上的孩子和怀抱里的孩子。

sət^{55} ɦa^{13} tɕoŋ^{33} xai^{33} xoi^{35},
早上　来　窜　准备　快
早上快快起床来，

ȵam^{35} ɦa^{13} tɕoŋ^{33} xai^{33} jeu^{55}.
晚　来　窜　准备　鹞
晚上能找到自己的地方。

sət^{55} ɦa^{13} tɕoŋ^{33} xai^{33} jeu^{55},
早上 来　窜　准备　鹞
早上能找到自己的地方，

ȵam^{35} ɦa^{13} tɕoŋ^{33} xai^{33} xoi^{35}.
晚上　来　 窜　准备　快
晚上能行动自如。

me^{31} ɦjiŋ^{13} tin^{13} laːk^{42},
不　 粘　 脚　衣骨
不要粘住他的衣骨，

me^{31} la^{35} tin^{13} pjam^{13}.
不　 跟　脚　头发
不要粘上他的头发。

me^{31} lət^{32} tin^{13} nduk^{55},
不　 沿　脚　衣服
不要沿着他的衣角，

me^{31} lət^{32} tin^{13} wjan^{3}.
不　 沿　脚　衣褶
不要沿着他的衣褶。

lo^{35} jiŋ^{53} lam^{13} pja^{33},
声音 如　个　 雷
让他的声音大如雷声，

na^{33} jiŋ^{53} lam^{13} njan^{31}.
脸　如　个　月亮
让他的脸盘圆如月亮。

tɕiə^{13} nan^{53} wan^{33},
吃　肉　寨子
让他走村串寨能吃肉，

tɕiə^{13} qai^{35} xən^{31}.
吃　鸡　地方
让他能吃地方的鸡。

参考文献

一、史志

[1] 三都水族自治县志编纂委员会．三都水族自治县志 [M]. 贵阳：贵州人民出版社，1992.

[2] 独山县地方志编纂委员会．独山县志 [M]. 贵阳：贵州人民出版社，1996.

[3] 贵州省荔波县地方志编纂委员会．荔波县志 [M]. 北京：方志出版社，1997.

[4] 贵州省都匀市史志编纂委员会．都匀市志 [M]. 贵阳：贵州人民出版社，1999.

[5] 黔南布依族苗族自治州史志编纂委员会．黔南布依族苗族自治州志：简编本 [M]. 贵阳：贵州人民出版社，2007.

[6]《三都水族自治县概况》编写组．三都水族自治县概况 [M]. 北京：民族出版社，2007.

[7] 韦绍凯．贵州三都水族自治县概况 [M]. 北京：民族出版社，2007.

[8] 贵州省地方志编纂委员会．贵州省志：民族志 [M]. 贵阳：贵州民族出版社，2002.

二、析出文献

[1] 刘岱．乾隆独山州志 [M]// 黄加服，段志洪．中国地方志集成：贵州府县志辑（24）．成都：巴蜀书社，2006.

[2] 熊继飞，等．嘉庆古州杂记 [M]// 黄加服，段志洪．中国地方志集成：贵州府

县志辑（24）. 成都：巴蜀书社，2006.

[3] 谢庭薰 . 咸丰荔波县志稿 [M]// 黄加服，段志洪. 中国地方志集成：贵州府县志辑（24）. 成都：巴蜀书社，2006.

[4] 郑珍. 光绪荔波县志 [M]// 黄加服，段志洪. 中国地方志集成：贵州府县志辑（24）. 成都：巴蜀书社，2006.

[5] 俞渭 . 光绪黎平府志 [M]// 黄加服，段志洪. 中国地方志集成：贵州府县志辑（18）. 成都：巴蜀书社，2006.

[6] 陈瑜 . 民国麻江县志 [M]// 黄加服，段志洪. 中国地方志集成：贵州府县志辑（18）. 成都：巴蜀书社，2006.

[7] 林溥 . 嘉庆古州杂记 [M]// 黄加服，段志洪. 中国地方志集成：贵州府县志辑（18）. 成都：巴蜀书社，2006.

[8] 李绍良 . 民国榕江县乡土教材 [M]// 黄加服，段志洪. 中国地方志集成：贵州府县志辑（18）. 成都：巴蜀书社，2006.

[9] 王师泰，等 . 民国八寨县志稿 [M]// 黄加服，段志洪. 中国地方志集成：贵州府县志辑（19）. 成都：巴蜀书社，2006.

[10] 王孚镛 . 民国三合县志略 [M]// 黄加服，段志洪. 中国地方志集成：贵州府县志辑（20）. 成都：巴蜀书社，2006.

[11] 窦全曾 . 民国都匀县志稿 [M]// 黄加服，段志洪. 中国地方志集成：贵州府县志辑（23）. 成都：巴蜀书社，2006.

[12] 陈矩 . 民国独山县志 [M]// 黄加服，段志洪. 中国地方志集成：贵州府县志辑（23）. 成都：巴蜀书社，2006.

[13] 何幹群，等 . 民国独山县志文徵志 [M]// 黄加服，段志洪. 中国地方志集成：贵州府县志辑（23）. 成都：巴蜀书社，2006.

[14] 朱勋 . 民国荔波县志资料稿 [M]// 黄加服，段志洪. 中国地方志集成：贵州府县志辑（25）. 成都：巴蜀书社，2006.

三、著作

[1] 贵州民族学院，贵州水书文化研究院 . 水族学者潘一志文集 [M]. 成都：巴蜀书社，2009.

[2] 贵州省民族事务委员会少数民族古籍整理办公室，等．水书：正七卷：壬辰卷 [M]. 王品魁，译注．贵阳：贵州民族出版社，1994.

[3] 李方桂．莫话记略：水话研究 [M]. 北京：清华大学出版社，2005.

[4] 李方桂．水话词汇 [M]. 北京：清华大学出版社，2008.

[5] 潘朝霖，韦宗林．中国水族文化研究 [M]. 贵阳：贵州人民出版社，2004.

[6] 韦世方．水书常用字典 [M]. 贵阳：贵州民族出版社，2007.

[7] 中国社会科学院民族研究所．汉水词典 [M]. 成都：四川民族出版社，1996.

[8] 曾晓渝．汉语水语关系论：水语里汉语借词及同源词分层研究 [M]. 北京：商务印书馆，2004.

[9] 蒙耀远．水族民间禁忌解读 [M]. 北京：光明日报出版社，2014.

[10] 刘之侠，潘朝霖．水族双歌 [M]. 贵阳：贵州人民出版社，1997.

[11] 乌丙安．中国民间信仰 [M]. 长春：长春出版社，2014.

[12] 贵州省民族宗教事务委员会．水族文化大观 [M]. 贵阳：贵州民族出版社，2019.

[13] 蒙耀远．水族地区碑刻文献探微 [M]. 北京：民族出版社，2021.

[14] 张振江，姚福祥．水书与水族社会：以《陆道根原》为中心的研究 [M]. 广州：中山大学出版社，2009.

[15] 梁光华，等．水族水书语音语料库系统研究 [M]. 贵阳：贵州民族出版社，2012.

[16] 中央民族学院少数民族语言研究所第五研究室．壮侗语族语言词汇集 [M]. 北京：中央民族学院出版社，1985.

[17] 吴安其．汉藏语同源研究 [M]. 北京：中央民族大学出版社，2002.

[18] 罗常培．中国人与中国文 语言与文化 [M]. 北京：新星出版社，2015.

[19] 凌纯声．凌纯声先生文集：上册 [M]. 台北：联经出版事业公司，1979.

[20] 中国大百科全书总编辑委员会．中国大百科全书 民族 [M]. 北京：中国大百科全书出版社，1998.

[21] 傅懋绩．论民族语言调查研究 [M]. 北京：语文出版社，1998.

[22] 李如龙．汉语地名学论稿 [M]. 上海：上海教育出版社，1998.

[23] 石开忠．贵州地名来源探析 [M]. 贵阳：贵州民族出版社，2004.

[24] 何光岳．百越源流史 [M]. 南昌：江西教育出版社，1989.

[25] 三都水族自治县民族文史研究组．水族源流考 [M].[出版地不详]：[出版者不详],1985.

[26] 潘朝霖，唐建荣．水书文化研究 [M]. 贵阳：贵州民族出版社，2009.

[27] 岑家梧．岑家梧民族研究文集 [M]. 北京：民族出版社，1992.

四、论文

[1] 张公瑾．语言的文化价值 [J]. 民族语文 ,1989(5):1-7.

[2] 李润桃．古汉语民族族称的命名理据及其文化蕴涵 [J]．中州学刊，2009(2): 242-244.

[3] 王品魁，莫俊卿．水族来源初探 [J]. 贵州民族研究 ,1981(3):29-39.

[4] 邝福光．水族族源初探 [J]. 贵州师范大学学报（社会科学版）,1984(1):26-33.

[5] 韦达．壮族族称音义探考 [J]. 中央民族大学学报，1995(4):88-91.

[6] 罗漫．布依族族名、族源与文化丛论 [J]. 中央民族大学学报，1998(3):25-27.

[7] 蒙耀远．水族丧葬忌荤习俗的文化解读 [J]. 黔南民族师范学院学报，2010，30(1):7.

[8] 蒙耀远．水族自称 sui^{33} 音义考 [J]. 贵州大学学报（社会科学版），2018，36(6):7.

后　记

水族迁徙史诗这部口头长篇叙事诗流播于我的胞衣土地——贵州省都匀市归兰水族乡。我自幼便看到它在葬礼上被庄重地诵读，在耳濡目染下，我从小便能诵读其中一些篇章。

2000 年，我在山村小学任教，决心利用课余时间系统学习这部水族史诗，跟随录音，熟读成诵，并将其意译为文本。其时，相关仁人志士的加入推动了水书抢救保护工作，因熟知水书知识，2008 年我有幸进入地方高校从事民族古籍搜集整理与翻译研究，这部史诗又被我重拾起来。2011 年，在广西壮族自治区田阳县举办的“布洛陀文化学术研讨会”上，有幸结识了广西民族大学的蒙元耀先生，当时还与蒙先生谈到这部水族史诗。2012 年，在《黔南民族古籍》第九辑上，我发表了《阳和蒙氏水族迁徙史诗》一文。2015 年，在广州参加“中国民族语言学会第 11 次全国研讨会”时，我就水族迁徙史诗向蒙元耀先生请益，并得到他的指导和鼓励，这使我更加坚定了翻译与研究这部史诗的信心。2016 年以来，我完成了诸多与水族迁徙史诗有关的省级和国家社科基金特别委托项目子课题。我为此注入了大量的心血，克服了传承人诵读的语流音变以及语言差异、文化差异等带来的译介难度，历经数载，终于完成了水族迁徙史诗的音标、直译、意译三对照翻译并对其做了详细注解。本书是在综合部分课题研究成果的基础上进一步润色、修改而成。

经田野调查得知，我的家乡历史上传承水族史诗的支系较多，遗憾的是改革开放后逐渐失传，能活态传承至今的支系少之又少。“人亡艺绝”是从事民族文化研究工作者最为担忧的事情，或许是出于对本民族的文化热情，我努力将口传的东西用国际音标记录下来，固化为文本，并加以深入研究，指出其价值和可资研究的点。抑或是民族情感和科研追求两相结合的原因，从内心上说，我特别希望这部史诗能传播久远。因为我深知，这部重要的口传史诗对一个在历史文献中几乎没有任何记载的群体来说意味着什么，这是让他们拥有民族自尊和文化自信的祖传之宝。如果本书的出版能让这部口传史诗给人们一个看得见、摸得着的东西，能让其传承者、学习者和研究者有一定的凭据，能让其拥有者更加正确地看待其文化价值，岂不快哉！

在本书即将出版之际，我要对在田野调查中所有给予我帮助的人表示最真挚的感谢！在这里，我要特别感谢的是蒙言昌先生。在田野调查后期，蒙先生因在外务工发生意外致残，生活几乎不能自理，但他仍以极大的热情给予我大力支持，与我校对语音，解释语义，说明史诗中的民俗文化含义，感谢这位朴实的史诗传承人给予我的帮助与支持！

走上科研之路，得到太多的前辈的关心和教诲，他们是黔南州政协原主席胡品荣先生，黔南民族师范学院原党委书记梁光华教授，三峡大学吴正彪教授，贵州民族大学潘朝霖教授，贵州省水家学会吴永华会长……借此表达我的感恩之情。

2020 年 3 月，承蒙贵州大学出版社错爱、王印娟女士玉成，本书被纳入“国际视野中的贵州人类学・水学辑”丛书得以出版。因书中用到繁难的国际音标，给出版社编辑的编排工作增加了难度，王印娟、杨臻圆、李奎等编辑为此付出了太多心血，在此，对他们表示由衷的感谢！

二十年来，我在水族文化研究上孜孜以求，已出版《水族民间禁忌解读》《水族地区碑刻文献探微》等专著，《水书阴阳五行卷》《水书婚嫁卷》《八宫取用卷译注》等译著，《水族水书语音语料库系统研究》《水书字库》《水韵天书》等合著，《中国少数民族古籍总目提要・水族卷》《莫友芝全集》《水族文化大观》等合编书籍，并发表论文 50 余篇。水族文化博大精深，我所知道的仅是一些皮毛，所做的研究也只是基础研究，倘若本书能为水学研究贡献些许力量，我将乐此不疲。

书中个别地方据田野调查所得材料及个人认知而作的表述，如有欠妥之处，还请族内外同胞宽恕谅解。

因个人学术理论水平有限，记音能力还不够强，书中的不足与缺憾在所难免，敬请专家、读者批评指正！

蒙耀远

2021 年 10 月